大学生心理健康素养提升工程系列丛书

奋斗的青春不迷茫
大学生心灵成长访谈50期

主　编　丁闽江
副主编　王凯旋　王　刚
编　委　杨利利　狄英杰　李恭园　林　舒　郑梅萍
　　　　林燕斌　李雅静　秦晓静　苏婷茹　陈　羡
　　　　宋文佳　吕　珺　彭　锋

图书在版编目（CIP）数据

奋斗的青春不迷茫：大学生心灵成长访谈50期 / 丁闽江主编. -- 北京：华夏出版社有限公司, 2020.1（2021.4重印）
（大学生心理健康素养提升工程系列丛书）
ISBN 978-7-5080-9663-6

Ⅰ.①奋… Ⅱ.①丁… Ⅲ.①大学生－心理健康－健康教育 Ⅳ.①G444

中国版本图书馆CIP数据核字(2019)第268671号

奋斗的青春不迷茫：大学生心灵成长访谈50期

主　　编　丁闽江
责任编辑　陈　迪　许　婷

出版发行　华夏出版社有限公司
经　　销　新华书店
印　　刷　北京九州迅驰传媒文化有限公司
装　　订　北京九州迅驰传媒文化有限公司
版　　次　2020年1月北京第1版　2021年4月北京第4次印刷
开　　本　720×1030　1/16
印　　张　21.5
字　　数　305千字
定　　价　59.00元

华夏出版社有限公司 网址：www.hxph.com.cn 地址：北京市东直门外香河园北里4号 邮编：100028
若发现本版图书有印装质量问题，请与我社营销中心联系调换。电话：（010）64663331（转）

前言

进入新时代，随着社会发展，心理健康问题受到党和国家的高度重视。习近平总书记在十九大报告中提到，要加强社会心理服务体系建设，培育自尊自信、理性平和、积极向上的社会心态，在全国高校思想政治工作会议上强调，要坚持不懈促进高校和谐稳定，培育理性平和的健康心态，加强人文关怀和心理疏导。

立德树人是高校人才培养的根本任务，要把关心学生的成长贯彻到学校教育教学的全过程，要根据新时代大学生的心理特点，准确把握大学生的心理需求，了解大学生的实际困难，研究和关注大学生的情绪发展方式，确实从解决大学生的实际困难入手，加强对大学生的人文关怀，帮助疏导大学生的情绪，帮助大学生获得自尊自信、理性平和、积极向上的社会心态，培养大学生良好的心理素质和意志品质，促进大学生身心和谐发展。

心理健康教育是落实立德树人的重要抓手，高校心理健康教育工作的根本目标是提升全体学生的心理健康素养。让每一个学生拥有正确的心理健康理念、拥有基本的心理健康知识、拥有促进心理健康的技能、拥有对待心理疾病患者的正确观念、拥有助人的基本知识和技能。从而达到帮助学生全面了解自己，接纳自己，发现自己的潜能，增强应对困难和挫折的能力，提高大学生的心理素养和自愈水平，塑造健全人格，以及发挥自己应有的心理健康知识帮助和服务身边需要帮助的人，促进高校及整个社会的和谐稳定，培育理性平和的健康心态，促进社会的安定稳定。

大学生心理健康素养提升工程系列丛书的出版就是为了更好地普及心理健康知识，让每一名大学生都懂得基本的心理健康常识。《奋斗的青春不迷茫：大学生心灵成长访谈50期》这本书主要讲述了大学生在大学几年中可能会遇到的50个普遍问题及应对方法，通过学生与专家访谈的模式呈现心理困惑的现象、本质及应对方法，内容通俗易懂，很接地气，为了达到更好的传播效果，本书的所有内容都有音频资源，读者在阅读过程中可以通过扫描本书封底提供的二维码获得。学生可以通过阅读本书获得心理健康知识、提升应对心理问题的能力；高校政工干部、辅导员、心理咨询工作者阅读本书可以获得更多的学生事务处理技巧，尤其是心理问题应对技巧。

本书的顺利出版要感谢学校党政领导对心理健康教育工作的大力支持，感谢学校专兼职心理咨询师的辛苦付出，也感谢学校电台对音频录制的大力支持。文章部分观点和部分文字来源于网络，在此也一并感谢。

目录

第一章 心理素养提升

第一讲 运动与心理健康　003

第二讲 心理健康的标准　010

第三讲 新生如何适应大学生活　017

第四讲 新学期，你有计划了吗？　024

第五讲 谁的青春不迷茫？　031

第六讲 增强抗压能力，保持健康身心　037

第七讲 面对压力，我们有另外的选择吗？　043

第八讲 今天你自律了吗？　049

第九讲 你会时间管理吗？　055

第十讲 拖延，你少来！　061

第二章 积极心态构建

第十一讲 用积极心态面对学习、生活上的困难　069

第十二讲 痛苦和快乐都是生活的常态　074

第十三讲 如何获得积极心态？　080

第十四讲 生活中的心理小技巧　086

第十五讲 如何应对紧张的期末考试　092

第十六讲 大学，每个人都可以有精彩的人生　099

第十七讲 你们的未来不是梦　107

第十八讲 别让情绪伤害了你　115

第三章 人际关系调适

- 第十九讲 人际关系的边界　125
- 第二十讲 学会如何与舍友相处　131
- 第二十一讲 宿舍关系出现问题了，怎么办？　137
- 第二十二讲 做宿舍里的"好人缘"　144
- 第二十三讲 恋爱心理　150
- 第二十四讲 失恋了怎么办？　156
- 第二十五讲 网恋知多少？　162
- 第二十六讲 如何与自己的父母和解　168
- 第二十七讲 学会如何与自己相处　174
- 第二十八讲 如何和不喜欢的自己相处　180

第四章 身心疾病

- 第二十九讲 如何科学地看待抑郁症和抑郁情绪？　189
- 第三十讲 抑郁知多少？　195
- 第三十一讲 疑病症　201
- 第三十二讲 我有强迫症吗？　208
- 第三十三讲 考试焦虑的调节　215
- 第三十四讲 认识自卑心理　222
- 第三十五讲 对社交恐惧症说"不"　229
- 第三十六讲 你需要警惕的心理疾病：进食障碍　236
- 第三十七讲 科学认识焦虑症　242
- 第三十八讲 性心理障碍知多少　249

第五章 职业就业定位

第三十九讲 职业生涯规划如何做? 257

第四十讲 如何做好大学生职业生涯规划? 263

第四十一讲 就业心态调节 269

第四十二讲 考研,你准备好了吗? 276

第四十三讲 步入职场前的那些事 282

第六章 心理技术运用

第四十四讲 我要去看心理医生吗? 291

第四十五讲 放松技巧 299

第四十六讲 心理沙盘游戏知多少 305

第四十七讲 认知行为疗法 311

第四十八讲 理性情绪疗法 317

第四十九讲 精神分析法 324

第五十讲 园艺疗法 330

第一章　心理素养提升

第一讲
运动与心理健康

《黄帝内经·素问·上古天真论》:"上古之人,其知道者,法于阴阳,和于术数,食饮有节,起居有常,不妄作劳,故能形与神俱,而尽终其天年,度百岁乃去。""形"即形体,指人的生理,"神"即精神意识,指人的心理。形与神,指人的形体和精神,形神关系,实际上就是生理和心理、物质与精神的关系。也就是说,身心是相通的,身体健康是心理健康的基础,心理健康又能促进身体健康。运动有利于改善情绪,运动有利于提高自我效能感,运动有利于人们改变消极的自我概念、有效地增加人际互动,提升个人的人际关系,运动对很多心理疾病有很好的改善和治疗作用。

——本期嘉宾丁闽江

主持人:大家好!今天很荣幸邀请到我校心理健康教育指导中心主任、国家二级心理咨询师丁闽江老师做客首期《杏苑心理访谈》,先请丁老师跟大家打个招呼。

丁老师:各位亲爱的同学们,大家好!我是心理中心的丁闽江老师,非常高兴与大家相约在《杏苑心理访谈》,心理访谈节目是心理中心专门根据学生的心理需求而开设的一个栏目,每期为大家精选一个主题,邀请一名专业嘉宾为大家解答心中所惑。

主持人:诶,丁老师,最近我们发现每天都有一队穿着橙色衣服的学生在校园里跑步，上前打听，才知道他们是来自学校心理中心的朋辈心理咨询员，我们很好奇，朋辈心理咨询员为什么要天天跑步运动呢？

丁老师：看来你平时生活很细心啊！我们学校心理中心正在实施一个学生自我成长的创新项目，我们从中医心理学中找到了"养身、养心、养性、养德"这一学生心理健康素养提升的路径，我们认为，身心健康是学生成长成才的基础，只有身心健康了，学生才具备了对自我生命的养护和提升的条件，才能自觉主动地进行自我教育、自我管理、自我提升，成为一个适合社会需要的人才。

主持人："养身、养心、养性、养德"这里面有什么讲究吗？

丁老师：养身是指人们通过顺应自然、起居有度、适量运动把自己的身体调养到最佳状态，不断保持和增强体质；养心是指人们通过调控心理、稳定情绪、涵养心态，形成良好的自我认知、心态平和的状态；养性是指借助修养情性，养成良好的个性，形成良好的生活习惯，培养人们的精神境界，以促进健康长寿，强调修养身心，涵养天性；养德是指人们通过培养高尚的道德情操，追求高尚的思想境界，以仁爱至善为本，乐于奉献，互敬互爱，从而提升道德品质、净化心灵，达到进一步提升健康状态的目的。"养身、养心、养性、养德"四者之间是一个良性的互动过程，"四养"模式符合中国传统文化，具有较强的本土化思想，符合大学生的心理诉求和大学生的成长规律。

主持人：因为身心是相通的，所以他们是通过运动来促进心理健康？

丁老师：你真聪明，我们知道身心是相通的，身体健康是心理健康的基础，心理健康又能促进身体健康，我们朋辈心理咨询员正在践行的就是养身、养心这一项。我们的意图是让他们通过长期的运动，养成习惯，在这个过程中感受运动的魅力，享受运动带来的畅快感觉，带动更多的同学加入养身的队伍中来。心理中心一直在推行与运动相关的活动项目，届时有兴趣的同学可以扫描我校心理中心的微信公众号，登录系统查看相关的活动说明并报名参加哦。

主持人：其实我们有做过一个小调查，大概60%的同学表明自己有一颗热爱运动的心，也明白运动不仅可以强身健体，还能愉悦身心。但是只有36%左右的同学说每周锻炼次数达三次及以上，不少同学几乎没有锻炼过。我想请问丁老师，同学们都清楚锻炼的好处，为什么不付诸行动呢？

丁老师：我做心理咨询十余年了，做了3000多个心理案例，对于每个咨询者，我都会建议他们去运动，通过运动来改善情绪，但是很多人都坚持不了多久，我想有这几个原因吧。

1. 个人自觉性不够，对自己的要求不严，也就是说不够自律。

2. 缺乏必要的陪伴和监督，其实，运动时也是要有同伴的。

3. 总是被各种事情所打扰；如：要考试啦，晚上要上课，部门要开会，要参加什么活动，或者玩游戏忘记了，或者看韩剧不想去，又或者说天气冷等各种理由。

4. 总是难以坚持，担心自己不行，运动不起来！

其实，这些想法都只是把运动看成一种工具，没有真正认识到运动的价值。

主持人：那丁老师可以跟我们讲讲运动对心理健康的作用吗？以便帮助更多的同学不再对运动有误解。

丁老师：我主要从运动对心理健康的作用入手，首先，运动有利于改善情绪。有大量的研究显示，运动给人带来的好处不仅是生理上的，适当的规律性运动还能促进大脑分泌内啡肽，而在内啡肽的作用下，人的身心可以轻松愉悦。因此内啡肽也被称为"快乐激素"或"年轻激素"，它可促进人缓解紧张、排遣压力，从而提升情绪的生理基础条件，保持健康的情绪状态。科研人员对抑郁症等患者的实验研究发现，对于单纯的运动锻炼组，长期坚持的疗效更好，可能的原因就在于养成了运动习惯，如此就促进了内啡肽的持续分泌。对于已有心理问题的同学，长期坚持规律运动具有很好的治疗作用，对于心理健康的同学来说，长期规律运动可以缓解心理压力，提升心理素质，为未来的学习和工作打下良好的基础。

主持人：嗯，运动改善情绪，我记住了，还有吗？

丁老师：运动可以提高自我效能感，在解释原因之前，我们需要了解一下自我效能感。通俗地讲就是人们对自身能否利用所拥有的技能去完成某项工作行为的自信程度。通过观察不难发现，成功人士都喜欢那么一两样运动。比如王石喜欢登山，马云玩太极，跑步达人非潘石屹莫属。我们也会将经常锻炼的人描述为"更积极、更专注"，心理学称之为心理效能感高。这是我们每一个人走向成功需要具备的基本心理品质，而运动则为我们提供提高它的途径。我们需要不断克服客观困难（环境、难度、意外等）和主观困难（胆怯、退缩、不自信等）去做运动，如果我们通过不断地练习、训练和磨炼，在运动中得到了肯定、赞美和羡慕，必然会获得自我成功的认知和高峰体验。成功的经历是影响自我效能感最重要、最基本的方式，它是检验自己能否调动成功所需的一切，提供最可靠的证明，为自我效能感的提高提供了最有效的支撑。自我效能感不断提高，能够让我们感觉到自己有能力、有实力去完成自己面对的各类艰难险阻，也就是常说的"我能行""我最棒""一定没问题"。

主持人：丁老师，我还听别人说，运动可以促进人际关系的发展，这点是怎么回事？

丁老师：对的呀，运动有利于人们改变消极的自我概念，有效地增加人际互动，提升个人的人际关系。长期坚持规律运动的人，他本身对自己有较强的自我认同，他的自信心就比别人要好，自我评价也会更积极，整个人的气质也会不一样；另外，集体运动能很好地增进人际互动，改善人际关系，因此不仅在运动场上，运动促进了人们的交流，而且会延续到运动之外的场域与时段当中来。而积极的人际交往不仅是心理健康的基本特征，同样是应对心理困扰的最有效的资源。

主持人：那运动对于已经有心理问题的人有治疗效果吗？

丁老师：运动对很多心理疾病有很好的改善和治疗作用。心理学的研究显示：女性的抑郁发病率远远高于男性，甚至高达男性的4倍，对此的解释虽多，但越来越多的证据显示：不善于排遣，反刍痛苦是关键。有研究表明，身体练习与放松训练以及阅读流行杂志在降低焦虑状态方面同等有效。他们认为，上述三种方法的共同特征是休息，可以使个体从正常的认知专注中解脱出来。这也就是著名的分散注意力假说，尤其是慢跑、游泳等运动能使运动参加者进入自由联想状态；在单调重复性的技术动作中，通过冥想、思考等思维活动，可以促进思维和脑力的恢复。运动除了具有分散心理疾患患者不良注意力的基本心理治疗作用以外，对于特定的心理疾患，往往还能够以特异性运动方式来保证治疗的效益。如对于网络成瘾的患者，长时间的不间断的运动就是以一种积极性的沉湎来代替网络成瘾的消极性的沉湎。再如对于注意力涣散、提不起精神的抑郁症患者来说，规律性的锻炼能够改善其精神状态，其同样具有特殊的治疗效益。

主持人：运动对个体的情绪、自我效能提高、提升自信、改善人际关系都有影响，还具有一定的心理治疗作用，那么我们是不是只要去运动就可以起作用呢？

丁老师：当然不是了，只有科学合理的运动才有效果。首先，并非所有的运动都可以促进内啡肽的分泌。一般认为有氧运动比无氧运动更加容易促进内啡肽的分泌。内啡肽的分泌需要一定的运动强度，如：跑步、登山、游泳、骑自行车、健身操等中等偏上的运动强度和半小时以上的运动时间，才能促使内啡肽分泌出来，但是必须指出，运动过度，尤其是因为运动的时间过长，而产生严重的疲劳，那么各种有害于情绪的生理活性物质也同样会更加分泌，不仅可以抵消内啡肽的作用，还会变本加厉，使人的情绪更加低落。所以，每周锻炼应该在3—5五天，每天应不少于40分钟，但又不能太过，要根据自己的身体适宜程度选择，这样既有利于提高身体机能，又有利于恢复体力。

第二，运动锻炼要循序渐进。参加运动锻炼决不能急于求成，要达到健身祛病的效果绝非一朝一夕所能办到的事，而应该有目的、有计划、有步骤地进行科学性锻炼，要循序渐进，日积月累，这样才能取得满意的锻炼效果。开始锻炼时运动量要小，适应后再逐步增加以达到适宜的运动量。经过一段时间锻炼后，如运动时感到发热，微微出汗，运动后感到轻松、舒畅，食欲、睡眠均好，说明运动量恰当，效果良好，就要坚持下去。锻炼的动作应由易到难，由简到繁，由慢到快，时间要逐渐增加。每次运动时要由静到动，由动到静，动静结合，逐步过渡。此外，要想掌握动作要领、技巧和锻炼方法，也必须循序渐进，经常练习，巩固效果，才能达到预期的锻炼目的。

第三，运动锻炼要持之以恒。进行体育锻炼要想取得成效，不在于锻炼项目的多少，关键在于坚持，即人们常说的"贵在坚持"。在掌握运动量的基础上，最好每天坚持锻炼，实在有困难时，每周锻炼不应少于3次，每次锻炼40分钟左右即可。决不能"三天打鱼，两天晒网"，否则锻炼的成果得而复失。因此，参加运动锻炼要有决心和毅力，要行之有效，持之以恒，达到"功到自然成"。同时，要合理地安排锻炼时间，养成按时锻炼的良好习惯，这样才能做到持之以恒。

第四，运动锻炼要因人而异。根据自己的气质类型和个人的爱好来选择运动项目，也要根据自己的身体情况来选择运动项目。像医生给病人开处方一样，不会有一张处方适用于所有的人，总之，要根据每个人自身的特点、健康状况、运动习惯来选择运动项目，来决定运动量大小和锻炼时间长短，不能千篇一律，要因人而异。

主持人：今天非常感谢丁老师为我们分享了运动与心理健康的话题，感谢丁老师，各位亲爱的同学们，听了丁老师的讲解，我们是不是该动起来了呢！让我们一起运动吧！

/ 知识窗 /

朋辈心理辅导：是从朋辈辅导衍生出来的概念，是指年龄相当者对周围需要心理帮助的同学和朋友给予心理开导、安慰和支持，提供一种具有心理辅导功能的帮助，具有自发性、义务性、亲情性、友谊性和简便有效性。学校的朋辈心理辅导员是经过专业培训和培养的，具有一定心理学知识的身边同学。

内啡肽：亦称安多芬或脑内啡，是一种内成性（脑下垂体分泌）的类吗啡生物化学合成物激素。它是由脑下垂体和脊椎动物的丘脑下部所分泌的氨基化合物（肽）。它能与吗啡受体结合，产生跟吗啡、鸦片剂一样的止痛效果和欣快感。这些肽类除具有镇痛功能外，尚具有许多其他生理功能，如调节体温、心血管、呼吸功能。当机体有伤痛刺激时，内源性阿片肽被释放出来以对抗疼痛。在内啡肽的激发下，人的身心处于轻松愉悦的状态中，免疫系统实力得以强化，并能顺利入睡，消除失眠症。内啡肽也被称为"快感荷尔蒙"或者"年轻荷尔蒙"，意味着这种"荷尔蒙"可以帮助人保持年轻快乐的状态。

自我效能感：通俗地讲就是人们对自身能否利用所拥有的技能去完成某项工作行为的自信程度。该概念被提出以后，心理学、社会学和组织行为学领域开始对此进行大量的研究。自我效能感是个人对自己完成某方面工作能力的主观评估，评估的结果如何，将直接影响到一个人的行为动机。自我效能理论一经提出，就引起了动机心理学家们的极大兴趣。

自由联想：联想实验的基本方法之一，1897年由F.高尔顿开创。形式分为不连续的自由联想和连续的自由联想。可以测定人的能力和情绪等，也是精神分析学家使用的一种诊断技术和治疗方式。对自由联想的概述是当主试呈现一个刺激（一般为词或图片，以听觉或视觉方式呈现）后，要求被试尽快地说出他头脑中浮现的词或事实。自由联想与控制联想相对应。在应用自由联想时，事前对被试的反应与刺激之间的关系，不加任何限制，但反应一般约定只以语言方式。

第二讲
心理健康的标准

某著名心理学家说过:"人的心理障碍给一个人一生的困难,远远大于一般的身体缺陷带给人的困难。"随着社会和经济的繁荣发展,现代人承受着越来越多的心理压力,抑郁症、焦虑症这些心理疾病越来越经常出现在公众的视野里,而心理健康问题也越来越受到大家的重视。那么,怎么样才算是心理健康呢?又有哪些标准可以让我们来判断自己是不是心理健康呢?

——本期嘉宾王凯旋

主持人:大家好,今天的《杏苑心理访谈》我们邀请到了学校心理中心的国家二级心理咨询师、在读心理学博士王凯旋老师,今天的主题是:心理健康的标准。现在请王老师和大家打个招呼。

王老师:各位亲爱的同学们,大家好!我是心理中心的王凯旋老师,非常荣幸能受邀来和大家分享这期的《杏苑心理访谈》。

主持人:王老师,我最近经常听到学弟学妹们接到通知要做一些心理测试,就想起我当初刚进学校的时候也做过这样的测试,您能告诉我们新生为什么要做心理测试吗?

王老师:每年新生入学的时候,我们心理中心都会把他们聚集起来做一些心理方面的基本测试,这样做的目的呢,是为了让我们对新生有更加全面的认识。要不我们现场来测试一下,我现在给你做一个简单的测试,你来体验一下。

主持人:好呀好呀,有这么专业的老师给我做测试,我也想试一下呢。

王老师:这里一共有20个小问题,每个问题都有4个备选答案,根据你的实际情况选择一个最适合自己的答案。A表示最近一周内出现这种情况的日子不超过一天,B表示最近一周内曾有1到2天出现这种情况,C表示最近一周内曾有3到4天出现这种情况,D则表示最近一周内曾有5到7天出现过这种情况。准备好我们就开始啦。

1. 我因一些事而烦恼。
2. 胃口不好,不太想吃东西。
3. 心里觉得苦闷,难以消除。
4. 总觉得自己不如别人。
5. 做事时无法集中精力。
6. 自觉情绪低沉。
7. 做任何事情都觉得费力。
8. 觉得前途没有希望。
9. 觉得自己的生活是失败的。
10. 感到害怕。
11. 睡眠不好。
12. 高兴不起来。
13. 说话比往常少了。
14. 感到孤单。
15. 人们对我不太友好。
16. 觉得生活没有意思。
17. 曾哭泣过。
18. 感到忧愁。
19. 觉得人们不喜欢我。

20. 无法继续日常工作。

都选好了吗？

主持人：都选好了，王老师。

王老师：那我们现在来计算一下总分，每个问题答A记0分，答B记1分，答C记2分，答D记3分，看看自己有多少分。

主持人：王老师，我算了一下，我大概有3分。

王老师：那看来最近一周你的整体状态还不错哦。这个小测试和新生入学时的测试类似，当他们完成测试的时候，我们后台就会收到并进行测评，根据测评结果我们就可以了解到一些学生可能存在的心理问题，然后我们心理中心就可以想办法帮助他们改善。

主持人：是这样啊，我都不知道原来心理中心的老师们为我们考虑了这么多。王老师，我也注意到那个测评结果我们自己也是可以看得到的，这也是心理中心的老师们为我们做的吗？

王老师：对呀，测评结果对学生本人开放可以让同学们更好地了解自己的心理健康状况和自己的个性特点，从而根据自身情况做出一些调节，达到自我认识、自我发展和自我完善。像刚刚步入大学生活的新生们，大多都会对大学的生活产生一些不安和有难以快速适应的情况，这个时候心理测试可以帮助他们更加清楚地了解到自己的情况，对他们适应大学的新生活起到一个指引作用。而且通过这种把整个年级集合起来做心理测试的形式，可以提高他们对心理健康重要性的认识，这也是我们的目的。

主持人：了解了心理测试的重要性，王老师，那心理测试具体是指什么呢？

王老师：心理测试是一种比较先进的测试方法，它是通过一系列手段，将人的某些心理特征数量化，来衡量个体心理因素水平和个体心理差异的一种科学测量方法。也就是说，通过心理测试这种手段，可以把抽象的心理特征具体化，来帮助我们更加了解自身的心理状态。心理测试的形式和种类有很多种，按照测试功能来分的话，有能力测试、学业成就测试和人格测试，每个测试都有不同的侧重点，来帮助我们了解不同的方面。

主持人：原来我们做的测试这么复杂啊，也辛苦心理中心的老师们为我们付出这么多。王老师，我之前看到一句话说：随着我们国家向商业化社会的变革，人们所面对的心理问题对自身的威胁，将远远大于一直困扰于人们的生理疾病。现在，人们面临的学习、工作或者人际交往方面的压力越来越大，由一些心理疾病，例如抑郁症，所造成的自杀事件也屡有出现，心理问题越来越被大家所关注，那什么样的才算是心理健康呢，老师？

王老师：怎么样才算是心理健康呢？有很多著名的心理学家都提出了自己的一套标准，像奥尔波特提出的六个标准，马斯洛提出的十大标准，但其实心理现象是非常复杂的，很难把它具体概括成一个通用的系统的概念。简单概括起来的话，心理健康的内容主要指与社会的协调一致、正确的自我认知、统一的人格和开朗的心境。但其实，在现实生活中，绝对心理健康的人很少，大部分人都是介于健康和不健康之间的亚健康状态，时常会有焦虑、恐慌、自卑这些情绪。但这些情绪其实都是可以通过自我调节或者他人的帮助消除的，并不会对我们造成很大程度的伤害，所以偶尔会产生这些情绪的同学们也不用太慌乱。

主持人：原来是这样啊。王老师，虽然现在网上有各种各样的心理测试，但是没有像您一样专业的老师的帮助，还是很难判断自己的心理情况。而且，有很多同学并不了解自己的情况到底健康不健康，是不是已经有心理问题，要不要去寻求帮助，有没有什么简单的判断方法呢？

王老师：心理学家对心理健康的标准有很全面的研究，今天我为大家简单介绍一下心理健康的十条标准，大家可以看看自己符合几条。

1. 充分的安全感：安全感是人的基本需要之一，如果惶惶不可终日，人便会很快衰老。抑郁、焦虑等心理，会引起消化系统功能的失调，甚至会导致病变。

2. 充分了解自己，对自己的能力做出恰如其分的判断。如果勉强去做超越自己能力的工作，就会显得力不从心，于身心大为不利。超负荷的工作，会有损身体健康。

3. 生活目标切合实际。由于社会生产发展水平、物质生活条件有一定限度，如果生活目标定得太高，必然会产生挫折感，不利于身心健康。

4. 与外界环境保持接触。因为人的精神需要是多层次的，与外界接触，一方面可以丰富精神生活，另一方面可以及时调整自己的行为，以便更好地适应环境。

5. 保持个性的完整和和谐。个人能力、兴趣、性格与气质等各种个性特征必须和谐而统一，方能得到最大的施展。

6. 具有一定的学习能力。现代社会知识更新很快，为了适应新的形势，就必须不断学习新的东西，在生活和工作上才能得心应手，少走弯路，取得更多的成功。

7. 保持良好的人际关系。人际关系中，有正向积极的关系，也有负向消极的关系，而人际关系的协调与否，对人的心理健康有很大的影响。

8. 能适度地表达和控制自己的情绪。人有喜怒哀乐不同的情绪体验。不愉快的情绪必须释放，以求得心理上的平衡。但不能过分发泄，否则，既影响自己的生活，又加剧了人际矛盾，于身心健康无益。

9. 有限度地发挥自己的才能与兴趣爱好。人的才能和兴趣爱好应该充分发挥出来，但不能妨碍他人利益，不能损害团体利益，否则，会引起人际纠纷，徒增烦恼，无益于身心健康。

10. 在不违背社会道德规范下，个人的基本需要应得到一定程度的满足。当然，必须合法，否则将受到良心的谴责、舆论的压力乃至法律的制裁，自然毫无心理健康可言。

主持人：那是不是不符合这些标准就有心理问题呢？

王老师：并不是这样的，如果你有三条到五条不符合，那么我觉得你需要更好地了解一下自己，看一下自己哪一条不符合，然后做出适当的改变，比如说你发现自己在人际关系方面不够和谐，那为了不让情况恶化，就需要去思考自己是不是有哪里做得不好，像对人太冷漠这样子，然后尽自己可能去改变这种情况，多积极主动地与人交往，学会换位思考，多以微笑待人。如果你有五条以上不符合，那么，你可能存在一些心理问题。但是这个标准并不是一测定终身，它仅仅可以反映你一段时间的心理健康状况，只要你发现问题并主动去解决它，问题就会迎刃而解。

主持人：那王老师，对五条以上不符合的同学有什么样的建议吗？

王老师：这个时候就要寻求专业心理老师或者心理医生的帮助啦，大家可以打开微信，搜索"福建中医药大学心理中心"微信公众号，登录心理系统的学生端口，预约心理咨询老师，我们有很多专业的老师都可以为有需要的同学提供帮助，可以线上咨询也可以线下咨询，线上咨询的话就是通过微信、短信这些工具来了解情况并提出建议，如果有的同学不喜欢面对面咨询方式的话，线上咨询或许是一个很好的方式。当然同学们也可以直接到学校心理中心预约。

主持人：大家都记住了吗？感谢王老师的分享，同学们也可以根据王老师讲到的十条小标准做一下测试啊，相信我们心理中心的老师们都十分愿意为大家提供相应的帮助。我们今天的节目就到此结束啦，再次谢谢王老师的分享！

/ 知识窗 /

心理测试：心理测试就是通过科学的方法和手段，对反映在人的行为活动中的心理特征，依据确定的原则进行推论和量化分析，并给予相应的科学指导。它是心理学研究的必要手段，仅仅以个人在进行测试的那个时间点的状况特点，提供一个专业的心理学方面的参考，并不能为一个人下终生的论断。心理测试在专业领域叫心理测量，网络上的心理测试多是娱乐游戏性质。

心理健康：心理健康是指心理的各个方面及活动过程处于一种良好或正常的状态。心理健康的理想状态是保持性格完美、智力正常、认知正确、情感适当、意志合理、态度积极、行为恰当、适应良好的状态。

受到遗传和环境的双重影响，心理健康者在社交、生产、生活上能与其他人保持较好的沟通或配合，能良好地处理生活中发生的各种情况。

心理亚健康：根据世界卫生组织对健康四位一体（即躯体健康、心理健康、社会适应性健康、道德健康四位一体）的全新定义，心理亚健康是指在环境影响下，由遗传和先天条件所决定的心理特征（如性格、喜好、情感、智力、承受力等）造成的健康问题，是介于心理健康和心理疾病之间的状态。主要表现为不明原因的脑力疲劳、情感障碍、思维紊乱、恐慌、焦虑、自卑以及神经质、冷漠、孤独、轻率，甚至产生自杀念头等。

第三讲
新生如何适应大学生活

进入大学是每个十年寒窗苦读的学子的梦想，高中三年为了高考而付出的努力和汗水仿佛仍在昨日。然而，进入梦想中的大学之后，很多同学并不是喜悦和激动，有的甚至困惑和茫然，难以适应大学的新生活，对新的人际关系不知所措，学习和娱乐时间不能平衡，没有新的目标，以至于浑浑噩噩地度过每一天，有这些情况的同学并不是少数。新一届的同学们，大学不应该是你们"梦想的终点站"，它应该是开启新征程的出发点，让我们学会适应大学的新生活，做出改变，学会成长！

——本期嘉宾丁闽江

主持人：大家好，今天我们邀请到了福建中医药大学心理中心的国家二级心理咨询师丁闽江老师做客本期《杏苑心理访谈》节目，今天我们将与丁老师一起聊聊新生如何适应大学生活，先请丁老师说两句吧。

丁老师：各位亲爱的同学们，大家好，我是心理中心的丁闽江老师，新学期的《杏苑心理访谈》节目又要开播了，感谢大家对本节目的支持。今天我将和大家一起分享新生如何适应大学生活这个话题，希望对各位新生们有所帮助。

主持人：丁老师，今天为什么要专门讲一期新生适应的话题啊？难道00后有什么特别的地方吗，他们很难适应大学生活？

丁老师：那我先问你啊，你刚上大学的时候，你就没有迷茫过吗？

主持人：那当然有啦，比如：我会担心要怎么样才能和舍友相处好？担心第一次住校的自己能不能处理好生活事务？会纠结我要不要去竞选班委？要不要参加什么社团？担心自己能不能跟得上大学的课程？还有要怎样才能锻炼自己的能力……很多很多。回想起那段时光，还是有点迷茫不安的。

丁老师：其实啊，很多新生刚上大学时都会有和你一样的困惑，环境的变化，随之而来的就会引起角色的变化。上大学之前是家里的小宝贝，生活上的大事小情都有父母帮我们承担安排，学习进程也是由学校老师统一安排，我们不必去思考今天要吃什么、做什么、学什么，因为那个时候啊，所有的一切都像是被排了日程表，我们只要按部就班地执行就好了。但是上了大学就不一样了，我们的角色发生了变化，比如学习角色、生活角色和人际角色，我们所处的环境也发生了巨大的改变。都说大学是个小社会，它像是为我们真正步入社会所准备的练习场，帮助我们慢慢成熟，逐渐长大。刚步入这个巨大而又复杂的地方，面对这么多的变化，有一部分的同学出现心理的不适应是非常正常的现象，所以我们才要专门做这期的内容，希望能帮助到刚步入大学生活的同学们，让他们能够尽快地适应大学的新生活。

主持人：原来是这样啊，那丁老师，您有什么好的建议给新生们分享吗？

丁老师：好的，那我就分几个方面来和大家说说，首先，大家一定要处理好宿舍关系，良好的宿舍关系会为你的大学生活增添很多的色彩，你也将会获得更多的安全感和幸福感。

主持人：那丁老师，应该怎么处理好宿舍关系呢？有什么秘诀吗？

丁老师：首先，你必须想通一点，大家都来自五湖四海，每个人的成长环境不一样，家庭教育方式不一样，所经历的人和事也都不一样，必然，大家为人处世的方式也有差别，性格也不一样。所以，我们不能以自己的价值观来要求别人怎么做，不能把自己所认为的"正常"套在你的舍友们身上，我们应该更多地去适应和理解别人，而不是想着如何改变别人。

第二，学会适应黄金规则定律，就是像你期待别人怎样对待你一样去对待别人，学会换位思考，主动交往和主动认错，如果是自己做错了，不要害怕认错，更不要觉得主动道歉是一件丢脸的事情，有时候吃亏也是一种福气。

第三，在宿舍里，多帮助需要帮助的同学，与人为善，学会赞扬别人，主动去发现他们优秀的地方，多说谢谢，少些闲话，少些抱怨。

主持人：这样子啊，可是丁老师，有时候你就是会碰到一些怎么讲也不愿意改的同学，比如在大家都睡觉的时候很大声地打游戏，以自我为中心，要求所有人都配合他，这种时候该怎么办呢？

丁老师：这种情况的话你首先要学会反思自己，冷静下来，想一下自己有没有哪里做得不好，比如你是不是在提醒他打游戏小声一点的时候态度不是很好呀，你要知道人都是有逆反心理的，你严厉地指责我，我可能知道自己做得不对，但也不愿听你的话。你试着换位思考一下，是不是这样子的呢？其次呢，你要反省自己有没有做到就事论事，还是说把以前看不惯这个人做的一些事的情绪也带到这件事情里面来了，毕竟你也不会对一个陌生人这么苛责。这种情况就要求一定要及时解决问题，不要觉得一直忍着就可以避免冲突，忍耐到最后也是会爆发的，而且有时候争吵也是沟通的一种方式，不要害怕去面对问题，毕竟宿舍生活是要所有人相互配合适应的呀。如果真的控制不住自己，那就慢一点，讲话语气慢一点，或者选择用文字的方式也可以的。最后如果你已经尽可能地跟他沟通，但他还是不愿意改正的话，你们也可以互不干涉啊，毕竟我们能做到的只有改变自己，一味地因为无法改变他人的行为而烦恼是没有意义的，反而让自己过得越来越不愉快，所以我们最重要的就是要做好自己。

主持人：学会赞扬别人，少些抱怨，做好自己。嗯，我懂了，丁老师，那么在学习上老师有什么可以给同学们的建议吗？毕竟我们医学生的考试压力实在是大啊。

丁老师：这个问题一定很多同学都很关心。大学的学习和高中的学习大不一样，高中的学习目的很明确，而且每天都有人跟、有人管，到了大学，学习全靠自觉，上课不听讲也不会有老师追着督促你，所以有的同学就放飞自我了，到期末临阵磨枪,压力自然大很多。所以,大学的学习最重要的是要学会学习,特别是要主动学习,要学会好好利用学校的图书馆资源、教师资源、学术讲座资源等,主动规划利用好自己的碎片化时间。当然,也有不少的同学认为终于可以放松了,于是,把大把的时间浪费在玩游戏、追剧上,这样的话,你很可能会挂科,甚至毕不了业哦,或者即使毕业了,你也会在找工作时受到挫折。这里呢,也向大家推荐一个学习的时候很好用的番茄工作法,先给自己定一个要完成的任务,然后将番茄时间设为 25 分钟,之后就专注学习,中途不允许做任何与该任务无关的事,直到番茄时钟响起,然后在纸上画一个 X,短暂休息一下(5 分钟就行),每 4 个番茄时段多休息一会儿,直到任务完成。同学们可以尝试一下,这可以很大程度地提高做事效率。

主持人:就是说我们要学会主动去学习和安排好自己的时间,上课认真听讲,不要老想着期末临时冲刺。那我们刚才说了学习,很多同学也想知道,大学里如何锻炼自己的能力,要不要担任班委,要不要参加社团,老师您有什么建议吗?

丁老师:嗯,在大学,能力锻炼是非常重要的,个人的表达能力、组织管理能力、一些场合的应变能力等都是需要锻炼的。有不少的同学非常宅,什么都不想做,认为担任班委、参加社团活动、参加学校组织的各种竞赛是浪费时间,没有很大的价值。但是我个人认为,在大学里,应该主动竞选和担任班委、学生会干部,主动参与社团活动,主动参与各种比赛。因为啊,有的事情只有你真的去做了才能学到不一样的东西,比如说只有你做了班长才会学到怎么团结班级和组织活动,只有你做了部门的干部、干事才懂得要怎么去举办一场比赛,我认为这些经验都会成为成长路上宝贵的财富。当然,担任的职务最好不要超过两个,以能提升自己的能力为目的;参加的社团或者比赛要适度,最好与自己的兴趣爱好相结合,不能因为这些而把自己搞得过于繁忙,甚至影响基本的学习。还有要学会给自己定一个适当的目标,根据目标设定理论,合适的目标会对我们起到激励作用,帮助我们成长。不过也有一些同学把综测和学分看得过于重要，导致参加一些活动和比赛都带有过于强烈的目的性，这样不仅会失去比赛过程中的乐趣，也不能真正地提升自己的能力，我认为这样也是不可取的。总之，在这里还是非常建议大家在大一、大二时多担任班委或者学生干部，或者参加社团活动，这些不仅锻炼能力，还促进人际交往。

主持人：嗯，我也听明白了，要担任班委、多参加社团活动，但是要适度并且认真负责。丁老师，我也听说新生刚来的时候会有一些心理变化，能和我们的新生同学们说说有哪些变化吗？他们又应该如何面对这些变化？

丁老师：华南师范大学心理咨询研究中心副主任苏斌原老师在一次给大学新生的讲座中说到，新生会经历五大心理变化：

1. 间歇心理。经过3年超负荷的拼搏以及身心能量的过度透支，新生入学后几乎身心俱惫，相当部分同学滋生了对学习的厌倦情绪。由于心理紧张系统解除，学习上无动力，行为上提不起劲，总有种喘口气、歇歇脚的心理。所以有些同学可能就会开始沉迷网络，或者有一些其他的不良习惯。

2. 茫然心理。中学阶段大家的奋斗目标非常明确，即一切围绕高考而拼搏。考入大学后，新的人生目标尚未确立，出现目标丢失和理想真空的现象。由于目标的迷乱往往使人缺乏方向感，无所适从，再加上高校管理不像中学那么直接和严格，许多新生不知自己该干什么、干什么好，不善于自主地安排生活和学习，导致焦虑、茫然、百无聊赖的感觉比较强烈。

3. 自卑心理。从父母的"重点保护动物"到"没人理解"；学习上的"核心人物"到学习成绩"不再是最好的"；人际关系从"众星捧月"到"没有什么朋友"，这种中心位置的重新洗牌容易造成巨大的心理落差，从而诱发自卑心理。

4. 失落心理。有的新生入学前把大学生活想象得过于浪漫、神秘和多姿多彩。过高的期望值与大学的现实生活反差较大，导致部分新生入学后出现情绪波动和失落。

5. 怀旧心理。由于生活方式、习惯、环境的急剧变化，加上远离家乡、亲友和同伴，这对缺乏生活自理能力和人际交往技能的学生来说，无疑是个不小的挑战。

主持人：谢谢丁老师的提醒，好像这些我都经历过啊，那最后丁老师对有这些情绪出现的新生朋友们有什么建议吗？

丁老师：嗯，最后我还是想给同学们几个建议，希望这些建议能帮助你们适应大学生活。

第一，新生刚来，会出现一些不良的心理情绪，这是正常的表现，不要太过紧张，经过一段时间的适应，自然会好起来的。

第二，如果确实觉得自己很难适应，出现一些心理症状，可以到福建中医药大学的心理中心来寻求帮助。

第三，如果你本来就有些心理问题，现在正在咨询或者治疗，一定要记得告知辅导员或者心理老师，他们会帮助你一起解决问题的。

第四，要经常与家里人保持沟通，寻求家人的支持和帮助；最后一点哦，非常重要的，同学们一定要多去运动挥洒汗水，走进大自然，同样有助于保持身心健康。

主持人：希望新生朋友们能好好思考丁老师今天的分享，尽快适应大学生活呀。好了，今天非常感谢丁老师的分享，感谢丁老师，我们下期见。

/ 知识窗 /

逆反心理：逆反心理是指人们彼此之间为了维护自尊，而对对方的要求采取相反的态度和言行的一种心理状态。常表示这样的一种心理结果，即支持采取一种行动，结果却令对方采取相反的行动。

目标设定理论：目标设定理论于1960年代由洛克(Edwin Locke)提出，该理论认为挑战性的目标是激励的来源，因此特定的目标会增进绩效。目标设定理论提出，目标是一个人试图完成的行动的目的，是引起行为的最直接的动机，设置合适的目标会使人产生想达到该目标的成就需要，因而对人具有强烈的激励作用。重视并尽可能设置合适的目标是激发动机的重要过程。

番茄工作法：番茄工作法是简单易行的时间管理方法，是由弗朗西斯科·西里洛于1992年创立的一种相对于GTD更微观的时间管理方法。使用番茄工作法，选择一个待完成的任务，将番茄时间设为25分钟，专注工作，中途不允许做任何与该任务无关的事，直到番茄时钟响起，然后在纸上画一个X，短暂休息一下(5分钟就行)，每4个番茄时段多休息一会儿。番茄工作法极大地提高了工作的效率，还会让人有意想不到的成就感。

第四讲

新学期，你有计划了吗？

计划之于我们，就像是我们为了站上山之巅而苦苦探寻出来的上山路，但是上山的道路有千万条，计划也有不同种类，那么对于正值妙龄、对未来饱含期望的大学生，新学期开始时，是否迷茫于如何快速进入状态？又或者苦于不知道如何制定新学期的计划？今天我们即将和大家分享健康促进计划、学习计划、能力提升计划、关系提升计划以及静心计划，希望能为大家指引一条成长之路。

——本期嘉宾丁闽江

主持人： 大家好！今天很荣幸再次邀请到我校心理健康教育指导中心的国家二级心理咨询师丁闽江老师做客本期《杏苑心理访谈》。今天我们将与老师一起聊聊：新学期，你有计划了吗？接下来请丁老师跟大家打个招呼。

丁老师： 各位亲爱的同学们，大家好！我是心理中心的丁闽江老师，新年新气象，在此问候大家。本学期《杏苑心理访谈》节目将会继续为大家分享心理学相关知识，每周一傍晚播出，同时，心理中心微信公众号将同步推送，请大家多关注。

主持人： 丁老师，新学期刚开始的时候，大家刚从悠闲的假期生活中回来，好像都很难立马投入到新的学习计划中来，不知道如何进入状态，今天能不能和我们分享一下这方面的话题。

丁老师：那我先问你个问题，你会迷茫吗？你对即将到来的新学期有规划吗？你又为自己做了哪些计划呢？

主持人：对于我来说，每次新学期刚到来的时候，因为还没有从假期懒散的状态中走出来，所以会很迷茫。但是，我也做过一些自己的计划，比如：这学期要过六级，这学期减肥成功，这学期拿到奖学金等。

丁老师：嗯，挺不错的，不过，我再问你，你实施计划的效率怎么样呢？

主持人：说实话，不是很好。就像是立下一堆 flag，最后都倒了。

丁老师：其实啊，你有想过要给自己定计划、定目标是很好的。但是计划的完成度却不是很高，这是为什么呢？你有没有发现，你制定的计划如过六级、成功减肥、拿到奖学金等，这些更像是你的终极目标——登上山顶。那么问题来了，要怎么上山呢？上山的路有千万条，只盯着山顶而忘记思考上山的道路，那是不是就会容易迷路啊。

主持人：确实是这样的，怪不得每次我定下的目标都很难实现。

丁老师：其实你这个问题很多同学也会有。老师觉得，你应该把计划进行分门别类，并且尽可能详细化，增强计划的完整性和可操作性，从千万条上山路中挑选出最适合自己的，然后把它分成一段一段的，每一段定个小路标，这样你才不会迷路，并且要做到一步一个脚印踏踏实实地往山顶爬，你的计划才会更有可能成功。

主持人：老师您有提到要把计划分门别类，您有什么好的方法推荐给我们吗？

丁老师：嗯，这也是我们今天最主要的任务，首先呢给大家讲一下新学期可以从哪几个方面制定计划，我将从健康促进计划、学习计划、能力提升计划、关系提升计划以及静心计划五个方面来和大家分享。

主持人：老师，快说吧，我也很想听听。

丁老师：首先，我要说的是健康促进计划。大家都知道，身心健康是一切的根本，而促进身心健康的最有效方式就是运动。你们都是医学生，应该很容易理解，运动可以提高我们身体的免疫力，从而促进我们的身体健康。并且在我们心理学上，有很多治疗手段都有提到适当的运动，可见运动也可以促进我们的心理健康。其实啊，运动也有利于情绪的改善，提高自我效能感，有效地增加人际互动，提升个人的人际关系等。那我们怎么制定健康促进计划呢？大家要给自己定个运动的计划，就是说，你们每个人不管有多忙，或者多懒，都要抽出时间来运动，每周至少3次，每次至少40分钟，运动项目可以根据自己的爱好来选择，用打卡或者记录的方式，要求自己必须完成，又或者加入某一个运动团队，在大家的鼓励和督促下完成。但是呢，运动期间同学们也要注意后勤保障，就是说健康促进计划中，营养一定要跟上，合理膳食，作息也要规律，保证充足的睡眠时间，这样才不会顾此失彼。我在这里再向大家强调一下，一定要记得哦，运动对身心健康的重要性，坚持，你将会幸福一辈子。

　　主持人：丁老师，看来，我也要动起来了，那么，您说的第二个计划：学习计划，又应该怎么做呢？

　　丁老师：学习计划我觉得可以分为两个方面来说，一个是专业的学习计划，一个是课外拓展阅读计划。大家都是医学生，承担着治病救人的重要任务，理应明白学习掌握专业知识对我们以后的职业来说有多么重要，也应该明白我们肩上担负的不仅仅是自己的未来职业生涯，还有治病救人的重大使命。既然专业知识的学习这么重要，那我们具体该怎么做呢？对于专业的学习啊，我建议大家除了要学好学校要求的课程以外，一定要多多利用图书馆的学习资源，多看看专业相关的书籍，多搜索一些相关的论文，或者看看其他学校老师上课的视频，我还非常建议大家根据自己的爱好，选择去旁听其他老师、其他专业，甚至是其他学校的课程，这对你一定有不一样的启发，另外，你们要有自己的方向，比如：你对哪种疾病特别感兴趣，那你就要通过各种资源来完善你这方面的知识，或者去医院跟师学习，或者听几次相关方面重要的学术讲座。另一方面，关于课外拓展阅读。列宁说"书籍是巨大的力量"，可见读书的重要性。有空的时候多看看书，我们图书馆的资源那么丰富，你可以随时获取。在闲暇的时候，读自己喜爱的书，读自己想读的书，读自己愿读的书，在宁静的环境下细细品尝，认真思考，可以帮助我们更好地认识世界，感悟生活之跌宕涌动，进而拥有一份愉悦、一份快乐。要知道阅读对于提升你的内涵、气质、修养等都是很有帮助的。你可以规定自己一周内看几本书，然后每周打卡，这样你会更容易坚持。

说完这两点，我想给大家总结一句话：让运动和阅读照亮我们的心灵。

主持人：丁老师，听完您说专业学习和阅读，我有些自己的体会了。确实，对于我们大学生来说，专业知识的学习和文学素养都十分重要。那老师，您说的能力提升计划又是什么呢？

丁老师：能力包括的面很广，像是语言表达能力、组织管理能力、应对挫折的能力、职业就业能力、创新能力等。这些能力和大家以后找工作以及个人的职业发展都息息相关。语言表达能力指一个人善于把自己的思想、情感、想法和意图等，用语言清晰明确地表达出来，并善于让他人理解、体会和掌握，通俗一点讲就是口才啦。组织管理能力呢，就是组织安排某一项活动或者对财力、物力、人力等资源合理规划调配的能力。应对挫折能力对我们也十分重要，拥有良好的挫折应对能力可以使我们在面对巨大的压力时不恐惧不退缩，并且以百折不挠之势应对。职业就业能力相信大家都懂，职业规划是我们从大一刚开始就专门向大家教授的课程，就业也是大家都非常关心的问题，所以，拥有客观正确的职业就业能力就显得尤为重要。至于创新能力啊，相信我也不用多说，随着科技越来越高速地发展，当今社会的竞争压力也越来越大，这竞争，是人才的竞争，更是人的创造力的竞争。创新创造作为全人类的一个永久性课题，越来越凸显出它的重要性。现在，知道了这几项能力的重要性，那同学们应该在新学期如何提升自己的能力呢？我建议大家：担任一次班委或者学生会干部，通过做班级工作和部门的事务可以很好地锻炼到我们的组织管理能力；参加几次学校举办的比赛；做几次兼职，参加几次社会实践或者参加勤工俭学等，这些既可以锻炼我们的口才，又可以积累经验，要知道，大学里各种各样的比赛那么多，你可以通过比赛学习到很多专业知识以外的各项能力，比如演讲比赛、职业生涯规划大赛以及我们心理中心举办的微课大赛等，这些都是提升个人能力的好办法。同学们不要觉得做这些会浪费时间，当然了，如果你觉得自己的哪方面能力已经很好了，就不用再在这方面花更多时间，但是对于能力不足的部分，还是希望同学们能引起重视。在此，希望大家记得这样的话：我来大学是来锻炼和提升能力的，不是来应付任务的！有时候丢丢脸没什么，自己成长了就好！

主持人：确实啊老师，您说的我深有体会。像我刚进大学时，还是一个腼腆容易害羞甚至不敢在大家面前讲话的女孩子，但自从我为了突破自己，主动加入主持人队伍，现在的我啊，已经可以和老师您侃侃而谈了呢。那丁老师，刚才，您还说了一个人际关系提升计划，这又怎么说呢？

丁老师：大学生活中的人际关系是你们一生中最重要的人际关系，拥有良好的人际关系将会是你一辈子的财富。说得直白一点，毕业后，能为你提供帮助的大部分都是大学时期建立起来的人际关系，虽然也不是鼓励大家为了以后铺路而去和谁交往，但是良好的人际关系确实会影响我们的生活和心理。

第一，是你的宿舍关系，大学里一定要处理好宿舍关系，多些尊重，多些包容，多些理解，多些赞美，吃点小亏，就啥事都没有了。

第二，要懂得与父母处理好关系，每周至少打两次电话，多关心和理解父母，不要让他们担心。

第三，要懂得处理好恋爱关系，这个话题我们以前专门讲过，谈恋爱不能盲目，有矛盾时处理方式也不要过激，良好的恋爱关系是可以让彼此双方互相督促互相成长的，而不是拿着我爱你的理由束缚捆绑你的男女朋友，并不是一定要无时无刻黏腻在一起才好，把握好那个度很重要。总之，处理好恋爱关系会为你的大学生活增添色彩，处理不好恋爱关系，你将会失去很多美好。

第四，要积极去建立自己的人际关系，多主动交些朋友，不要把自己禁锢在熟悉的圈子里，多认识交往一些人，你会发现你可以从不同的朋友身上学到一些宝贵的特质。

第五，要多与老师联系，老师具有丰富的人生经历和临床经验，多主动和老师交流，那将会给你带来意想不到的收获。

主持人：丁老师，我有困难的时候可以找您帮我吗？

丁老师：当然，心理中心随时欢迎你。

主持人：丁老师，您刚才说的静心计划我很好奇呀！

丁老师：静心，简单点说就是：尊崇自己的内心，做自己想做的事情，体验自己的内心充实感。你应该去做自己有兴趣的事情，应该每周找个时间安静地去感受下大自然，或者静静地坐在哪里看看书，抑或是静静地发呆，体验自己的内心，发掘自己的潜能，享受美好的生活。

主持人：丁老师，我还有一个问题想问您，其实我们经常有做计划，但是最大的问题是我们经常又执行不了，怎么办呢？

丁老师：嗯，这种现象很常见，这和你定的计划是否具有操作性关系很大，你们定的计划一定要细，从年计划到学期计划、到月计划、到周计划，再到天计划，一定要详细并且可操作，同时，对你的计划实现过程一定要有记录，你们可以专门记在一本本子上，一项一项地对应并实现它。如果哪天计划被打乱，可以用其他时间弥补。另外，大家也不能把自己的时间排得太满，适当就行，要留有一定的空余时间用来娱乐或者做别的事情。不能实现计划还有一个很重要的原因是自己对自己不能严格要求，不能坚持，或者拖延比较严重，这种情况就要求同学们一定要狠下心，对自己严格一点，要知道一味躲在大树的庇护下是没有办法成长的，只有主动走出舒适环境才能感受到风雨的洗礼和见到雨后绚烂的彩虹。同学们，加油哦！

主持人：今天非常感谢丁老师为我们分享了关于新学期如何制定计划的话题，感谢丁老师，各位亲爱的同学们，你们懂得如何做了吗？我们下期再见！

/ 知识窗 /

舒适区：舒适区指的是一个人所表现的心理状态或者习惯性的行为模式，人会在这种状态或模式中感到舒适，又称为心理舒适区。在这个区域里，人都会觉得舒服、放松、稳定，并且很有安全感。

表达能力：表达能力是指一个人善于把自己的思想、情感、想法和意图等，用语言、文字、图形、表情和动作等清晰明确地表达出来，并善于让他人理解、体会和掌握。酒香也怕巷子深，拥有良好的表达能力，对我们向外表现自己的才华非常重要。

拖延：拖延是指在开始或完成一项活动时实施的有目的的推迟。拖延会使目标任务在最后期限内无法完成，或者目标任务在最后期限内才刚刚启动。拖延对我们目标计划的实现会产生一定阻碍，克服拖延就要求我们一定要狠下心，动起来，对自己要严格一点。

第五讲

谁的青春不迷茫?

每个人在一生中都会遇到迷茫,在不同时间、不同地点、不同环境都会有不一样的迷茫点。《管子·势》说:"人既迷茫,必其将亡之道。"迷茫会使人感到无措和不安,从而丧失前进的方向。但是,大学生正处于应该拼搏的年纪,怎么可以被迷茫束缚了手脚,迷茫并不可怕,只要我们明确心中那个最坚定的理想,就一定能够拨开迷雾,抓住那颗耀眼的流星。

——本期嘉宾王凯旋

主持人:大家好,今天的《杏苑心理访谈》我们邀请到了学校心理中心的国家二级心理咨询师王凯旋老师,现在请王老师和大家打个招呼。

王老师:各位亲爱的同学们,大家好,我是心理中心的王凯旋。

主持人:王老师,今天的主题是"谁的青春不迷茫",难道说每个人都会迷茫,迷茫是正常的吗?

王老师:这个主题我近段时间感触比较深,希望能跟大家详细聊一聊。在最近的咨询中经常有大一的同学对我说,不喜欢这个学校,我很迷茫;与舍友相处不融洽,我很迷茫;有大二的同学说,学了一年之后发现对自己所学的专业不感兴趣,我很迷茫;竞选部门干部,结果落选,我很迷茫;大三的同学会说,我想好好学习了,可换专业已经来不及了,我很迷茫;马上就要下临床,自己却感觉什么都不会,我很迷茫;大四的时候说,找不到合适的工作或者好的工作单位不要我，我很迷茫，等等。那我现在问你啊，你在学习、生活、工作中会迷茫吗？

主持人：现在是不会，我有了比较明确的目标，知道自己想做什么，以及为了实现自己的目标应该做些什么，但是刚入学那会儿，真的有一段时间很茫然，想着这就是我的大学吗？我以后每天就是这样吗？很焦虑，然后对什么事情都提不起兴趣，没有目标也没有动力。

王老师：我感觉大家不是在迷茫就是有过迷茫啊。其实啊，包括我自己也是一样的，有时候也会感到迷茫。像你刚才讲到迷茫带给你一些负面的思考，然后引发一些消极情绪的情况，其实这样的表现是符合我们人类心理发展的规律的。人类在长期的进化过程中自然而然地形成了一种应对心理，就是当自己面临一些不确定的或者无法掌控的事情时，内心中的不安全感就会通过情绪和行为表现出来。你带着美好的想象和憧憬入学，但是真的步入大学校园之后，却发现大学的一切都跟你自己所想的相差甚远，像是校园环境并没有宣传得那么漂亮，学术氛围并没有你以为得那么浓厚，老师也远不如你的高中老师亲近熟悉，与舍友的关系也不尽如意，甚至难以沟通；或者是觉得自己已经很努力了，但是老师给的成绩就是那么差；竞选多个部门干部却都以失败告终……确实啊，大学真的有太多不可控的因素存在，然后发现自己越来越无力应对，最后，自然而然就会产生焦虑不安的情绪，影响到日常的生活，最后变成恶性循环。所以啊，如果你的生活中充满太多的不确定性和不可控因素，那么你会迷茫是一件很正常的事情。

主持人：哦，迷茫是正常的。那王老师，虽然大家都经常用到迷茫这个词，但是迷茫到底是什么呢？为什么会迷茫呢？

王老师：迷茫其实就是我们因为一些事而产生的类似困惑、不安和无力感这样的情绪，像生活和工作上没有方向，觉得未来虚无缥缈这样子。至于我们为什么会迷茫呢？我觉得啊，迷茫就是你想得太多却做得很少，或是不知道该怎么做，或是随波逐流、盲目地追逐名利。因为不能得到自己想要的，比如优秀的成绩，比如部长的位置，所以随之而产生受挫感，以及不知道该怎么做出改变的无力感。或者是被他人影响，被周围的氛围左右，盲目地参加一些比赛活动或者为了名利去竞选学生会，等回过头才发现自己被太多事情搞得疲惫不堪，早已经迷失了原本的方向。其实我们每个人在自己的一生中都会有迷茫的时期，但是每当我们不知所措的时候，反而更应该不要那么急功近利，试着停下来好好问一下自己的心，自己究竟想要什么，然后设置具体的计划并付诸实际行动。

主持人：那为什么有些同学能很快走出迷茫，有些同学却陷入迷茫中不可自拔了呢？

王老师：那是因为每个人感知和处理问题的能力以及方式不一样啊。一般呢，人有趋向寻找心理平衡的本能，当出现焦虑等情绪时，内部调控机制就会传输信息到大脑里，我们的大脑就会告诉我们说：你现在的状态满足不了你的需求了，你有新的需要了，你要做出新的行动来适应了。这个时候呢，有的人可以根据自己的情况适时地做出改变，帮助自己摆脱迷茫困惑的情绪。但是有些同学则会深陷其中，一直恶性循环，没有办法摆脱。其实啊，摆脱迷茫的关键是自知。

主持人：自知？是要有自知之明的意思吗？

王老师：差不多是这个意思。自知就是你首先要明白自己所处的困境，然后去分析为什么会这个样子，找到问题的源头，然后呢也要学会付出实际行动去突破迷茫期的恶性循环。

主持人：原来是这样子，那王老师，缺乏自知是怎么影响我们的呢？

王老师：我分类讲一下吧。第一类呢是缺乏自知的意识。这类同学他从小到大都有人不断地给他定好明确的目标，小学的时候有父母帮他定好要去上哪些辅导班、学习哪些乐器、舞蹈，上了初高中有老师给他安排学习计划，要考哪所大学，但是到了大学呢，没有人给他目标，他就会迷茫，不知道该怎么做。来我这里咨询的就有同学会说：爸妈说读书才能摆脱贫困，老师又告诉我考上重点大学才能有好工作，等等。他们总是在说谁谁谁告诉我要做什么，谁谁谁又告诉我应该怎么做，每到这个时候，我都会问他，你自己想做什么呢？你知道他们怎么回答我的吗？

主持人：他们说不知道吗？

王老师：没错，有时候还会再加一句：所以我才来找你啊，你告诉我，我要怎么做。这个时候我就会说：我也不知道怎么办哦，我不是你，你要做什么应该由你自己来思考决定。像这类同学已经习惯了按照别人的想法去生活，按照别人给他安排好的计划去执行，没有或者从未想过去考虑自己本身的需求，缺乏自我存在感。而当生活中的那个引路人不见了，他自然而然就迷路了。第二类是有意识没动力。你听说过"过度理由效应"吗，就是说当我们做不成一件事的时候，我们就会找理由为自己开脱，这类同学就属于这种情况，他们的迷茫大多源于害怕改变后的结果，缺乏自信和相应的抗压能力。说得严重些，迷茫在这时就只是一个借口，它让这些同学避免去面对那个真实的、能力不足的、无法被自己接纳的那部分自我。比如很多同学咨询的时候会告诉我，他其实也知道可以做什么，但都因为担心后果，就都没有去实现。第三类是有意识但是没有付诸行动。这类同学虽然有很多想法，但是也仅仅停留在想的阶段，没有把想法付诸实践，被其他琐事或诱惑影响，比如今天天气好热啊所以不想去图书馆，熬夜追剧导致白天精神不好，等等，等到回过神来的时候，就会发现自己什么也没做，或者浪费了大量精力和时间在一些并不紧急的事上，导致做真正重要的事的时间少之又少，甚至还浪费了很多机会。还有一类啊，是定的目标远远超过自己当下的实际能力，这类同学可能存在理想自我与现实自我差距太大的问题，就像你想摘星星，可是星星遥不可及，于是就心有余而力不足。

主持人：那王老师，针对这几类同学可以怎样帮助他们呢？

王老师：嗯，首先啊，第一类同学，针对这类同学我能做的就是引导他们去做自己生活的主人，增强自己的责任意识，使他们愿意自己去探索未来。他们最需要的是好好静下心来思考自己究竟想要什么，在众多的选择之中找到自己的内心真正需要的，就算一时不明白也没有关系，试着去散散心，和朋友聊聊天，或许就能找到自己想发展的方向。第二类同学的话，首先要让他们学会接纳自己的不足，停止给自己找借口，正确认识自己，不要害怕做出改变。他们可以强化自己对目标的渴望，就是当你越期待结果的时候，你就越没有闲心思去想或者害怕改变的后果啦。当然也要注意提升自己的个人能力，不要害怕改变，要想着改变是为了目标的实现。当你把关注点放在目标的实现上时，你会发现根本就没有时间去焦虑了。

主持人：那第三类和第四类呢，该怎么办呢？

王老师：对于第三类啊，这类同学一定要让自己远离舒适区，加强自制力，如果实在控制不住自己，那就要学会逼自己远离诱惑。我经常看到有的同学读书的时候怕自己控制不住看手机，然后就把手机交给同学保管，两个人互相监督，或者把手机放在宿舍出门读书，这些其实都是不错的办法。还有就是要学会舍弃，舍弃那些紧急但不重要的事，让出更多的时间给重要但不紧急的事情。总结起来啊，就是远离你的舒适地带和诱惑源，不要被自己的懒惰控制，该做正事的时候就专心做事，不要三心二意。最后一类同学啊，他们往往设定的目标和自己的实际情况差距太大，没有立足于本身的实际情况，可是你就是想要星星啊，可以吗？当然可以啊。可是要怎么做呢？首先你需要罗列出现实的自己和理想的自己之间的差距，然后从自己出发，找寻自己已有的资源，一步一步积累自己没有的但实现目标需要的资源；还有就是要学会把你的理想分阶段具体排列，合理规划自己的目标，然后一个一个高质量、高效率地执行你的计划。分阶段的时候可以制定短期计划和长期计划，短期计划一定要详细，不能笼统概括，试着用小本子记下来，每完成一个就打个钩，这样通过回顾你的计划表，你就会发现自己离那个理想中的自己越来越近。

主持人：哦，原来不同的人解决迷茫的方法是不同的啊。那老师还有哪些我们需要注意的内容吗？

王老师：我觉得还是要特别强调一下不要害怕迷茫，要正视迷茫，拨开迷雾才能看清前方，拨开很重要，所以还是强调行动的力量。但也不要埋头苦干，适当地抬头看看远方才能有方向。

主持人：今天非常感谢王老师的分享，感谢王老师，各位亲爱的同学们，你们懂得如何摆脱迷茫了吗？那我们下期再见。

/ 知识窗 /

心理平衡：心理平衡是内心精神世界的稳定平衡状态，是一种和谐适应的良好状态。心理平衡是心理健康的核心内容和心理调节的最终目标。

合理规划目标：设置目标的时候不要定那种远大目标，一年半载实现不了。最好定一个阶段具体的目标，只要自己跳一跳就能实现的那种。等实现后，再定下一个努力就能实现的目标，这样一步一步就达到最终目标了，目标要可望又可及。

过度理由效应：每个人都力图使自己和别人的行为看起来合理，因而总是为行为寻找原因。一旦找到足够的原因，人们就很少再继续找下去，而且，在寻找原因时，总是先找那些显而易见的外在原因。因此，如果外部原因足以对行为做出解释时，人们一般就不再去寻找内部的原因了。

第六讲

增强抗压能力，保持健康身心

　　"压力"一词对我们来说并不陌生，我们的生活中处处充满了压力。压力不仅仅是一个刺激或者一个反应，它也是我们用来评价和应对环境威胁和挑战的过程。莎士比亚曾说"压力是一把双刃剑"，正确对待压力会使自己得到成长与提升，相反，则身心俱疲。压力与健康有着密切的关系，二者是相互对立而统一的。利用合理的方法与技巧应对压力，就能唤起和发挥机体的潜能，增强抵御和抗病能力，避免发生生理与心理紊乱的问题。锻炼自己的抗压能力，保持良好心态，有利于人们正确认识并提升自己的能力，在学习和工作中取得更加优异的成果。

——本期嘉宾李雅静

　　主持人：大家好，今天的《杏苑心理访谈》我们邀请到了学校心理中心的心理咨询师李雅静老师，现在请李老师和大家打个招呼。

　　李老师：大家好，我是心理中心的李雅静老师。很高兴今天可以做客《杏苑心理访谈》，与同学们分享有关心理的小知识。

　　主持人：李老师，今天我们的主题是关于增强抗压能力的。身边的同学经常会有很多关于压力的问题，例如在日常生活中体验到压力的情况有多频繁，从未？很少？有时？还是经常？很多同学总是抱怨没有足够的时间做自己想做的事情，这就是生活中他们所面临的压力吗？

李老师：对于许多学生而言，当然也可能包括你在内，升入大学之后会面临新的人际关系的问题和更高的挑战要求，这些都会让人紧张。例如因为供我们读书，家里债台高筑，或者你喜欢的校园组织需要一名志愿者但你已经分身乏术，又或者置身于宿舍或者家庭冲突之中……这些都会使你感到紧张。担心重要的考试或演讲，遇到交通堵塞，上课或上班迟到，你的情绪会变得焦虑，甚至彻夜不眠……以上我们都称之为压力，因此压力不仅仅是一个刺激或者一个反应，它是我们用来评价和应对环境威胁和挑战的过程。想要真正弄明白自己的压力，就要从两个方面入手，第一点是外界的要求，第二点是自身的承受力。在压力之下我们如何去调节我们的行为，这是非常重要的。

主持人：这样说来，好像我也会遇到您说的这种感到压力大的情况呢，不过我发现我的一个朋友看上去好像没有这么多烦恼，这是为什么呢？李老师，您能跟我们说说影响我们每个人压力的因素有哪些吗？

李老师：这个问题问得很好，不同的人的压力感有很大差异，主要因素可以归结以下四个方面：

第一，经验。

当面对同一件事或情景时，经验影响人们对压力的感受。有这样一个有趣的实验，对两组跳伞者的压力状况进行调查，有过 100 次跳伞经验的人不但恐惧感小，而且会自觉地控制情绪；而无经验的人在整个跳伞过程中恐惧感强，并且越快要跳伞时越害怕。同样的道理，一帆风顺的人一旦遇到打击就会惊慌失措，不知如何应对；而人生坎坷的人，遭同样的打击却不会受到重大伤害。可见，增加经验能增强抵抗压力的能力。

第二，准备状态。

对即将面临的压力事件是否有心理准备也会影响人的压力感受。心理学家曾对两组接受手术的患者做实验：对其中一组在术前说明手术过程及后果，使患者对手术有了准备，对手术带来的痛苦视为正常现象并坦然接受；对另一组不做特别介绍，患者对手术一无所知，对术后痛苦过分担忧，对手术是否成功持怀疑态度，结果手术后有准备组比无准备组止痛药用得少，而且平均出院时间减短了。因此，有应付压力的准备也是减轻伤害的重要因素。

第三，环境。

一个人的压力也跟与之所处的小环境有直接关系，小环境主要指工作单位、学校及家庭。工作过度、角色不明确、支持不足、沟通不良等都会使人产生压力感，家庭的压力常常来自夫妻关系、子女教育、经济问题、家务劳动分配、邻里关系等。如果工作称心如意、家庭和睦美满，来自环境的压力必然就小，我们的心情则就会舒畅，身体健康。

第四，角色。

一个人的压力也跟他在生活中扮演的角色有很大关系。当一个人角色负荷太重或同时必须扮演多重角色，他人对他的期待值又非常高的时候，这些都可以造成一个人的压力。除此之外，当一个人角色模糊而不清楚自己的角色定位时，那份不安与焦虑也可能引起压力的产生。

主持人：原来是这样啊，我有时也会因为这些压力而感到身心俱疲，甚至会有冒冷汗、食欲不振、烦躁不安的表现，那么压力过大会影响健康吗？

李老师：压力与健康有着密切的关系，二者是相互对立统一的。我们生活在社会中，不能没有压力，也不能压力过大，超过负荷。压力只要适度，对一个人的发展是有好处的，而过大的压力是不利于人的健康的。当人们面临压力时会产生一系列身体上和心理上的反应。这些反应在一定程度上是机体主动适应环境变化的需要，它能唤起和发挥机体的潜能，增强抵御疾病的能力。但是如果压力过于强烈或持久，就可能导致生理、心理功能的紊乱。

主持人：原来压力对身体健康有这么大的影响力，那么如何增强我们的抗压能力呢？

李老师：保持健康的心态对我们来说很重要，我这里借用《抗压力：逆境重生法则》这本书的精华和大家分享应对压力的七个小妙招。

1. 摆脱消极情绪的恶性循环。

在失败体验和困境降临时，可能会出现不安、恐惧、愤怒、忧虑等消极情绪，如果消极情绪反反复复，就会陷入恶性循环很难自拔，我们不要忽略或是压抑这些情绪，反而应该接受它们，首先是自我接纳，其次就是马上解决，解决的方式有四种，第一是运动，第二是呼吸，第三是音乐，第四是写作。

2.驯服无用的"思维定式犬"。

所谓思维定式是对过去的体验有所适应的信念价值观，以高压或者困难体验中产生的刺激为契机，思维定势能引发一系列感受和相关行为。可以通过"驱逐""接纳""训练"三个处理方式降服"思维定式犬"。

主持人："思维定式犬"？这种说法好有趣，其实就是让大家摆脱原有的思维习惯去重新定义压力，并且习惯这种压力，这种方法我也要试试看。

李老师：你说得很对，你也可以查询一些相关的书籍去了解相关知识，希望你可以通过训练重新理解并学着去适应压力，我相信只要你认真学习了这种方法，并且认真训练，你一定会取得非常大的进步的。

主持人：谢谢李老师，如果真的有效果，我会让我的小伙伴也一起努力尝试，除了上面提到的两点方法之外，还有其他小技巧吗？

李老师：当然还有，我再给大家介绍几点：

3.科学培养"我能行"的自我效能感。

所谓自我效能感，就是指对自己实施某一目标和行为的成功率的信任度。我们可以通过三个途径提高效能感："自我实际成功的体验""自我鼓励""营造氛围"，营造氛围就是积极转变心情，最好的办法就是庆祝。

4.发挥自我优势。

发挥自我优势的人工作能力强、满足度高、目标达成率也高，反复发挥优势，可以提高自信心，还可以保持活力，不易感觉到压力，心情低落时可以迅速恢复。

5.建立心灵后盾。

他人对自我幸福感极具重要，人与人的紧密关系是人生中知足感和幸福感的源泉。无论是家人、朋友、恩师等都是我们宝贵的后盾。建议同学们抽空将对自己重要的5个人列出来,当然我们也要去付出,让自己成为他人的心灵后盾,这是一个相互的关系。

6.常怀感恩之心。

感恩有利于提高我们的幸福感,中和消极情绪,促进身体健康,满怀感恩之心的人有利他主义精神,积极主动。当你常常怀着感恩之心,不知不觉就给了他人爱与包容,这时对他人的一些小错误、失望很容易就谅解和消除,同样,你也收获到了他人的感恩,从而建立你们之间良好的情感基础。这也是"情感银行账户"的一种运用,情感银行账户的概念由斯蒂芬提出,他用这个概念来描述一个人如何与另一个人发展信任和安全感。

7.俯瞰人生,从痛苦中汲取智慧。

只有正视突发问题,体验情感的波动,才能获得心灵上的成长。

主持人:谢谢李老师的分享,这些小建议听起来非常不错,可是做起来还是存在一些难度,我们应该怎样把上面的那些方法具体运用到生活中去呢?

李老师:在日常生活中,同学们还是要对自己有一定的了解,对自己有一个较为客观准确的定位,再根据自己的实际情况确立一个个的小目标,这些小目标可以帮助同学们把巨大的压力变小;其次,同学们要有自信,同学们都处在一个充满了潜力和希望的美好时期,要对自己有充足的信心,未来是属于你们的,要相信自己一定可以渡过眼前的难关,相信自己有能力战胜压力;如果有时候真的感到压力太大,都快透不过气了,那么同学们可以通过运动流汗的方式去发泄自己的压力,去操场跑跑步,跟同学打几场刺激的球赛,在挥汗如雨的同时把压力扔掉,当然,我校心理中心的宣泄室也欢迎大家。通过以上说的这些,再加上之前给大家建议的小技巧,相信你的抗压能力一定能提高不少。

如果以上建议还不能帮助你缓解一些压力,或者你很难做到以上建议内容,建议你可以预约一位我们心理健康教育指导中心的心理咨询师,和他面对面交流一下,相信可以帮助你更好地缓解眼下的压力。我也希望大家可以找到适合自己的减压方法和抗压技巧,祝福大家都有美好光明的未来。

主持人：好了，今天非常感谢李老师的分享，各位亲爱的同学们，你们懂得如何缓解生活中所面临的压力了吗？我们下期节目见。

/ 知识窗 /

定势思维：就是按照积累的思维活动经验教训和已有的思维规律，在反复使用中所形成的比较稳定的、定型化了的思维路线、方式、程序、模式（在感性认识阶段也称作"刻板印象"）。

自我效能感：指个体对自己是否有能力完成某一行为所进行的推测与判断。班杜拉对自我效能感的定义是指人们对自身能否利用所拥有的技能去完成某项工作行为的自信程度。班杜拉认为除了结果期望外，还有一种效能期望。结果期望指的是人对自己的某种行为会导致某一结果的推测。如果人预测到某一特定行为将会导致特定的结果，那么这一行为就可能被激活和被选择。

利他主义精神：利他主义是伦理学的一种学说。一般泛指把社会利益放在第一位，为了社会利益而牺牲个人利益的生活态度和行为的原则。19世纪法国哲学家和伦理学家孔德首先把这个概念引进道德理论，并以它作为他的伦理学体系的基础。

情感银行账户：这个概念由斯蒂芬提出，用来比喻人与人之间的情感关系。在情感银行账户上的存款越多，信任感就会越强，相反，支出越多，信任感和人际安全感就会越弱。人与人每天之间的交往都可以看作是在情感银行账户上的储存和支出。

第七讲

面对压力，我们有另外的选择吗？

随着当今社会的发展越来越快，有不少的人都出现了紧张、焦虑、抑郁等不良心理情绪，很多时候这些负面情绪都来源于一个词——"压力"，可是我们真正了解自己身边的压力吗？压力就像是生活中的调味品，适当的压力不仅可以使生活变得更加有趣，还可以促进人们取得自己意想不到的成果；而过大的压力则会使生活变得一团糟，生活失去了原有的味道。人们可以通过一些简单的测试与技巧学会运用合理的方法去面对和解决生活中的压力，使自己的生活变得丰富多彩。

——本期嘉宾丁闽江

主持人：大家好，今天的《杏苑心理访谈》我们邀请到了学校心理中心的国家二级心理咨询师丁闽江老师与我们交流"面对压力，我们有另外的选择吗？"这个话题。现在请丁老师和大家打个招呼。

丁老师：各位亲爱的同学们，大家好，我是心理中心的丁闽江老师，今天又和大家见面了。近段时间，找我做心理咨询以及通过我们学校掌上心理系统的解忧信箱寻求帮助的同学比较多，很多同学都因为种种压力而感觉不适，希望我能帮助他们。所以，今天我要和大家聊聊关于压力的那些事，希望对大家会有所帮助。

主持人：丁老师，什么是压力啊？我能知道我有没有压力吗？还有些同学们也很想知道如何判断自己有压力,有专门的方法吗?

丁老师:嗯,那我们依照以下几个问题来测测看,请你根据过去一个月内是否出现以下情况来回答。从未发生就记 0 分,间或发生记 1 分,经常发生记 2 分。

1. 觉得手上学习任务太重、工作太多,无法应付。
2. 觉得时间不够,所以要分秒必争,生活节奏明显加快。
3. 觉得没有时间消遣,终日记挂着学习和工作。
4. 遇到挫败时很容易会发脾气。
5. 担心别人对自己表现的评价。
6. 觉得同学和家人都不欣赏自己。
7. 担心自己的经济状况。
8. 有头痛/胃痛/背痛的毛病,难以治愈。
9. 要借烟酒、药物、零食等抑制不安的情绪。
10. 需要借助安眠药去协助入睡。
11. 与家人/朋友/同学的相处令你发脾气。
12. 与人倾谈时,打断对方的话题。
13. 上床后觉得思潮起伏,牵挂很多事情。
14. 有太多事情,力求每件事做到尽善尽美。
15. 当空闲时轻松一下也会觉得内疚。
16. 做事急躁、任性,而事后感到内疚或自责。
17. 觉得自己不应该享乐。

怎么样,你的分数大概是多少?能和我说说吗?

主持人:我大概 14 分吧,这算是压力很大吗?这个分数代表了什么呢?

丁老师:是这样的:0—10 分代表精神压力程度低,但可能生活缺乏刺激,较沉闷,做事的动力不高;11—15 分意味着精神压力程度中等,虽然有些时候感到压力较大,仍可应付;16 分及以上则说明了精神压力偏高,应反省一下压力来源并寻求解决方法。

主持人：原来是这样啊，看来我的压力程度还算比较低，以后更要严格要求自己啊。

丁老师：这样说也不完全正确，较低的压力状态可以帮助你放松一下，偶尔的歇歇脚也不是坏事啊。你能跟我说说你的压力有哪些吗？你在为什么事情而发愁呢？

主持人：其实我主要的压力来源有几个：现在的学习情况，就是会担心考试考不好；还有以后的就业情况，担心找不到好工作；与室友还有同学的相处情况，担心他们不够喜欢我；父母在家的情况，也不知道他们的身体最近怎么样。老师，我这些都算压力吗？到底什么是压力呢？

丁老师：你担心的问题不少，不过不必太着急，你的压力和很多同学的相似，那么到底什么是压力呢？压力就是环境要求人做出选择或改变时的个人感受（比如上文提到的处理新的宿舍关系时的感受）；压力是对未知事件悲观解释的结果（对应上文中未来的就业）；压力是持续不断的精力消耗——心力衰竭（例如如果一直从事某项工作，导致自己劳累过度）；压力是面临威胁时的本能反应（突然得知父母生病）；所以啊，你刚才说的那些也属于压力范畴。

主持人：那丁老师，难道有压力就不好吗？我感觉有一定的压力，才有动力啊？

丁老师：你说得很对，压力会给生活带来乐趣，如果人没有任何压力，那么生活大概就没有意思了，为维持正常的生活状态，人们需要一个适当的压力输入，人的成长和发展就是不断适应环境压力的过程。所以，压力是无处不在、不可避免的，也是必要的。从这个意义上讲，压力是好事，对我们的发展大有益处；当然，如果压力过大，或者不能处理好压力，也会产生一系列不良的后果，如：身体会产生不良信号，神经紧张，肌张力增强，引起肌肉疼痛、四肢僵硬、头疼、消化系统异常、高血压、失眠等疾病，精神上会产生焦虑、恐惧、抑郁等不良情绪。

主持人：丁老师，那为什么会有人被压力击垮呢？

丁老师：是这样的，人被压力击垮，有两种原因，第一种是：他所面临的压力大大超出了个人所能承受的范围；第二种是：他对压力的不良认知。

主持人：第一种原因我很容易理解，第二种原因是什么意思？难道对压力的理解不正确也会增大压力吗？

丁老师：对于同样的压力刺激，有些人用积极的方式去面对，他会觉得自己可以处理，即使处理不了那也没什么，所以这是积极健康的，也会提升他更多的自信和面对压力的能力；相反，有些人面对压力时，就想退缩，觉得自己没能力处理，用消极的方式来看待，这样的话，其身心就会有消极的反应，甚至恶性循环，出现焦虑、抑郁等情绪。另外呢，大家也要关注日常生活中的小烦恼，虽然不会立即产生明显的消极影响，但是日积月累，也会增加心理负担。当烦恼的压力累积到一定程度时，即使只增加一个微小的刺激，也足以使人崩溃。

主持人：丁老师，我们应该怎么做呢？如何用更加积极的方式去面对生活中的压力呢？

丁老师：嗯，问得很好，建议大家可以做这么几件事来面对生活中的压力：第一，合理评估自己的压力源，把目前自己面对的压力写出来，然后去掉那些你无法改变的，对你能面对的压力写出应对方法；第二，导致你有压力的不是压力源，而是你对压力源的不合理认知，学会用积极的态度去面对压力，那么压力自然会成为你成长的动力；第三，建立自己合适的目标，不要过高也不要过低，跳一跳能够得着最好；第四，停止抱怨，不再在意别人的看法，不再怨天尤人、怨恨自己不如人。也不要太过追求完美，不要做过分的完美主义者，适当就好。

主持人：丁老师，您说的建立合适的目标具体怎么做呀？感觉听上去很容易，可是做起来又不知道从何下手了。

丁老师：其实这个呀，没有你想象得那么难。要想定一个好的目标呢，就先要对自己的实力做一个评估，了解自己的爱好与特长，遵从自己的意愿，这样做不仅可以使目标变得贴合实际，也可以更好地促进你去实现它；其次，就是把目标变小，举个例子：假如你想要在三甲医院工作，那么学历至少也要研究生毕业，那么在大学毕业后就要考研，如果毕业的时候想要考入一所优秀的学校，那你就要成绩优秀，想要期末考取好成绩，现在的你是不是每天要抽出几个小时来背书？那么这样一层一层将目标细化，最后的目标变成"今晚读书5页"，是不是感觉轻松多啦？这样细化使目标变得简单可行，而且减轻了心理上的负担，是非常好的方法。

主持人：丁老师，除此之外，我们在日常生活中有没有一些简单又实用的减压方法，可否给我们分享下。

丁老师：那肯定是有的，比如：换个角度看问题，你会豁然开朗，拿我自己来说，上有老、下有小，又有房贷，孩子上各种培训班，我父母什么压力都没有，我压力可大了！可是我可以这样想啊：我真庆幸我父母还健康，还能帮我带孩子，孩子健康快乐，一家人其乐融融，有一个安稳的自己喜欢的工作。另外，你可以给自己的生活安排安排，比如：规律的作息时间，适时适当的健身运动，找个合适的时间和地点旅游一下，合理的生活计划，今日事，今日毕，学会即时解决问题，一定时间的休闲娱乐，这些都可以很好地缓解你的压力。还有呢，结交一些可以交心的朋友，经常分享生活的经历，也是减压的一种好方法。再有就是要寻找更多的社会支持体系，如果遇到困难，也会有人帮助你，这样也可以减轻压力。最后，我还想说的是：对于压力，其实我们还有另外的选择，即积极面对。希望大家在今后的生活中，可以勇敢地面对压力，积极应对，我也相信大家可以做得更好。

主持人：感谢丁老师今天为我们分享了这么多，最后丁老师还有什么需要补充说明的吗？

丁老师：每个人面对压力的反应机制是不一样的，承受压力的能力也不一样，如果你自己无法解决压力，同时出现了一些躯体症状，建议同学们到心理中心预约老师面对面地聊聊。心理中心的公众号，掌上心理系统，也都能给大家提供帮助。

主持人：好的，感谢丁老师的分享，相信大家也学到了不少，今天我们的节目就到这里，下期再见！

/ 知识窗 /

心理衰竭：有人称之为"亚健康"或"心理疲劳"等。其表现在三个方面。第一个方面表现为情绪衰竭，此时人会感到虚弱、紧张和麻木，许多人会感到精力将耗竭，对工作有一种抵触情绪。第二个方面表现为自我感丧失，此时开始与周围人疏远，对人冷淡，不愿关心他人。第三个方面表现为能力下降，个体会感到无助、绝望和愤怒，工作缺乏积极性，急于调换工作或改变职业。

压力源：指压力的来源。有很多，包括社会、工作、家庭、心理、生理等，都可以成为压力源。

完美主义者：完美主义者的最大特点是追求完美，而这种追求是建立在认为事事都不满意、不完美的基础之上的，因而他们就陷入了深深的矛盾之中。要知道世上本就无十全十美的东西，完美主义者却将精力投入到那些与他们息息相关的事情上面，努力去改善它们，尽量使其完美，乐此不疲。

社会支持体系：社会支持体系，也称为"社会关系网"，是20世纪70年代提出来的心理学专业词汇，即个人在自己的社会关系网络中所能获得的、来自他人的物质和精神上的帮助和支援。社会支持从性质上可以分为两类：一类为客观的、可见的或实际的支持；另一类是主观的、体验到的情感上的支持。

第八讲

今天你自律了吗？

柏拉图曾说："自律是一种秩序，一种对于快乐与欲望的控制。"自律是指行为主体的自我约束、自我管理，它是一种自我成长的技能。学会用恰当正确的方法自我管理，不再虚度光阴。自律的人，能够自己约束自己，自己要求自己，有较强的自制力，能够抵制短期满足，追求长期目标，将时间和精力投入在喜欢的事上。古有修身、治国、平天下，一切的前提是先修其身，管理好自己才有资格管理其他。通过自律，达到学习工作与休闲娱乐的平衡，开启光明的未来。

——本期嘉宾丁闽江

主持人：大家好！今天很荣幸再次邀请到我校心理健康教育指导中心的国家二级心理咨询师丁闽江老师做客本期《杏苑心理访谈》。今天我们将与老师一起聊聊关于大学生自律的话题，接下来，请丁老师跟同学们打个招呼。

丁老师：各位亲爱的同学们，大家好！我是心理中心的丁闽江老师。很高兴再次和大家相约在《杏苑心理访谈》节目。

主持人：丁老师啊，我一直有个问题想问问您，我开学时给自己定了一个目标，到现在都没实现，而且觉得越来越难实现了，这到底是什么原因？

丁老师：其实，这不是你一个人想问的问题，是很多人都想问的，我们在心理咨询中也经常碰到类似的问题，归根到底是因为我们不够自律。

主持人：那丁老师，什么是自律啊？

丁老师：自律是指行为主体的自我约束、自我管理，它是一种自我成长的技能。

主持人：原来是这样，那自律能带给人什么呢？自律的人有什么不一样的地方吗？

丁老师：自律的人，能够自己约束自己，自己要求自己，有较强的自制力，能够抵制短期满足，追求长期目标，将时间和精力投入在自己喜欢的事上。自律的人有四个典型特征：拥有较强的责任意识、可以实现自我管理、能做到坚持不懈、拥有抵御诱惑的能力。懂得自律的人，就等于给自己的人生加上了一条约束自己的绳索，这不是作茧自缚，这是有的放矢。决定你人生高度的，往往就是这条绳索：自律。不要小看了它，因为当你自律，你才自由。

主持人：这句话怎么说呢？为什么有了自律的绳索反而会更自由呢？这不合常理啊。

丁老师：此言差矣，你认为的自由是什么？是随心所欲做自己喜欢的事？不受约束地活出自我？真正的自由是有时间、有空间追求自己想追求的，如果说你每天连本职工作都做不好，那么你哪来的时间和资本去做自己喜欢的事呢？自律可以给你更多的时间，不被生活中的琐事所束缚，从而自由。

主持人：丁老师，为什么我们很多大学生都做不到自律呢？大学生缺乏自律是因为什么呢？

丁老师：这个问题问得很好，大学生不能自律主要有以下几个原因：

1.环境的改变让很多大学生处于迷茫状态。高中生活有很强烈的目标性，也有老师和家长的监督。而到了大学后，不知道自己想要什么，没有了目标，变得懒散，课余时间大多花在玩手机、玩游戏、追剧、刷抖音等事情上，再加上老师和家长都不怎么管，自制力缺乏，控制不住自己。

2.目标的不切实际，让自律难以坚持。很多大学生在开学初都会给自己设定各种目标，但是很多目标大而空，没有可操作性，没有贴合自身条件或自己的个性；或者有的同学目标过多、过杂，想要一口气吃成大胖子，这些都等于没有目标。

3.自我要求不严格。很多学生都设置了目标，比如：每天跑步锻炼身体，或者要减肥，刚开始几天很有干劲，还发朋友圈晒，但是坚持了几天就坚持不下去了，觉得没有意思，或者被这样那样的事情打扰。

4.无法走出自己的舒适圈。很多同学现在的生活都过得不错，也不用太担心自己的未来，待在自己目前所处的舒适圈里不愿意做过多的改变，所以就缺乏行动力。这些都是导致大学生们不够自律的原因，认真细致地反思一下自己平时的生活，到底是什么原因导致你自己做不到自律的呢？从而根据实际问题，找到适合自己的解决方法。

主持人：丁老师，有没有什么样的办法可以让我们自己知道是否自律了呢？

丁老师：在《哪有没时间这回事Ⅱ：自律的力量》这本书中将自律分成3个等级：

1.初级自律：在轻微的外界压力下，能够安排好自己的学习与工作，管理好自己的时间。

2.中级自律：聚焦于习惯的养成并注重自己的身体健康，能够积极地主动地安排好自己的生活，做到有条不紊。

3.高级自律：充分发挥通过自律得到的优势，实现华丽转变和巨大的提升，追求人生价值的实现。

同学们可以根据这个标准来参考评价一下自己的自律程度，从而再制定合理的计划去达到更高的标准。正确认识自我，找到自己的定位，是获得成功的第一步。

主持人：那么经过这些测试，找到自己的定位之后我们应该怎么办呢？我很想知道到底如何能让自己更加自律，有什么样的方法吗？

丁老师：这个你可是问到点子上了，这是我们今天解决问题的重点。作家王小波说："人一切的痛苦，本质上都是对自己无能的愤怒。"而自律，恰恰是解决人生痛苦的根本途径。

第一，要找准自己的人生目标，就大学生而言，你要知道，你要考研还是工作；你的知识和能力在哪方面比较欠缺；你需要哪方面的知识和能力来提升自己；要实现你的目标，你需要做哪些事情；要不要担任学生干部，要不要去兼职，等等。在制定目标的时候，还应该充分考虑实际情况，给出具体时间限制，制定一个可接受并且可实现的目标，并且可以用具体的指标进行衡量。

第二，你要学会量化目标。比如：减肥成功，这其实是一个非常模糊的概念。减多少算成功呢？减肥多长时间呢？一般来说，可量化的目标具有这样5个特征：明确、可衡量、可接受、现实可行、时间限制。

第三，你要学会分解目标。很多人设定的目标没有问题，但偏偏中途放弃，罪魁祸首就是不会分解目标。分解目标后要知道如何来实现这些目标，你需要一步一步做什么，你还需要评估自己花多少时间，通过什么样的方法，能够实现分解的目标。从而细分到每个月应该完成什么目标、每周应该完成什么目标，以至于每天应该完成什么目标。这样分解的目的是便于印证目标的设定是否合理，为实际行动建立清晰的指引。

第四，目标—执行—反馈的正向循环。也许你会说，目标设定了，也进行了每个阶段的分解了，但还是无法长期坚持，怎么办？导致这个情况的原因可能有两个：

1.你的目标过高，你现阶段没有办法完成，或者完成起来非常痛苦，就会产生逃避心理，找各种理由来终止行动。

2.你在完成这个小目标之后，没有得到任何反馈。就是不管目标完成与否，都设定一个反馈，奖罚分明非常重要。当然在这个过程中不能放纵自己，而且这个奖励一定是平时没有的，如果奖励自己喝一杯奶茶，那么在没有完成任务的时候一定不能喝奶茶，这样奶茶才有足够的诱惑力促使你完成目标。

第五，运用承诺和一致原理。知乎上有人分享了这一原理，他说，《影响力》是一本心理学的著作，里面提到过一个很有意思的观点：人人都有一种言行一致的愿望，一旦我们做出一个选择，或者采取了某种立场，我们立刻就会碰到来自内心和外部的压力，迫使我们按照承诺说的那样去做，在这样的压力下，我们会想方设法地以行动证明自己先前的决定是正确的。其实这个原理，同样可以用到我们的目标管理方法上来，当你为自己设定一个目标之后，尽可能地把这个目标告诉所有你熟知的人。为了避免当众打脸，这样做出承诺之后，绝大部分人都会想尽一切办法，去完成这个目标，从而保持自己行为和承诺的一致性。

主持人：丁老师，您说得令人醍醐灌顶，不过我觉得自律还需要一个环境，生活中不乏有一个宿舍的同学全部考研成功、一个宿舍的同学普遍挂科的情况，所以自律应该和环境有很大的关系吧？

丁老师：你说得很对，好的环境可以让你变得自律。孟母三迁的故事想必大家都听过，环境给人的影响是巨大的。有一个说法是，你身边关系最好的5个人状态的平均值，就是你的状态。我们可以让自己跳出现有的舒适圈，加入一些优质的圈子，认识更多良师益友，来升级自己的圈子。也可以与自己的舍友、朋友一起相约做一件难以坚持的事情，可以互相监督，也可以使自己处在一个更好的环境里，何乐而不为呢？

主持人：听老师讲了这么多，我来总结一下老师的主要观点：要让自己自律，就要做到以下几点：

1. 将目标量化。

2. 对量化的目标进行分解。

3. 对目标完成与否，设定及时的反馈。

4. 尽可能将自己的目标告诉自己熟知的所有人。

5. 选择一个优秀的环境。

丁老师：你总结得非常好，实现人生梦想的路上总会有各种的艰难险阻，我们都需要一些沉默、一些孤独、一些坚持。除此之外啊，我们也不能心急，不能一口气吃成大胖子，我希望大家可以每天进步一点点，今天的你比昨天的你强就非常棒了。积跬步以至千里，积小流以成江海。进步的感觉会大大影响每个人的动力，这些小小的进步不仅能帮助你向着目标前进，也能给予你所需的心理暗示。相信我，这样坚持一段时间，你的自律能力一定会有大幅度地提升。加油！

主持人：好的，谢谢丁老师今天的分享，你们知道怎么做了吗？祝福同学们都可以通过自己的努力养成自律的好习惯，我们下期再见。

/ 知识窗 /

自我管理：可以视为与自我的关系管理，就是指个体对自己本身，对自己的目标、思想、心理和行为等进行管理，自己把自己组织起来，自己管理自己，自己约束自己，自己激励自己，自己管理自己的事务，最终实现自我奋斗目标。自我管理又称为自我控制，是指利用个人内在力量改变行为的策略，普遍运用在减少不良行为与增加好的行为上。

量化目标：是指用准确的数字描述规划我们的目标，即目标的具体化；如果目标不能用具体数字来表示而是一种形态的话，那么这种形态也应该是可以指标化的。

承诺和一致原理：承诺和一致原理的意思就是说，当你决定了一件事情之后，你以后的行为就会自觉不自觉地按照这件事情来进行。

舒适圈：舒适圈的意思是形容所有人都生活在一个无形的圈子里，在圈内有自己熟悉的环境，与认识的人相处，做自己会做的事，所以我们感到很轻松、很自在。但是当我们踏出这个圈子的时候，就马上会面对不熟悉的变化与挑战，因而感到不舒适，很自然地想要退回到舒适圈内。但假使我们不刻意跨出自己的舒适圈，自己就没有机会克服不同的挫折与挑战，自己的发展及进步就会很慢，也无法发挥潜力。

第九讲

你会时间管理吗?

  自古以来,时间就一直是人们津津乐道的话题,古有陶渊明"盛年不重来,一日难再晨。及时当勉励,岁月不待人",现有毛泽东"一万年太久,只争朝夕",可生活中的我们,真的会珍惜时间吗?珍惜时间不是简简单单的说说而已,而是要以合理的方法来达到用有效的时间解决更多事情的目的。给自己确立合适的目标,运用正确的时间管理方法,避免时间管理误区,使事情达到事半功倍的效果。管理好时间就是管理好自己的生活节奏,也就有利于把握自己的人生,取得更高的成就。

——本期嘉宾王凯旋

  主持人:大家好,今天的《杏苑心理访谈》我们邀请到了学校心理中心的国家二级心理咨询师王凯旋老师,现在请王老师和大家打个招呼。

  王老师:大家好,我是心理中心的王凯旋老师。很高兴可以来到《杏苑心理访谈》跟大家分享心理学的知识,帮大家答疑解惑。也希望可以通过这个节目真正帮大家解决一些实际问题,在日后的学习生活中有所进步。

  主持人:王老师,今天的主题是时间管理,我们总说"时间一去不复返",可是时间没有眼睛、没有耳朵,更不会听话,怎么会听我们的管理呢?

  王老师:是这样的,我们对时间的管理不是管理时间本身,因为时间脱离了事件就没有意义了。比如:因为盼望见到某个人而觉得时间过得慢了,我们会说"一日不见如隔三秋";因为陷入自我发展的绝境里而觉得时间过得很艰辛,那种痛苦会让你说出"度日如年"。基于对引发时间知觉的事件认知的不同,时间管理其实是一种"自我管理"的方式,它的管理重点在于个人对事件的选择和控制。

主持人:上周丁老师谈了新学期的计划,很多同学听后马上行动,可是做计划的过程已经足以让人崩溃,因为他们发现自己有太多的事情想做、可以做,而计划往往就夭折在"怎么做"这个步骤。那这个时间管理是否能帮助我们更好地做计划呢?

王老师:其实,时间管理是有丰富的理论体系的,做备忘录、做计划是早期时间管理特别强调的内容,现在各种媒介的打卡活动、习惯养成训练营等方式都是帮助人们自律地坚持完成计划。主持人同学啊,你参加过类似的打卡活动吗?

主持人:有啊,可是我觉得非常不好意思,好像能长期坚持下来的计划不多啊。

王老师:那你有想过自己无法坚持的原因吗?

主持人:嗯,那些不是我自愿做的、难度高的、可有可无的计划坚持下来就很难,比如我计划一个月看完一本书,但一直看不太懂,看几页就想睡,然后就强逼自己坐在那里看,很痛苦,这怎么办啊?

王老师:这样的状况听起来好像有点自虐。现代时间管理理论更强调目标的主观认知,依据目标的轻重缓急制定多方面平衡的计划。所以,那本一个月看不完的书,应该是你不愿意看的而且不是急需看的,是吗?这样看来不是行动上做不到,而是大脑在潜意识里就制造了很多不去做的信息。

主持人:那我告诉自己这件事情必须去做,没有那些不去做的信息的话,是不是就可以避免这种现象?抓紧一切时间去做事,就可以很好地管理时间吗?

王老师:这可不一定哦,想要真正管理好时间,就要走出对时间管理的误区，很多时候我们对时间管理都存在着或多或少的误区，使我们无法正确认识时间管理，无法具体做到管理好时间。下面我来给大家介绍几点跟时间有关的非常有趣的原理与误区：第一点，称之为"服务生效应"，这个效应告诉我们，人们容易记住自己没有完成的任务，而对于自己已经完成的事情，则没有那么深的记忆，大多数人都有对于未完成事情的积极性，而这样就容易产生两种极端，要么总是强迫自己做什么事情都马上做完，一次性完成，哪怕加班加点也在所不惜；要么就对什么事情都要求很低，都喜欢拖延，很"佛系"。这两个极端无论哪个，都是杀伤力非常大的，哪个都不能出现。第二点，时间商品法则，这个法则告诉我们时间也是商品的成本之一，而提高效率缩短制造商品所用的时间周期也是减少成本提高利润的方法。所以提高效率也是我们要学习的非常重要的内容。第三点为时间混乱现象，这个现象可以理解为生活中的突发情况。举个例子，比如今天中午我想用半小时来做一顿饭，结果没想到做饭的时候打碎了盘子，饭菜撒了一地，这时就要花更多的时间收拾地板，重做饭菜，这就出现了时间混乱的现象。无论做什么事情都可能中途出现意外，不过不必担心，面对突发状况保持清醒冷静的状态，相信你会处理得很好。最后一点，就是大家可能听过的"二八定律"，这个定律告诉我们占据主要地位、起主导作用的往往是少数，大约占20%，所以我们可以投入更多的时间去把握住那20%，而不是花大量的时间浪费在80%上，做那些"无用功"。学会扬长避短，也是时间管理的关键。

主持人：那王老师可以给同学们提一些具体的管理建议吗？

王老师：关于时间管理有很多书籍，大家有时间可以去查查资料。我今天主要说几点。

1.有意识地转移关注焦点。

管理是一个动态过程，应该关注的是管理过程中的自我监控和调整的问题，但是很多同学只关注管理后的静态表征结果，这样就会出现信息矛盾的状况。比如同学会说我今天没按计划完成任务，你看我说我不行吧，我就是笨。在这里没按计划完成就是结果，这时我们可以转一下弯想想是不是我今天碰到了什么意外的事情花了我一些时间？是不是我的计划不太符合我的能力，给自己增加负担了？

2.做出选择是目标达成的推力。

还记得我以前谈到的"大头娃娃"吗？目标和想法太多而没有行动就很容易摔倒。其实，目标达成的前提就是在众多的目标中做出艰难的选择，但很多同学说老师啊，我真的很认真地评估了我的目标，它们确实很难取舍啊。这时不妨简单一些，凭直觉或抓阄，先确定出一个目标，然后就去行动吧。当你坚持去突破一个目标时，你的注意力就会非常集中，全神贯注地去做一件事，不仅能提高效率，帮助自己完成目标，而且缩短了完成目标的时间，用短时间完成更多目标，何乐而不为呢？

3.确定优先顺序，避免杂乱无章对自己的干扰。

很多焦虑、抑郁的同学在首次咨询时会说自己有自我发展、人际交往、情绪管理、学习等方面的问题，这就像跑道上同时有8个运动员一起比赛，这时我们的眼睛一定是看不过来的，最后也只能选择关注其中的一个或者两个运动员去看他们的比赛状况。所以，当发现确实有好多事情需要去做，那给它们排个序吧。一个一个地完成，因为每件事情完成后所带来的成就感能更好地推动自己完成下一个任务。也有一种非常常用的方法，就是在一张白纸上画一个田字，在第一个格子里写紧急而重要的事，第二个格子里写紧急但不重要的事，第三个格子里写重要但不紧急的事，第四个格子里写不紧急也不重要的事，这样对事情进行一个分类，要先做什么后做什么就一目了然了。

4.计划是可以调整的。

这是很多同学在咨询的时候感到惊奇的，啊，计划还可以调整啊？那定计划干嘛？计划是对未来活动的一个大致规划，未来具有较强的不确定性，所以我们要不断地监控和调整，才能找到一个适合自己的相对稳定的计划。所以，在时间管理前期一定要给自己一些时间调整。当然，这种调整也不是随自己的心意，想怎样调就怎样调，调整计划不可理解为放纵自己，而是要学会找到适合自己的、更加合理的计划并督促自己去完成。

5."创造"时间使其发生最大功效。

这里的"创造"指的是寻找方法将非生产性时间转变为生产性时间，比如是不是可以减少刷手机、玩游戏的时间。还有很重要的就是我们在节目中一直强调的运动，这里再加上一个健康饮食，这两个可以帮助大家保持精力充沛，提高效率。

主持人：原来是这样，那王老师有没有什么具体的时间管理方法推荐给大家呢？

王老师：我来给大家推荐几种具体的方法：第一个叫做"番茄工作法"，相信大家有所耳闻，在各大 APP 上，也一定见过这个方法，具体就是集中精力工作 25 分钟，这时候番茄时钟就会提醒你休息 5 分钟，5 分钟过后，新的一轮学习又开始了，这种方法可以使学习张弛有度，不过缺陷就是时间比较短，不适用于长时间专注的工作。第二个方法叫作"GTD 工作法"，意思就是"Getting Things Done"，"将事情做完"，这种方法的核心就是把要做的事情写下来，用书面文字的形式来提醒自己还需要完成的任务，一项一项地进行。这种方法比较适用于事情非常多、非常杂乱的时候，写下来要做的事情，可以帮助你冷静下来，清晰自己的思维。第三种比较常用的方法叫作"月计划安排法"，将这个月的学习工作简单列个计划，值得注意的是一定要书面的计划，或者在日历上做标记。当然，好的方法不止这些，还有"莫法特休息法"，利用不同学习地点的变换，减少学习中的枯燥感和疲惫感，来提高效率。

主持人：听了这么多优秀的时间管理方法，同学们学会了吗？哪种方法更适合你呢？今天非常感谢王老师的分享，感谢王老师，也相信不少同学都受益颇丰，我们下期见。

/ 知识窗 /

时间知觉：时间知觉是指对客观现象延续性和顺序性的感知。时间知觉的信息，既来自外部，也来自内部。外部信息包括计时工具，也包括宇宙环境的周期性变化，如太阳的升落等。内部标尺是机体内部的一些有节奏的生理过程和心理活动。神经细胞的某种状态也可成为时间信号。用计时器测量出的时间与估计的时间不完全一致。

服务生效应：经过大量的调查发现，服务生对于那些还没有把菜上全的订单印象更加深刻。如果这一桌的菜已经上全了，在服务生的脑海里就像有一块橡皮，将这桌"完成"的订单擦掉了，他们就很难想起客人点了些什么。这就是"服务生效应"。蔡格尼克告诉世人，原来我们对那些尚未完成的计划和任务印象更深，而对已经完成的事却很容易遗忘。这是因为我们天生就有一股"动力"去完成那些还没完成的目标，但是一旦完成了，这种动力就得到了满足，所以我们会迅速忘掉。而如果这件事突然中断、没有做完，给自己留下的印象将是最深刻的。

二八定律：二八定律是19世纪末20世纪初意大利经济学家帕累托发现的。他认为，在任何一组东西中，最重要的只占其中一小部分，约20%，其余80%尽管是多数，却是次要的，因此又称二八定律。

莫法特休息法：莫法特休息法就是从一张书桌移到另一张书桌，继续工作。如果长时间持续同一项工作内容，就会产生疲劳，使活动能力下降。如果这时改变工作内容，就会产生新的优势兴奋灶，而原来的兴奋灶则得到抑制，这样人的脑力和体力就可以得到有效的调剂和放松。

第十讲

拖延，你少来！

说到"拖延症"一词，相信大家一定都不陌生，这似乎已经成了当代人的一种通病，今天的事情拖到明天再做吧，工作还没到截止日期就先放一放吧，还没快考试就先不读书了吧……拖延的坏习惯使越来越多的事情被推到"明天"，然而明日复明日，一天一天又一天，日子就慢慢从指间溜走了。然而大家真的认识"拖延症"吗？它跟"拖延"有什么关系呢？是什么会导致大家不停地拖延呢？又有什么好的方法可以改掉拖延的坏习惯呢？希望通过今天分享的知识，你可以有所感悟，有所收获。改掉拖延的坏习惯，学会"今日事，今日毕"，做一个有计划、有执行力的大学生，拥抱美好的明天。学会自我管理，对拖延说一句：拖延，你少来！

——本期嘉宾王凯旋

主持人： 大家好，今天的《杏苑心理访谈》我们邀请到了学校心理中心的国家二级心理咨询师王凯旋老师，现在请王老师和大家打个招呼。

王老师： 各位亲爱的同学们，大家好，很高兴又跟大家在《杏苑心理访谈》的节目中见面了，希望今天跟大家分享的内容可以让大家有所收获。

主持人： 王老师，关于拖延，我们经常看到的题目是：再见吧，拖延症；告别拖延症，诸如此类。在以往大家的认知里，拖延好像是非常讨厌的坏习惯，而今天您提到的"少来"，却感觉拖延好像没有那么可恶，甚至可以适当地拖延，而且给人感觉拖延像个淘气的小孩子，我觉得挺好奇的，能给我讲讲这是什么意思吗？

王老师：其实呀，今天我主要想表达这样的两个意思：

1.拖延不是魔鬼，现实生活中普遍存在的拖延行为还没有达到"症"的程度，请大家不要轻易地对号入座。

2."少来"这个词在这里是有两层意思的，一层就是表意，就是说允许"拖延"出现在我们的生活里，但是尽量少出现哦。另一层就是隐含意思了，就是说"拖延"你不过有些小伎俩，只要我们了解了其中的门道，看我怎么收拾你。

主持人：听起来挺有趣的啊。王老师，我们都很讨厌拖延啊，很多同学都因为拖延没有完成原定计划而后悔莫及，导致有的同学出现情绪问题，有的同学自我认同感低，这么可怕的东西，不是消灭它最好吗？

王老师：是这样的，在名人中也不乏拖延者，名画《蒙娜丽莎》就是拖延的结果。其实，拖延不仅仅会带来消极的结果，在很多时候也会带来积极正面的影响，只是我们普遍关注的是消极的部分，而忽略了积极的结果。一些拖延是必要的、正当的。

主持人：哦？王老师您能具体讲解一下吗？什么情况就是必要的、正当的拖延呢？

王老师：好的。从拖延的结果维度上看，有些情况会因"拖"得"福"，产生"好的结局"。在需要更多的原创力体现时，适当的拖延是一种等待，是休整后更全面看待问题的时机，它能使个体更理性思考、更成熟应对。比如，家喻户晓的谷歌公司在等待了很多年后，改进了其他人的想法，推出了更为适应市场的搜索引擎。这就是一个拖延带来积极结果的事例。所以，其实我们的思维可以简单一点，结果是好的，过程怎样可以适当忽略不计。

主持人：可是我们有很多同学还是无法忽略那段焦灼的过程，觉得自己怎么能这么不自律，总是想如果抓紧时间可能会有更好的结果吧。这样纠结懊悔的心情总是会使同学们变得焦虑。

王老师：这个可能跟我们的"人设"是相关的。每个人心里有一个过于理想化的自我，他认为正常的状态就是在每个阶段每个任务完成的过程中都应该专注而高效，当自己松懈时大家往往会把拖延和偷懒画等号。也就是说，我们都倾向认为，只要我专注不拖延就能高效。但是大家考虑到了吗，你给自己定的目标是否是你的能力和努力就能达成的，你的意志力足够支持完成目标吗？还有很多同学可能会在短时间内给自己同时设定很多目标让自己分身乏术。所以，没有那么多"拖延症"患者，只要我们正视拖延，以平常心对待拖延，客观面对自己的问题，就可以有效地缓解由拖延带来的困扰。

主持人：王老师，那如果一个同学确实因为拖延而得到不好的结果，那该怎么办呢？

王老师：首先，我们要认识到拖延者并不是与生俱来的，是习得性无助导致的结果。其实，拖延就是没有执行力，拖延者他们一定是没有认识到行动的价值。原先积累下来的不好结局直接降低了行动力，久而久之就不想动了，也觉得自己没有能力动了。所以，解决拖延第一步，就要像 NIKE 的广告语：Just do it! 不要说那么多了，选择一项能最快上手的事情，做！做！做！让自己真正去做那些事，而不是空想，如果一直停留在空想的阶段，那无论什么办法都帮不了你。

主持人：老师啊，说很容易，做起来有点难啊。

王老师：不会的，那是因为拖延者已经习惯不行动，要突破必然要花精力的，如果你还是无法有所行动，那你可以问问自己，拖延的事情真的需要做吗？是你自己想做，还是父母让你做，还是你看别人做你也做。因此，第二点，学会舍弃，学会轻重缓急、优先排序。很多同学就像故事里的小猴子，芝麻西瓜都想一把抓，这是不可能的。人的精力有限，目标太多可能带来的不仅是压力，更多的是慌乱，要让自己不慌不乱、专注高效，必须心中有数，心中有规划。

主持人：那如果我缩小了目标，也做到了量力而行，可还是担心做不好，还是会拖延，怎么办呢？

王老师：这有可能与性格相关。有些同学过度追求完美，他们在做重要的、挑战性大的任务时，往往需要掌握大量的信息，他们不敢贸然行动，总是处于资料准备阶段，没有进展。有些同学喜欢在巨大压力下完成任务的那种高峰体验，他们潜意识里知道自己可以完成任务，所以在时间较充沛的情况下，他们往往会拖延。还有些同学性格较急躁，他们往往想在最短的时间里完成任务，可是有些任务是需要时间的沉淀的。所以，我认为最重要的一点是要做到"就事论事"，把事情与人分开。对一项任务完成得好坏的自我评价仅仅就停留在这个任务上就好，不要把消极的评价泛化成对自己整个人的评价，全盘否定自己。

主持人："就事论事"我还是第一次听到，看来回去我们要练习练习了。具体有什么方法可以帮助大家呢？

王老师：我可以给大家三点建议：

第一，学会时间管理，这个在之前的节目中也有提到过，时间管理是告别拖延的一个非常好的办法，通过不同的时间管理的方法来有效利用每一块时间，让自己的时间不会留白，从而允许自己去拖延；除此之外，管理好时间就相当于把自己需要做的事情做了一个简单的安排，这样安排过后，就不会有没做的事情拖着不去做，而对于自己要做的事也不是刻意要求自己要多么快地去做好，而是慢慢地、一步一步地去完成。

第二，学会专注。一个人在效率比较低的时候就容易拖延，可能专心做10分钟就可以完成的事情，最后被拖成了半小时、一小时，这是很可怕的事情。当然，因为大部分的同学都已经成年，再想训练自己的专注力可能不会那么容易，不过还是要告诉大家，专注力对于一个人是非常重要的，我们日常生活中可以通过静坐、读书去练习专注力，一开始10分钟、15分钟，慢慢增加到60分钟，甚至更长时间，心会慢慢静下来。还有一种比较直观的感知方法，就是当你玩游戏时，一定是全神贯注的，可以通过冥想训练自己的潜意识去寻找那时的状态和感觉。

第三，对自己的奖惩制度。每个人对于自己都应该有一套奖惩制度，这种奖励和惩罚一定是绝对的，比如做完某事奖励自己吃一顿火锅，那么在你没完成的时候，就要禁止自己吃火锅，任何场合任何情况下都不能吃火锅，那么火锅才能有足够的诱惑力去刺激你完成目标；同样对于惩罚来说，自己最了解自己，自己知道心里真正怕什么，那就要用那件事去适当刺激一下自己，想想可怕的惩罚，对完成目标就充满了动力。当然这个过程中也要正确评估自己的能力，不能为难自己也不能为自己找借口，恰当的激励，就能有好的效果。

主持人：王老师，您说的这些听上去非常有用，不过我还有一点小小的困惑，就是平时说的认识自己，怎样才能真正认识自己呢？

王老师：这个问题问得很好，很多人都有这个困惑，到底怎样才最客观、最全面地认识自己？这里给大家提供一个建议，就是我们学校心理中心有一个房间里面有沙盘，可以通过简单的沙盘游戏去认识和了解现在的你，以及最近一段时间自己的困惑、迷茫，可以预约一位心理咨询师帮助你分析。当然了，如果没有时间或者不好意思，也可以多参加一些集体活动，通常在集体活动中也能认识全新的自己。

主持人：谢谢王老师，也欢迎大家去心理中心了解一下沙盘游戏。那么最后王老师还有什么需要补充的吗？

王老师：最后，我希望大家都走出去，看看世界，就像习总书记说的"思维要新，视野要广"，这句话也是非常适合我们同学们的。

主持人：好的，非常感谢王老师的分享，相信同学们学到了不少，我们下期再见。

/ 知识窗 /

自我认同：自我认同是能够理智地看待并且接受自己以及外界，能够精力充沛，热爱生活，不会沉浸在悲叹、抱怨或悔恨之中，而且奋发向上，积极而独立，有明确的人生目标，并且在追求和逐渐接近目标的过程中会体验到自我价值以及社会的承认与赞许。既从这种认同感中巩固自信与自尊，同时又不会一味地屈从于社会与他人的舆论。自我认同是自己对自己所思所做的一种认可感。自我认同包含自我了解和自我实现两部分。

理想化：理想化是自我防御机制的一种。它包括忽略或否认与完美形象不符合的特性。在精神分析学中，指把爱的对象视为完美无缺的心理过程。

潜意识：潜意识是心理学术语。是指人类在心理活动中不能认知或没有认知到的部分，是人们"已经发生但并未达到意识状态的心理活动过程"。弗洛伊德将潜意识分为前意识和无意识两个部分，有的又译为前意识和潜意识。我们是无法觉察潜意识的，但它影响意识体验的方式却是最基本的——我们如何看待自己和他人，如何看待我们生活中日常活动的意义，我们所做出的关乎生死的快速判断和决定能力，以及我们本能体验中所采取的行动。潜意识所完成的工作是人类生存和进化过程中不可或缺的一部分。

沙盘游戏：亦称为"箱庭疗法"，是在治疗师的陪伴下，让来访者从摆放各种微缩模具（玩具）的架子上，自由挑选小模具，摆放在盛有细沙的特制的容器（沙盘）里，创造出一些场景，然后由治疗师运用荣格的"心象"理论去分析来访者的作品。沙盘游戏治疗以心理分析之无意识理论为基础，注重共情与感应，在"沙盘"中发挥原型和象征性的作用，实现心理分析与心理治疗的综合效果，便是沙盘游戏治疗的基本特征。

第二章　积极心态构建

第十一讲

用积极心态面对学习、生活上的困难

困难总是无处不在，伴随着焦虑或悲伤向我们奔涌而来，但我们就要因此遂了困难的意，便自顾自地颓废下去吗？不尽然也，我们的生活除去眼前的无力、悲伤和愤怒，还有不远处等待着我们的纯粹和温暖。一枚硬币总是有两面的，挫折与苦难不会总是像像悬在我们头顶上的达摩克利斯之剑，所以，当你遇到不顺的时候，不妨把自己抽离出来，翻个面，用积极的心态来正面迎击。有时候，只要我们转换个角度思考我们现阶段遇到的困难，问题就可以很快地迎刃而解了，试试吧，积极的心态会给你带来惊喜的。

——本期嘉宾丁闽江

主持人：大家好，今天我们邀请到了我校心理健康教育指导中心主任、国家二级心理咨询师丁闽江老师做客本期《杏苑心理访谈》，现在请丁老师和大家打个招呼吧。

丁老师：各位亲爱的同学们，大家好，我是丁闽江，是《杏苑心理访谈》的常客，应该很多人都熟悉我了吧，一个普通话都讲不好、还经常上电台的人。

主持人：丁老师，这期节目打算和我们大家分享什么有趣又有用的心理知识呢？

丁老师：分享前，我先说点我近期心理咨询的体会吧，近期我在掌上心理系统接待了二十来位来访者，收到解忧信箱的求助信二十多封，我总结了一下，他们有很多共同的特点：

1. 遇到生活、学习上的困难的时候总是习惯性地用很消极的想法来应对。
2. 有很多问题其实并不算问题，只要一个小小的心态上的转变就能柳暗花明、豁然开朗的。
3. 总是想改变现状，又不愿意付出努力。
4. 很多学生缺乏实现目标所必需的执行力和坚持的精神。
5. 还有不少的学生喜欢抱怨，总是认为这不公平那不公平。

所以，今天我想和大家聊聊如何用积极的心态来面对学习、生活上的困难。

主持人：丁老师，我有一个同学，她是贫困生，她似乎总是很消极，很自卑，不合群，您对此有什么建议吗？

丁老师：是的，这是其中一个重要内容，我校的贫困生群体大约占总学生人数的20—30%，贫困确实也有可能导致一些同学出现自卑、消极的情绪。不过，如果我们换种想法来思考这个问题呢？其实贫困教会了我们感恩、教会了我们珍惜，贫困让我们学会了更多的生活技能，贫困让我们变得更加勤奋刻苦，贫困还让我们有了更多的梦想，这样不好吗？我想向所有正遭遇贫穷、正经历命运不公的人，分享这么一段话：如果能有依靠，谁愿忍受穷困潦倒，既然无人可靠，那就学会含泪奔跑，如果不幸摔倒，拍拍身上的灰，对自己笑一笑，你要的明天，就在下一个拐角！希望这短短几句话，可以帮助到一些面对经济问题正手足无措的同学们，不要向贫穷屈服，不要向苦难低头，你们吃过的苦都会成就你们。

主持人：确实是这样的，听您这么一分析，我觉得贫困反而成为他们独有的一种财富，赋予他们向生活发起挑战的勇气。丁老师，我们医学生学习真的挺不容易的，甚至有人说是最苦的，而且学习的时间还很长，临近期末考试很多人都通宵达旦、叫苦不迭，甚至还有不少同学抱怨自己选错了专业，这样的心态是不是也不合理？

丁老师：的确，学医确实有些苦，从医学领域的知识壁垒就可以感受到医学生的不容易，不过这是相对而言的，可能与某些文史哲专业比起来确实有些难度，但是与那些连看都看不懂的专业比起来，我们的医学课本至少可以看懂，花点时间背书还是可以学好的，每当期末的备考期间，大家不妨回想一下当初报考医学院校的决心和信念，我想，既然选择报考了我们学校，肯定是有一番想要救死扶伤、悬壶济世的情怀。另外呢，我也想说，专业是你自己选择的，那就要对得起自己的选择，抱怨是没有用的，倒不如换种心态去面对，你花的时间多了，你获得的知识也就多了，今后你的成果也就多了，也无愧于自己为梦想努力了一把。

主持人：是的，为梦想努力一把挺好。丁老师，还有很多同学整天抱怨自己这不如人，那不如人，如：没有别人的能力；不会像别人那样懂得人际交往；别人都有人追，自己没有。这应该也是一种消极的心态吧？

丁老师：那肯定是啦，抱怨没有任何意义，只会让自己更加消极，其实，我们总是在欣赏别人的能力，为啥不能自己行动起来呢？没有人是永远一事无成的，就看你愿不愿意行动起来，大学是最能锻炼人的地方，你要想方设法去寻找锻炼自己、提升自己能力的机会，你自己不去争取，没有人会送给你机会。所以，我们要停止抱怨，开始用积极的方式去面对自己的生活，直视自己的能力不足，想办法去尝试、去培养、去提升，哪怕自己出丑也无所谓，因为，你是来大学学习知识和锻炼能力的，不是来表现的！不要害怕，更何况，你付出的那些努力终会让你更优秀。

主持人：我很庆幸自己一直在努力，丁老师，还有一些同学一旦失恋就像变了个人似的，觉得失恋了就失去了人生的全部，甚至有些同学还会做傻事。这是一种消极心态吗？

丁老师：的确，失恋会给人带来痛苦，那是因为你投入真正的感情了，失恋后可以允许自己伤心难过一段时间，因为这是正常人的正常心理表现，大多数人都会有的。不过，如果你一直沉浸其中，甚至越来越消极，就得不偿失了。

那应该怎么办呢？

首先，去充分享受这种痛苦，失恋也是人生的必修课，这种痛苦是对生命的一种滋养，对你以后的恋爱和婚姻会有帮助，让你学会如何去爱以及如何被别人爱。

第二，去感谢那个对你忠诚的人，爱你的时候倾心投入，不爱你了就分手。

第三，开始转移注意力，去做当下更应该做的事情，比如运动，比如学习新技能。

如果带着这样的心态去面对失恋，你会发现失恋也是一种财富。

主持人：丁老师，还有一些同学经常为人际关系而烦恼，特别害怕孤独，对于这样的情况，老师怎么看？

丁老师：近段时间几个有这种情况的学生也向我咨询，其实，孤独并不可怕，可怕的是你一直在纠结孤独好不好，这并不是一个良性的心态。其实，每个人都有自己的个性特点，有些人就是喜欢一个人待着，并不代表着这些人有社交障碍，这本身没有问题，独处有独处的好处，可以充分享受孤独的自由，可以随心而动，所以，不要总是纠结一个人好不好，孤独好不好，学会享受独处，和孤独的自己平和相处，每天都在进步，只要大步向前走，孤独又有什么不好的呢！

主持人：丁老师，我听了您说的这些，我突然觉得好像很多困难都是可以换个角度思考的，很多问题都是可以面对的，最后，老师有什么总结的话要和大家说说吗？

丁老师：人的一生总要碰到这样或那样的困难，也总要经历各种风霜雨雪，这是人生的常态，这些困难与挫折，都是生命馈赠给你的礼物，当你面对困难的时候，学会换个角度，给自己一些适当的积极的心理暗示，总能给自己找到继续前行的能量！

主持人：今天非常感谢丁老师的分享，感谢丁老师，各位亲爱的同学们，你们懂得如何做了吗？换个角度想问题，问题将不再是问题，下期见。

/ 知识窗 /

孤独感：孤独感是人类社会由于主体远离外部世界而导致的精神空虚感，是一种消极情绪体验，常伴有寂寞、无助和郁闷等不良情绪反应，一直以来，孤独被作为衡量一个人心理是否健康的重要标准，孤独和许多的负面情绪、疾病相联系，影响个体生活质量和幸福感。

大学生自卑心理：自卑心理是由于个体对自我评价不当而产生的一类消极的心理体验，它广泛存在于大学生群体当中，对他们的心理健康和学习生活有着不良影响。人际安全是大学生在人际交往和相处过程中对自身状况保持有利地位的肯定性体验，是影响大学生人际关系的主观因素之一，它与自卑心理有着一定的关系。李宏翰认为自卑是造成大学生人际关系障碍的情感因素之一，其内在机制是人际安全问题。个体在交往中出现自卑心理和羞怯反应往往是由于他感受不到人际安全。在人际情境中，大学生保持对自身有利地位的肯定性体验对他们正常的人际交往和相处非常重要。如果个体在特定的人际情境中感受到足够的安全，就会更多地参与信息传递，如果个体感受到某种人际情境危及他的自尊，就会倾向于自我防御性地回避或退缩。

大学生的社会心态：大学生的社会心态总体而言是健康的，但是随着社会的不断发展和进步也存在着一些现实的问题。对于当代大学生社会心态的健康培养，既要进行正确地正面引导，又要根据当前的社会状况积极地分析造成大学生社会心态变化的原因。在塑造友好、温馨的校园氛围的同时，更要充分利用现有的教育资源，促进当代大学生积极健康的社会心态的形成。

第十二讲

痛苦和快乐都是生活的常态

　　艾默生在《狮身人面像》里有一句"痛苦的底下是快乐,快乐的底下是痛苦"。的确如此,痛苦和快乐都是生活的常态,不仅是两种相对的状态,更重要的是,它们就像是对孪生子,往往我们只注意到那些悲伤与挫折,却不知如何"戴着枷锁舞蹈",本期节目咱们就来学习一下怎样与痛苦握手言和、与快乐平和相处。

——本期嘉宾王凯旋

　　主持人:大家好,今天的《杏苑心理访谈》我们邀请到了学校心理中心的国家二级心理咨询师王凯旋老师,现在请王老师和大家打个招呼。

　　王老师:各位亲爱的同学们,大家好,好久不见啦!我们的生活中总有各种各样的快乐和痛苦,那么今天我将和大家分享有关快乐和痛苦的话题。

　　主持人:王老师,听到快乐,我就想到上周"我是演说家"比赛,有个选手说:快乐是什么,快乐就是出门拿外卖时,突然发现从来不开的小门开了,我可以从小门溜出去了。我深有同感啊,想到这样的情景也不由自主地微笑起来,仿佛我也可以省下一大段路去拿外卖了,可是没过多久,我就会被拉回到"痛苦"的现实,因为明天就要考试了,还有好多内容没有复习,那种知识记不住、复习不完的痛苦把我包围住了,还让我脑海里的快乐逃之夭夭。我感到困惑的是为什么快乐那么短暂,而痛苦是那么剧烈且深刻呢?

王老师：很多同学希望无忧无虑，快乐永恒，但从生命的本质而言，正如叔本华所说：痛苦是生命本身产生的，而生命又是意志的现象。也就是说，只要生命存在，每个人注定要在追求一个又一个目标中付出努力，承受压力，抑制渴望，忍受痛苦，简而言之，痛苦就是生命的常态，我们的欲望和恐惧也是来自于此。然而，生命同样也是积极永动的，"生的力量"会促使人类自身寻求释放压力的途径，并且用解决问题后的快乐来消除痛苦所产生的心理不平衡。所以，追求快乐的欲望与痛苦的产生原因一样，也是生命本质的另一个重要元素，既然快乐是需要追求的，这代表着快乐必然不是永恒的，正是快乐的这种不稳定性决定了我们总是寻找快乐。痛苦和快乐总是不断循环。有一部分的人，是为一瞬间的美丽欢愉而活着的。《卡拉马佐夫兄弟》里说，如果一个人能把许多这类的回忆带到生活里去，他就会一辈子得救。

主持人：在这之前我一直认为，人成熟的表现就是有能力让自己的生活永远没有痛苦，永远快乐，这样的想法现在看来是不合理的，原来快乐与痛苦是生命存在的共同表现啊。这让我想起太宰治先生在《人间失格》里说道："若能避开猛烈的狂喜，自然也不会有悲痛的来袭。"既然快乐和痛苦是循环反复的，那老师，我们要如何做才能让自己减少痛苦，享受更多的快乐呢？

王老师：这点啊，我认为可以从两个方面来做。第一个方面就是，我们可以换个角度看痛苦，"一枚硬币都有两面的"，痛苦除了我们大众意义上是负面的、消极的，也是有正面价值和意义的。痛苦会通过不同的情绪体验表达出来，比如：愤怒、焦虑、恐惧、失望、内疚等。很多同学会害怕这些消极的情绪体验，会觉得这些是"不好的"或"不合理的"，但其实，这些不良情绪都是很正常的，我们要感谢自己不压抑这些情绪，因为正是它们的到来，才使我们敢于面对自己，从痛苦的内在根源找寻自我完善的动力，"每一种痛苦都是值得敬畏的"，这些痛苦会让我们变得更好。

主持人：哦？我还是第一次听到痛苦有正面价值和意义这个观点，老师可以解释更仔细一些吗？

王老师：很多同学在日常生活中只会从表面上去消除消极情绪，比如情绪不好就去大吃一顿，买买买啊，体育锻炼啊，实际上我们发现单纯消除情绪效果不佳，最好的办法就是具体分化出让自己痛苦的情绪是什么，从我们的负面情绪中发现正面的解决方向。因为时间关系，我只说几种同学中常见的情况。

第一种痛苦是通过焦虑表现的。同学们的主诉基本都是迷茫，没有目标，缺乏控制感，焦虑会指引我们反观现在，从自身已经拥有的资源、能力，从自身的角色和与他人的关系去找寻解决方案。很多同学上了大学之后会感觉自己每天浑浑噩噩不知道在忙些什么，在初高中阶段我们的目标都是被父母、老师规定好的，我们只需要照做就是，而到了大学，没有了老师和父母的高压管教，难免同学们就会开始迷茫，纠结自己的未来应该如何走，这时候就需要对自己有个大致的规划。

第二种痛苦是通过失望表现的。失望其实分为两种：一种是对他人或事物的失望，它必然来源于想控制人或事的企图；第二种是对自己的失望，这来源于对自己的高要求，不接受现阶段的自己。就比如说想要拿到奖学金，努力学习但还是差了一点儿，这也没关系，因为在我们朝目标前进的过程中我们已经比什么都不做的我们优秀了许多。只有区分清楚是哪种失望，我们才会有明确的方向。对他人失望的时候可以问问自己的"控制欲"是否合理且程度适宜，而对自己失望的时候则可以复盘一下给自己制定的计划和目标是否太过于遥远，并适当做些调整。

第三种痛苦是通过内疚等表现的。这种情绪会指引我们回顾过去事件中那些未完结的部分，明白那些未完结事件的意义，把它们转化成力量去推动自己把未完结的部分完成。最常见的就是同学们常常自嘲"拖延症晚期"，简·诺克写的《拖延心理学》里有一句话，"拖延从根本上来说不是一个时间管理的问题，也不是道德问题，它是一个复杂的心理问题"，所以这种时候我们就需要反思一下我们在专注力和目标设定上出现的问题。下次有机会我再用案例给大家详细分析一下。

主持人：好啊，期待您的分享。那王老师，如何减少痛苦，体验更多的快乐呢？

王老师：我认为我们要培养"乐观"这种积极的心理品质，让乐观成为一种习惯。

主持人：老师，"乐观"在我看来是一种性格啊，性格很多时候是天生的，有人乐天派，有人悲观派，"乐观"也是可以培养的吗？

王老师：那当然了，"乐观"在心理学上也可以是一种思维方式，是可以通过学习一种新的认知方式，逐步改变自己惯有的思维定式，达到改变遇事悲观的习惯，从而改善自己的生活品质，让自己更快乐。

主持人：老师，您可以具体地解释一下如何学会"乐观"吗？

王老师：好的。

首先，乐观就是学会解释。当坏事情发生时，悲观者倾向认为坏事情发生在他们身上的原因是会永久存在的。既然永久存在，坏事情就会不停地发生，变成一个恶性循环。他可能会说"永远没有人会和我做朋友"、"完了，考砸了，我真笨"；乐观者则相信导致坏事情的原因只是暂时的，只要是暂时的，未来就会变好。他可能会说"今天是因为小明生我的气才会不跟我玩"，"我并不比别人笨，相信经过努力，我的成绩会赶上去的"。这并不是给自己找借口，而是给自己积极的心理暗示，换个思维方式分析问题，问题就会迎刃而解了。当好事情发生时情况正好相反。

其次，乐观就是学会接受现实。当遇到问题时，我们要客观合理地分析问题，把人和事情分开，就事论事。有时外界的客观条件是不以我们的意志而改变的，我们只有放松心态，不怨天尤人，才能有另一番天地，"万里归来年愈少，笑时犹带梅岭香"的苏东坡就是典范。

再次，乐观就是要学会认识自己，接受自己，对自己负责。有时候，我们因为与自我"朝夕相处"，所以比其他人更了解自己，有时候，我们又因"只缘身在此山中"而不识自我的真面目。所以，要接受自己的优点，更要接受自己的不完美，只有这样才能坦然面对成功与失败，如果死揪着自己的缺点不放，就会变成一个恶性循环。

最后，乐观就是要学会与坏情绪交朋友。坏情绪是会积累的，当它达到一定的量后，就会如洪水暴发一样溃堤，失控后的行为可能会产生不可弥补的后果。找朋友倾诉或是大哭一场都是有效的可以释放坏情绪的方法，发泄之后就要让自己从负面情绪中抽离出来，有问题就去解决，如果一时半会想不明白，也可以寻求他人的帮助或是暂时缓一缓，我们要善待自己，顺其自然，不刻意，不放弃。

主持人：今天非常感谢王老师的分享，感谢王老师，各位亲爱的同学们，你们懂得如何做了吗？下期见。

/ 知识窗 /

心理痛苦：心理痛苦是一个内涵复杂的概念，基于人的体验，认为心理痛苦是一种悲伤的情绪体验；基于作用的效果，认为心理痛苦是一种力量，这种力量包括善和恶两个方面，一方面，它反映了使人受其摆布的恶和毁灭力，另一方面，它也反映出拯救人的善和活力；基于认识论的理解，认为心理痛苦促进人的认识更加深邃，但如果认识的方向不确定，最后导致的结果也不同；基于表现的形式，认为心理痛苦是人在外界事件影响下的一种内在精神活动，每个人感知的程度有差异。

内疚情绪：内疚是道德情绪中的一种，是个体认为自己的言行对他人的身体、精神、财产等造成了伤害，或违反了社会道德标准而产生的带有羞愧、难过、后悔等消极的情感体验，同时伴有强烈的补偿行为倾向。

社交焦虑：大学阶段的社会交往对于大学生人格的健全发展和社会化的顺利完成具有重要的意义。对大学生社交焦虑的调查显示，约有16%左右的大学生有比较严重的社交焦虑,影响了他们的学习和人际交往,给他们带来很大的痛苦。

大学生迷茫心理:大学生迷茫心理的表现可以分为学业适应、人际交往、情感与性、求职就业、经济压力、生活适应、自我价值认识、生理健康等八个方面。大学期间每一个大学生或多或少地都会面临着生理、情感、学业、就业等种种压力,面对这些压力,大学生需要做的是正确认识自己,强化情绪控制能力、加强知识技能储备、提高社会适应能力,努力使自己走出迷茫。

不良情绪:大学生中常见的不良情绪如焦虑、激动易怒等,多是由于客观因素和主观因素两方面的影响而引发的。不良情绪对大学生的学习、生活和身心健康会带来不利影响,应加以克服或消除。大学生不良情绪的克服与消除,必须通过优化客观环境、改善内部环境来加以解决。

第十三讲

如何获得积极心态？

生活不仅是温暖纯粹的诗和远方，也有眼前的苟且悲伤和痛苦。悲伤和痛苦常常吞没我们所有的开心，只剩下无边无尽的不如意。很多时候，生活中必须经历的，看似快把我们打倒的困难关卡，其实只要换个角度看，也并没有那么糟糕。狄更斯说过：一个健全的心态比一百种智慧更有力量。在我们并不算短暂的人生路上，良好的心态就显得尤为重要，积极的心态不代表我们必须永远开怀大笑，但可以给我们带来一往无前的勇气，那么，我们就来学习如何拥有积极心态，学着接纳自己的不如意。

——本期嘉宾丁闽江

主持人：大家好，今天我们邀请到了学校心理中心的国家二级心理咨询师丁闽江老师做客本期《杏苑心理访谈》节目，今天我们将与丁老师一起聊聊积极心态这个话题。先请丁老师和大家打个招呼。

丁老师：各位亲爱的同学们，大家好，我是心理中心的丁闽江老师，很高兴又和大家见面了。今天我将和大家一起分享"如何获得积极心态"这个话题。希望会对大家有些帮助。

主持人：丁老师，我很想知道我的心态算积极呢还是消极呢？有什么样的方法可以判断呢？

丁老师：其实心态的积极和消极没有一个可以具体测量的工具，但是，我

们可以这样问自己几个问题:

1. 我能很乐观地面对我现在遇到的各种事情,包括不尽如人意的事情吗?
2. 我经常保持心情愉悦,即使有不愉快也可以迅速化解吗?
3. 我很感恩自己目前所拥有的一切,并且好好珍惜现在所拥有的一切吗?
4. 我会对自己目前所处的境地感到很知足,感觉自己是个很幸运的人吗?
5. 我是否有一种力量在不断地推动自己迈向目标,让我成为更好的自己吗?

如果你的回答是肯定的,那么恭喜你,你拥有我们今天所说的良好的心态。

主持人:嘻嘻,看来我的心态还不错,那丁老师,为什么很多人不能保持良好的心态呢?有什么原因吗?

丁老师:导致不良心态的原因有很多,这里我就分析几个比较重要的原因:

1. 个人比较自卑,而这些自卑往往是"带刺"的,总认为自己什么都不如别人,自我评价过低,觉得自己这不行那也做不好,看不到自己的优势资源。

2. 总是喜欢比较,更确切地说,总是喜欢和那些比自己优秀的人比较,对比之下就显得自己没有优点,开始对自己不自信,产生一些自暴自弃的不良情绪。

3. 眼光总是盯着消极的事情看,看不到积极的东西,比如说:今天你上台表演节目了,但是,节目没有表演好,消极的人这么想:太丢人了,我太差劲了,以后我再也不想上台表演了,但积极的人可能这么想:失误就一点点,别人根本没看到,关键是我又一次锻炼了自己,也知道了哪里做得不够。

4. 不懂得感恩,总是抱怨。总觉得自己的生活、工作不如意,总觉得身边的人对自己不友好,总觉得自己所拥有的还不够,总是抱怨这个那个,认为这不公平那不公平。

这些都会让我们觉得生活总是充满痛苦和不如意。

主持人:那丁老师,我有个朋友最近不小心骑车时被公交车给刮碰了,摔在地上,脸上还留下了一个小伤疤,她一直很苦恼,认为自己怎么那么倒霉,甚至都有点自暴自弃，变得自卑，觉得自己以后没人要了。这是心态消极的表现吗？心理学上是如何解释这个问题的？

丁老师：那我也想问你，假设这件事发生在你的身上，你会怎么想？

主持人：可能刚开始我也会有些许的难过，不过，我也会想，幸好我还活着，幸好没有缺胳膊少腿，幸好只是一点点小伤，幸好这个伤疤只有一点点，感谢自己还能愉快地活着。对于那一点小伤，我相信真正爱我的人应该是不会介意的，而且它还能经常提示我，以后骑车要小心。

丁老师：是的，你看，同样一件事情，你和她的想法就那么不一样，当然，因为想法的不一样，你的行动也会不一样。那到底是什么原因造成的呢？美国心理学家埃利斯提出了一个ABC理论，A代表诱发事件，B代表对这件事的信念、看法和评价，C代表情绪行为。他认为，引起你目前的情绪和行为的原因不是诱发事件本身，而是你对这件事的信念、看法和评价，也就是说人的许多不良情绪与行为，往往都源于错误的认知，并不是事件本身，而这些错误的认知，往往都是我们痛苦的来源。对于你朋友的事故，她会一直烦恼和焦虑是因为她认为摔跤给她带来的尽是负面的影响，比如在脸上留疤，大家都会觉得她"变丑了"，可是如果我们换个角度，就像你的想法一样，庆幸只是一个小疤，还可以尽情地享受生活里那些美好的东西，很多时候，我们常常被自己的焦虑困住了，看不到一些坏事情带来的正面意义。

主持人：那丁老师，您有一些什么好方法能让我们保持良好的心态吗？

丁老师：嗯，我们接上面的ABC理论，保持良好心态的第一个方法是：

对于改变不了事情，我们就改变对这件事情的看法！问题本身不是问题，重要的是人对这个问题的态度。态度变了，问题就变了。你的世界，就是你所思所想所关注到的世界，一个人想着幸福，就可能幸福，想着不幸，就会不幸。我们要鼓励自己，给自己积极的心理暗示，相信我们可以处理好生活里的一地鸡毛，相信生活除了眼前的苟且还有诗和远方。每个人都有疲惫的时候，我们要记得哄自己开心。

我就说个例子吧，比较好理解：有一个婆婆，她有两个女儿，大女儿嫁给了卖伞的人家，小女儿嫁给了卖米粉的人家。每当天晴的时候，她就想起了卖伞的女儿，想到她的伞会卖不出去，因此伤心而哭；而每当下雨的时候，她又想起卖米粉的女儿，想到她的米粉没法晒，一定不好卖，因此也伤心落泪。所以，无论天晴还是下雨，她总是在哭。禅师听罢，脱口便说：下雨的时候，你要想卖伞的女儿生意好，天晴的时候你要想卖米粉的女儿生意好，这样你就自然不会哭了。听了禅师的一番话，婆婆顿悟。从此，街头便有了一个总是乐呵呵的"笑婆婆"。这个故事给我们什么样的启发呢？我们不能改变天气，但是能改变我们看待问题的角度，让自己有个快乐的心情。很多时候，我们总是这样，喜欢钻牛角尖，自己不放过自己。但其实只要换个角度看问题，一切问题都不再是问题。

主持人：嗯，我听得很清楚，改变不了事情我们就改变态度吧，除此之外还有别的方法吗？

丁老师：当然有，第二个保持良好心态的方法就是：

学会接纳，接受现实，正视现实。这里面包括：正视现实和环境的改变，接受自己，允许自己不是最优秀的，要适当调整自己的目标和期望值，通俗点说，可以把目标调整到"自己蹦一蹦可以够得着"的位置。与其埋怨自己的差劲，不如努力成为更好的自己，这样才会和期待中的生活，不期而遇。

有这么一个故事：有一位很有名气的心理学教师，一天给学生上课时拿出一只十分精美的咖啡杯，当学生正在赞美这只杯子的独特造型时，教师故意失手，咖啡杯掉在地上摔成了碎片，这时学生中不断发出了惋惜声。教师指着碎片说："你们一定为此感到惋惜，可是这种惋惜也无法使杯子再恢复原形。今后，在你们的生活中如果发生了无可挽回的事情时，请记起这只破碎的杯子。"而这个故事给我们的启发是：人在无法改变失败和不幸时，"沉没成本"已经发生且不可追回，那我们应该尝试着接受它，适应它。生活中我们总会有这样那样的不如意，少些抱怨，多些接纳！人生总是充满着起起落落，当痛苦和不如意找上你时，不如正面出击，不要言败，给经历增添色彩，和生活握手言和，爱你所爱。既然生活总是要继续的，我们以开心和积极的方式去过生活不是更好吗？

主持人：嗯，第二个方法我也记住了，学会接纳，正视现实，少些抱怨。经常有人对我说：少些比较，心态就自然好啊。是有这样的道理吗？

丁老师：第三个保持良好心态的方法就是：

乐观比较。可以多尝试一些积极地比较，往前看或许可以给我们带来不断前进的动力，往后看也不失为一个给我们幸福感和满足感的方式，比如：看来生活过得比我糟糕的人还有很多，我还是挺幸福的，虽然不是最好，但是我也不错，而且我在不断进步。少一些消极地比较，比如：我以前是怎样的，现在怎么会这样，他们过得多好啊，都那么有钱，那么幸福，我什么都很差，什么都不如别人，有句俗语说"人比人，气死人"，往往就是这样。

主持人：还有第四个吗？我觉得您说的方法都挺实用的。

丁老师：第四个保持良好心态的方法就是：

学会感恩。感恩社会，是社会给了你生存发展的空间。感恩父母，是他们给了你生命，照顾你成人。感恩学校、老师，是他们在关心、培养你。感恩伤害你的人，因为他磨炼了你的心志。感恩绊倒你的人，因为他强化了你的双腿。当我们的心里时刻存在感恩时，我们就没有了那么多的抱怨，少了无谓的抱怨，我们的心态自然就会好很多，《豁然开朗》里有一句话我想分享给大家："你若爱，生活哪里都可爱；你若恨，生活哪里都可恨；你若感恩，处处可感恩；你若成长，事事可成长。"

主持人：丁老师，可能这些都要做到有些难度，应该如何一步步来呢？

丁老师：每个人的态度形成与其成长环境有很大的关系，当然，谁都不可能在短期内彻底改变。每次做出一些小小的调整之后就给自己一点鼓励，而不是一次就做大幅度的改变，那么就容易得多。在人生路上，我们每个人都是初学者，初学者哪有不碰壁的时候呢，在我们遇到困难时，给自己一点耐心和鼓励，相信自己就这样大步走下去,能成为想要的那个自己!

主持人:今天非常感谢丁老师的分享,感谢丁老师,各位亲爱的同学们,你们懂得如何做了吗?下期见。

/ 知识窗 /

社会心态:当代大学生在社会急剧转型、迅速发展的过程中成长,其使命感和责任感让他们承受着巨大的心理压力,当大学生社会心态中的积极因子较多时,会产生积极的情绪,并为健康的心理环境提供正向的养分,相反,当社会心态的消极情绪多于积极感受时,很容易产生相对悲观的归因习惯,呈现出焦虑、烦躁、孤独、极端的心态,也必然会导致心理环境的恶性发展。

ABC理论:情绪ABC理论是由美国心理学家埃利斯创建的,认为激发事件A(activating event)只是引发情绪和行为后果C(consequence)的间接原因,而引起C的直接原因则是个体对激发事件A的认知和评价而产生的信念B(belief),即人的消极情绪和行为障碍结果(C),并不是由某一激发事件(A)直接引发的,而是经受这一事件的个体对它不正确的认知和评价所产生的错误信念(B)所直接引起。

感恩情感:感恩情感是中华民族的传统美德,也是一种重要的道德情感。它是指个体对他人帮助产生的感激之情,可分为特质性感恩情感和状态性感恩情感两种视角。特质性感恩情感是指个体倾向于以感恩情绪来回应他人帮助的一种稳定的情感体验;状态性感恩情感是指个体在受到他人帮助后产生的一种即时性情绪体验。

第十四讲

生活中的心理小技巧

很多同学会觉得心理学总是如阳春白雪般离我们很遥远，但其实啊，心理学和我们密不可分，正如泰戈尔所言，"源自伟大心灵体验的生命语言，其意义永远不会被某种逻辑体系加以详尽无遗地阐释，只能通过个性生活的具体经历来获得亲验和寓身显示，并在各自的新发现中增添更丰富的价值内容"，有时候一些看似简单的举动，其实背后有着有趣的心理小技巧，会给我们带来平和与愉悦的心情，同学们不妨试试本期介绍的心理小技巧，让自己的生活更加充满色彩。

——本期嘉宾丁闽江

主持人：大家好，今天的《杏苑心理访谈》我们邀请到了学校心理中心的国家二级心理咨询师丁闽江老师，今天老师打算给我们分享什么呢？

丁老师：各位亲爱的同学们，大家好，我是心理中心的丁闽江老师。时间过得真快，《杏苑心理访谈》已经陪伴大家有一段时间了，今天呢，我要来和大家分享一些生活中很简单却有大用途的心理小技巧。

主持人：丁老师，生活中的小技巧，听起来可真有意思，老师，我们为什么要多了解心理学的知识呢？

丁老师：很多时候我们会遇到一些"不懂"，不懂别人，也不了解自己，我们也会好奇在人际交往当中究竟怎样才能准确地理解对方的态度？怎样才能从动作言语中窥探到自己或是别人的性格以及偏好？怎样才能读懂自己，了解自己内心所真正渴求的东西？而心理学，就是专门研究人心的学科，我们多了解一些心理学知识，也就有可能更懂自己也更懂别人。

主持人：啊，那真的很令人期待啊，老师快来和我们介绍今天要分享的心理学知识吧，我已经迫不及待了，我也很想知道一些心理小技巧。

丁老师：那我先问你，你的手机壁纸一般是什么啊？

主持人：嘻嘻，能不说吗？我的手机壁纸是我喜欢的帅哥明星，每次打开手机看到他的照片我都会很开心。我感觉周围很多同学的手机壁纸都是帅哥、美女或者非常美丽的风景照啊。

丁老师：看你还有些害羞的样子，其实，这是非常正确的选择，我的手机壁纸也是美女和帅哥，不过是我的老婆和孩子；人们喜欢看美女帅哥，除了是出于本能外，其实还有一个好处。根据英国一份医学杂志报道，每天凝望美女帅哥几分钟，平均可以延长寿命4至5年，而凝视好看的男性或女性10分钟，健身效果差不多相当于做了30分钟的有氧运动。研究显示，彬彬有礼地凝视美女或者帅哥，就好像是欣赏美丽的风景画一样，有助于身心健康。每天都能见到美女帅哥，大脑中的回路控制机制，就会使脑中产生好的情绪记忆，让情绪中枢保持稳定的愉悦状态，能降低心血管疾病或中风的风险。

所以啊，我要分享的第一个生活中的心理小技巧就是：心情不好时，多看看美的东西，让生活中的美丽带走你的坏心情，这或许可以让你的心情好些。

主持人：那丁老师，我经常有个疑问，我的好朋友为什么经常对我发脾气，甚至经常损我，我很不喜欢她那样！就不能好好相处吗？

丁老师：这样啊，那我要恭喜你了，说明你是一个给她带来安全感的人，也说明你们是真心的朋友。知道吗？有研究表明，人们大多只对有安全度的人发脾气，你的潜意识知道对方不会离开你。胡闹有时候是一种依赖。另外，最好的朋友之间是不会客气的，而是经常相互挖苦、嘲讽、斗嘴，甚至当面互相揭短，因为你们都知道对方的底线和原则在哪里，日常的这些小打小闹彼此是不会介意的。关系最好的，往往是最爱损你的。

所以啊，第二个生活中的心理小技巧就是：去感谢和珍惜那个经常对你发脾气和损你的人，因为他把你当作真朋友！

主持人：丁老师，还有人经常和我说，你要学会积极的心理暗示，告诉自己可以的。心理暗示的作用真的很强大吗？

丁老师：是的，心理暗示的作用确实很惊人，有这么一个事例和大家分享下，说一个企业的老总，体检时发现肺部有肿瘤，知道消息后，人很快就觉得不行了，吃不下饭，连走路都没力气了，甚至生活都不能自理了，后来，去了医院做明确诊断，发现根本没有肿瘤，知道结果后立即站起来，感觉非常饿，走路像飞一般的轻快。另外，我们尝试闭上眼睛，双臂平举，想象自己一只手拿着气球，一只手拿着装满水的水桶，一分钟后，睁开眼睛，看看双臂的高度，是不是一个高一个低。这些都说明心理暗示的能量是很大的，心理暗示分为积极心理暗示和消极心理暗示，其实很多心理有问题的人，大部分都在使用消极的心理暗示，这样只会带来恶性循环。

所以啊，第三个生活中的心理小技巧就是：要学会使用积极的心理暗示，多鼓励自己，经常告诉自己我没问题，我可以的，这些都会过去的！

主持人：丁老师，经常听人说男儿有泪不轻弹，男孩子哭那是没出息的表现，是这样的吗？老师，您会哭吗？

丁老师：当然，特别难过的时候我会哭，你发现没有，很多人遇到打击、挫折什么的，大哭一场，就明显好多了。其实研究发现，人在难过时流的眼泪中，含有较多因精神压抑而产生的有害物质。美国圣保罗—雷姆塞医学中心精神病实验室专家研究发现，眼泪可以缓解人的压抑感。他们通过对眼泪进行化学分析发现，泪水中含有脑啡肽复合物及催乳素两种物质。这些物质都是可以缓解焦虑和减轻压力的，因而他们认为，眼泪可以把体内积蓄的导致忧郁的化学物质清除掉，从而减轻心理压力。而哭泣后，情绪强度会降低百分之四十，因此有专家认为，强忍眼泪等于"慢性自杀"。而且，美国人类学家阿希莱·蒙塔戈认为大哭对人的身体有益，眼泪中含有溶菌酶，是人体一种起到自卫作用的物质，它能保护鼻咽黏膜不被细菌感染，没有眼泪的干哭很容易使鼻咽黏膜干燥而受感染。

所以啊，第四个生活中的心理小技巧就是：该哭的时候就哭一哭，没有关系，不要害怕丢面子，甚至要大声地、尽情地哭。哭完整个人都会轻松很多。

主持人：丁老师，如果有个人突然和您说：丁老师，今天您真帅，精神头真棒！您会怎样？

丁老师：我高兴啊，哪怕那不一定是真的，那也没关系，也不影响我今天的好心情，更不影响我对他的好感。研究表明人们非常愿意帮助赞美自己的人，即使这种赞美带有一定的目的性。人人都渴望得到真挚的赞美，这会使人感到自身价值得到肯定，感到愉悦和鼓舞，并对赞美者产生亲近感，彼此的心理距离因赞美而缩短、靠近。当然，更准确、走心的赞美，其效果会更大。真诚地赞美别人有两个要点：一是赞美事实而不是人。要把赞美的焦点放在对方所热爱的领域上，比如说"你的字写得真好看"，要比说"你真棒"更容易让人接受。二是赞美要具体。比如"你的衬衣跟耳环很配"，要比"你今天可真好看"更能说到对方的心里去。

所以啊，第五个生活中的心理小技巧就是：用一双发现美的眼睛去看待身边的人，不吝啬自己的赞美，人际交往会更顺畅，生活也会更加愉悦。

主持人：丁老师，日常生活中有没有一种方法，可以知道谁对谁比较有好感？心理学上有特别的研究吗？

丁老师：当然有啊，而且很简单就可以发现，当一群人在一起时，大家谈论、聊天、欢笑，每个人都会跟他们觉得最亲近的人进行眼神交流。

所以啊，第六个生活中的心理小技巧就是：想知道谁跟谁关系更好？那就好好看看每一个人吧，看看他们在笑的时候望向的是谁，你自然就明白了谁对谁有更多的好感。

主持人：老师，我还有一个问题，每到期末考试，也许还有三四门没有考，我就早早和朋友们定好了假期要一起去玩，我以为这样会给我的枯燥的期末复习带来动力，可事实上，只要我想到假期的旅游计划我就没心思复习了，只会想着如何把计划制定得更完善一些，而不是关掉手机静下心来好好学习，导致我常常期末考试的成绩还不如平常的小考呢！这种心态的背后也是有心理知识的吗？

丁老师：当然啦，这背后的心理知识非常有趣。很多人都会在复习期间给自己制定一些奖励制度，你给自己定下的是和朋友一起旅游，你们都相信，这个世界上没有免费的午餐，想要获得奖励就必须付出努力，比如说要撑过煎熬的期末考试周，可心理学告诉我们，关于奖惩，你们的想法是错误的。心理学经典入门著作《改变心理学的40项研究》中记录了这样一个有趣的实验，AB两个对照组，被实验者要求做一件非常无聊的事情，缠一个小时的毛线，没错，一个小时不要停，什么也不做就只缠毛线。缠完之后，你要出门告诉其他等候实验的人，这是一个非常有趣的任务。事前，研究者就这种"违心"行为对两组实验人员分别做出了奖励：A组20美元高奖励，B组1美元低奖励。结果，获得高奖励的人，在最后的访谈中透露自己并没有改变自己的想法，虽然他们表面告诉别人这事很有趣，但内心觉得无聊透顶。而获得低奖励的人，改变了最初的态度，从心底开始承认，这的确是一个有趣的活动。听完这个故事很多人都会觉得不可思议，但其实这是由心理学家费斯廷格提出的认知失调理论。如果一个人被别人劝说或施压，让他说了或做了某种跟他原来的观点相反的事情，他就会产生一种改变原有行为的倾向，以保持行为和态度一致。这就是我今天要分享的第六个心理技巧：面对不得不去完成的任务时，我们不应该先想到完成之后如何奖励自己，应从自己内心寻求完成任务的力量，以此达到心理平衡。

主持人：今天听您说了这么多的生活中的心理小技巧，确实感觉生活中很多东西我们是可以做得更好的！

丁老师：你说得真好，其实，每个人都应该学点心理学的东西，或许生活可以更有色彩些，同时，心理学可以帮助你自我成长和帮助他人。如果希望得到更多的心理学知识，欢迎大家关注：福建中医药大学心理中心微信公众号哦。

主持人：今天非常感谢丁老师的分享，感谢丁老师，各位亲爱的同学们，你们懂得如何做了吗？下期见。

/ 知识窗 /

情绪记忆：情绪记忆(emotional memory)，意指对曾经体验过的情绪和情感的记忆。引起情绪和情感的事件已经过去，但情绪和情感的体验可保存在记忆中。在回忆过程中，只要有关的表象浮现，相应的情绪、情感就会出现。情绪记忆具有鲜明、生动、深刻、情境性等特点。情绪记忆往往较其他记忆更为牢固。

心脑血管疾病与心理康复：心脑血管疾病是心脏血管和脑血管疾病的统称，泛指由于高脂血症、血液黏稠、动脉粥样硬化、高血压等所导致的心脏、大脑及全身组织发生的缺血性或出血性疾病。

哭泣：悲伤是每个人都会经历的情绪，流泪乃至放声大哭，是很正常的情感流露。医学证明，眼泪不仅是物质毒素的载体，也可以冲刷掉心理毒素。流泪可以缓解人的压抑感。有关专家通过对眼泪进行化学分析发现，泪水中含有两种重要的化学物质，即脑啡肽复合物及催乳素。有趣的是，这两种化学物质仅存于受情绪影响而流出的眼泪中，在受洋葱或风沙刺激后流出的眼泪中则不含有这两种物质。这些物质随着泪水被排出体外，可以起到缓和紧张情绪的作用。

第十五讲
如何应对紧张的期末考试

校园里日渐浓厚的学习气氛、图书馆里突如其来的一座难求……无不在提醒着同学们昏天黑地的期末考试周正在悄悄逼近。不眠不休、不梳不洗，一心只有学习——其实不适合期末考！那么应该怎么做呢？如何应对紧张的期末考？期末考前如何合理规划好时间？如何避免考前焦虑症？如何改掉自己拖延、注意力不集中的坏习惯？首先，写一个时间计划，合理安排好时间；其次，学会将压力转化为动力。最后，来听听我们专业老师的指导！

——本期嘉宾丁闽江

主持人：期末考试马上就要到了，听说一周要考好几科，听说老师不给画重点，听说这学期有很多难考的科目……拖延的你！复习效率低下的你！平时不念书的你！考试紧张的你！睡眠不是很好的你！爱玩手机的你！沉迷于游戏或者追剧中无法自拔的你！该怎么办呢？今天很荣幸再次邀请到我校心理健康教育指导中心的国家二级心理咨询师丁闽江老师做客本期《杏苑心理访谈》。来听听心理中心的丁老师怎么说，看看对你是否有帮助。今天我们将与老师一起聊"如何应对紧张的期末考试"，接下来，请丁老师跟大家打个招呼。

丁老师：各位亲爱的同学们，大家好！我是心理中心的丁闽江老师。很高兴再次和大家相约在《杏苑心理访谈》节目，期末考试马上开始了，你紧张吗？是不是想要获得一些应对技巧呢？

主持人：丁老师啊，期末考试马上到了，很多同学开始挑灯夜读了，大家都好像过得很紧张的样子。甚至有些同学通宵读书，这种紧张气氛下，不少同学出现了焦虑情绪。这是正常的吗？

丁老师：那你焦虑吗？

主持人：好像有那么一点点！

丁老师：那你焦虑什么呢？

主持人：怕挂科啊！怕成绩不好，拿不到奖学金啊！怕让父母失望！怕让别人看不起自己啊，等等。

丁老师：看来你和大部分的同学一样，也是有些焦虑的，其实是不是也说明，这时候的焦虑并不可怕，反而是件好事呢？这时候的焦虑是不是一定程度上促进了你努力学习。大家对考试焦虑可能存在一些误解，就是可能认为不焦虑、情绪愉悦才能在考试中发挥自己应有的水平，因此，大家很害怕焦虑，排斥焦虑。事实上，人都有趋利避害的本能，当一个人在面临其不能控制的事件或情景时，自身的自我保护系统就会启动，那种对未来的不确定就通过焦虑情绪反馈给个体，告诉个体这个事情很重要，需要额外的专注和照顾，需要自己为完成这个事情增加一些能力。因此，适当的焦虑是必要的，我们要看到焦虑的正面价值和意义，接受焦虑给我们带来的指引，思考缓解焦虑的途径；同学们对考试的本质也是有误解的。一直以来我们更多地只针对考试带来的结果进行评价。实际上，从心理学的角度看，考试是一种学习效果的监控手段，利用考试的成绩反馈，为学生了解自己掌握知识的程度提供依据。所以，考试只是评价学生知识掌握的情况，并不能作为评价个体人格、能力等的标准。没有必要因为成绩不那么好就否认自己，给自己增加心理负担。

实在特别焦虑，无法沉下心来学习的时候，那就出去运动一下吧。适当转移一下注意力，跑跑步，听听音乐。运动与音乐，皆能让人感受到身心的愉悦。一曲美妙的乐曲能让人精神放松，还能适当地休整体力，缓解焦虑，暂时忘记疲劳与烦恼。

主持人：丁老师，其实我身边还有这么一群人，他们很想学习，也知道要期末考试了，但是还是控制不了自己，做什么事情都拖延。这方面老师有些什么建议呢？

丁老师：是的，挺多同学改不掉拖延的习惯。首先同学们要明白，大学不比高中，没有老师在后面不断地督促鞭策，所以，自我管理就非常重要。怎么做呢？找一张纸，把你近期要考试的科目按照考试时间顺序列出来，并详细地计算下，你可以分配给每科的时间是多少，你把每科的具体复习时间按照每一个小时的时间段列出来，列出之后，你要做几件事。

1. 给自己定好每天起床和睡觉的时间，并设置闹钟。
2. 远离诱惑你的东西，越远越好，比如：手机、电脑等。
3. 尽可能不给自己留有娱乐空间，你可以选择去图书馆或者教室学习。
4. 制定每天每个时间段要完成的任务。
5. 给自己的任务多点挑战性，这样学习时会少一点厌倦。
6. 留出白天效率最高的时间段来完成最困难的学习任务。

记得，当完成规定计划，要给予自己适当的奖励，对自己说声：你是最棒的！

主持人：丁老师，除了拖延之外，不少同学还存在学习中注意力难以集中的现象，导致学习效率低下。有没有提高学习效率的方法，这是很多同学非常想知道的。

丁老师：同学们都知道重要的是学习效率而不是学习时间，不要做无意义的举动。拿着手机、平板电脑去图书馆查找资料写论文，不小心点开了微信、QQ界面，就再回不到学习模式了。我之前看到过一个话题讨论：如何把自己的iPad装备成学术型iPad，有个高赞的回答让我一直记到现在，"首先你要卸载掉你的所有娱乐型应用"。又或者是，终于狠下心不带手机出门了，却发现窗外的风景真美，天空很蓝，阳光正好，好想出去玩呀，思绪就开始飘远了。你在图书馆坐了一天又一天，你可能只是看起来很认真而已，真正学进去多少也只有你自己知道。

要提高自己单位时间的效率，首先，就是让自己的心回来。其次，明确自己手头需要处理的事情。临近期末，各科老师布置的作业也差不多到了上交的最后关头了。查询资料，写论文，做 PPT，写讲稿，还有医学生的必修课"背诵牢记各科知识点"，各种让你头昏脑涨的事情接踵而来。所以，最后，也是最重要的，就是把需要做的事情归类。给同学们介绍一个时间管理"四象限"法则：第一象限：重要而且紧急，那就立即去做。第二象限：重要但不紧急，那就得计划着去做，例如写个备忘录提醒自己。第三象限：不重要但紧急，大部分人经常把时间浪费在这里。那就权衡利弊，根据自己的实际情况决定要不要去做，但是要记住：以学习为中心。第四象限：不重要也不紧急，那就尽量不去做。

把需要做的事情明确规整好了，那就埋头苦干吧。在这里给大家介绍番茄工作法。什么是番茄工作法？简单说，就是列出你当天要做的事，设置闹钟计时 25 分钟，然后从第一件事开始，在完成 25 分钟的工作后进行 5 分钟的休息，当休息了 5 分钟后再进行 25 分钟的工作，如此往复。此外还要有每日回顾、做每日承诺、控制中断、预估要花的工夫等。一个番茄时间 =25 分钟专注时间 +5 分钟休息时间。休息时间可用来做诸如回顾之前的工作内容、喝水、散步等活动。当然，这其中的 25 分钟，你可以适当变化，比如 30 分钟或者 45 分钟，可以根据你自己的个人情况。通过这样的方式，你的复习效率一定会大大提高。

主持人：丁老师，在心理学上，有艾宾浩斯先快后慢的记忆遗忘曲线，在提高记忆方面您有什么样的建议吗？

丁老师：是的，希望大家多运用主动回忆。能把理论转化为实际应用，这是最好不过的了，在实际应用中加深对知识点的理解。主动回顾，有利于巩固长时记忆，你还可能有新的启发和更深的见解。但事实上，很少有人能把主动回顾养成习惯，所以建议大家自己去创造回忆的机会。

1. 拿起笔，自主整理笔记，把知识点进行图解，一步一步引导回忆。

2. 进行讨论、展示、讲解等方式的主动输出，讨论、展示、讲解，是最高效的学习方式，因为这些属于主动学习，记忆留存率高达95%，所以说，教是最好的学。这种方式，也称作费曼的高效学习法，也就是说，大家可以组成一个学习小组，通过讲解的方式来记忆，效果最佳。

3. 和别人进行讨论，随时随地与周围的人进行某个知识点的谈论，互相提问，你会很快记住。

主持人：丁老师，很多同学都是等到最后几天通宵背书，这点您赞同吗？应该如何做比较好呢？

丁老师：我个人倾向于睡好一觉再来复习，那么，应该如何睡好一觉呢？睡眠有两大"开关"——体温和大脑。懂得了如何控制这两大开关，就懂得了如何让自己尽可能快地进入睡眠状态。

1. 睡前沐浴、足浴，用荞麦壳枕头镇静安神。

2. 控制好大脑开关。睡前不要做会刺激大脑的事，比如喝咖啡，看自己非常感兴趣的电视剧、文章，看复杂的研究报告等都会刺激大脑。如果实在睡不着，这里有一个小诀窍：数自己的呼吸。因为数自己的呼吸是一项单调的任务，数着数着你就很容易进入睡眠状态。但是要注意数的时候专心一些，不要去想别的事情。

3. 光照、音响等因素都会打扰到我们的睡眠，所以大家要与家人、室友等协商好作息时间，保证自己拥有一个安静良好的睡眠环境。

4. 永远记得，睡好了才会有效率，你大可以先美美地睡一觉再去学习，效率不会比别人差。

不是有一句话说身体是革命的本钱吗，照顾好自己的身体才能有更多的精力去投入学习呀。古人"日出而作，日落而息"，这是人类长期适应环境留下来的习惯。中医院校的学生，应当要懂一些时辰养生的知识。子时，也就是夜间的十一点到凌晨一点，此时足少阳胆经当道，需要静卧休息，让气血流注于胆，以此升发阳气，为第二天蓄积能量。

通宵背书某种程度上也反映了同学们平时课后没有及时复习。因为不懂的知识点越积越多，像滚雪球一般，最后不得不牺牲睡眠时间熬夜复习。当然了，考前也是需要不断地复习强化、加深印象。关于临时抱佛脚，也是讲究技术含量和平时积累的，你要是日常礼佛，存有一颗敬畏之心，那佛脚应该就抱得住了；若你是平时对佛嗤之以鼻，最后时刻才想起，那被佛踢一脚也是没办法的事情了。也就是说，平时一定要认真听课，老师要求掌握理解的内容一定要记下来，这样子期末复习时才会有所依据，不会一头雾水，抑或是如无头的苍蝇到处搜集重点，却没办法加以甄别。

同学们要明白，现在学习是为了以后更好地走上工作岗位，大部分人将来会成为医务工作者，治病救人。所以，为自己负责，为以后的病人负责，勤勤恳恳、脚踏实地地学习，切实掌握好目前所学的知识。毕竟基础决定了上层建筑，没有扎实的理论基础，何来以后的治病救人？

主持人： 有些同学在临近考试期间，完全没有生活规律，很多应该做的事情也不做了，一心只有读书，您觉得这样好吗？

丁老师： 其实，时间就那么多，如何提高效率才是关键，并不是投入时间多了，学习效果就好，我还是建议大家有规律地过好每一天。

1. 切莫每天熬夜，开夜车学习的方法是绝对不可取的。晨起用冷水洗洗手或用冷水刷牙可以令我们清醒。

2. 美美地吃一顿早点，吃早饭能让体温上升，增大体内温度与体表温度的差值，并且细嚼慢咽有助于让我们一天的状态变得张弛有度。

3. 在早晨避免汗流浃背，早晨进行剧烈运动会使体内温度过度上升而之后出现过度下降的现象。体表温度与体内温度的差值缩小，使人昏昏欲睡。

4. 适当的午睡，中午小睡 20 分钟左右，有助于我们恢复精力，更好地完成下午的学习。

5. 傍晚找个时间去运动一下，通过运动可以改善情绪，调节身体机能，获得更好的状态。

6. 晚饭一定要吃，但是不要在睡前吃，为了夜晚睡得舒服，晚饭时食用能降低体内温度的食物也是一种办法，比如冰镇西红柿、黄瓜汁。

7.不提倡熬夜，一定注意休息好。

主持人：最后，老师还有什么要提醒大家的吗？

丁老师：是的，不管你复习得如何，也不管你考试结果如何，健康是最重要的；不管你有什么理由，作弊是绝对不可以的，那将会是你一生的污点；有需要帮助的同学欢迎随时到心理中心预约老师。

主持人：好的，今天非常感谢老师的分享，祝愿大家都能考出好成绩，下期再见。

/ 知识窗 /

考前焦虑症：考试焦虑是一种因考试产生的焦虑状态，以担忧、害怕、紧张为基本特征，通常合并躯体化症状，如心悸、头痛、头晕、消化不良、腹泻等。

时辰养生：又称为子午流注十二时辰养生法。起源于《黄帝内经》，中医哲学主张人的生活习惯应该符合自然规律，因此将十二地支作为每日节律的指称。日节律是指人体一昼夜中阴阳消长、盛衰的情况，即每日的十二个时辰对应人体的十二条经脉，环环相扣，十分有序，称为子午流注。基于子午流注，将良好的生活方式与规律作息结合，制定了十二时辰养生法。

记忆遗忘曲线：德国心理学家赫尔曼·艾宾浩斯(Hermann Ebbinghaus, 1850—1909)研究发现，遗忘在学习之后立即开始，而且遗忘的进程并不是均匀的。最初遗忘速度很快，以后逐渐缓慢。他认为"保持和遗忘是时间的函数"，根据他的实验结果绘成描述遗忘进程的曲线，即著名的艾宾浩斯记忆遗忘曲线（The Ebbinghaus Forgetting Curve）。

第十六讲

大学,每个人都可以有精彩的人生

幸福的家庭都是相似的,不幸的家庭各有各的不幸。大学中亦有这样的道理,过着精彩生活的人,每天都很充实,不断地朝着自己的目标前进,而那些浑浑噩噩度日的人,却总能有众多不求上进的理由。大学,是人一生中最重要的充电节点,当坚持自己的信念,以不竭的动力,每日砥砺前行,去创造自己内心定义的精彩人生。

——本期嘉宾丁闽江

主持人:大家好!今天很荣幸再次邀请到我校心理健康教育指导中心的国家二级心理咨询师丁闽江老师做客本期《杏苑心理访谈》。今天我们将与老师一起聊:大学,每个人都可以有精彩的人生,请丁老师跟大家打个招呼。

丁老师:各位亲爱的同学们,大家好!我是心理中心丁闽江老师,新年新气象,在此问候大家,祝大家2019年身心健康,万事如意!本学期《杏苑心理访谈》节目将会继续为大家分享心理学相关知识,每周一期,同时,心理中心微信公众号将同步推送,请大家多关注。

主持人:丁老师,您觉得怎样的大学生活才是精彩的呢?我怎么觉得我的大学生活一点都不精彩。

丁老师:大学生活精彩不精彩是因人而异的,每个人的感受不同,要求不同,对精彩的定义不同,所以精彩不精彩是一种自我的内心感受。可能有些同学每天读书拿了奖学金就觉得很精彩，也有的同学每天忙于学生会工作，锻炼能力，即使考试成绩不怎么样也觉得生活很精彩。所以，我也不太懂什么样的大学生活才叫精彩，其实你们每个人自己最清楚。在我看来，在大学里，只要你能沉下心做某事，专注于某事，生活有目标，每天都过得很充实，不管你怎么过、做了什么，我都觉得很精彩。我们靠感觉活着，而不是靠指标活着，所以精不精彩取决你自己的内心。大学生活会是你们以后一段非常美好而纯粹的回忆，相对于踏上工作岗位后的生活，现在的生活有人给你兜底，让你可以专注地一心向前，所以你可以遵从自己的内心活着。但是要记住，大学期间也是人生中汲取知识的最宝贵阶段，在让生活过得丰富多彩的同时，学习不要落下，毕竟知识才是陪伴你一辈子的东西。

主持人：那么丁老师，精彩的大学生活有什么样的共性吗？

丁老师：我个人觉得精彩的大学生活应该有这样几个特征：

1.你每天都过得很充实，没有浪费时间，都在为自己的成长一步一步地努力。

2.你所做的任何事情都对自己的成长和发展有意义。

3.你每天都能看到自己的进步。

4.你能正确处理自己的情绪，正确看待得与失。

主持人：老师，我想问下，我什么都不想做，就是喜欢看书，每天都泡在图书馆，这样也算精彩吗？

丁老师：我经常说一句话："让运动和阅读照亮我们的心灵。"阅读可以提升人的内涵、气质、修养，它是一种精神食粮，多阅读一定对你的成长大有帮助。前段时间，我们采访了回来找工作的毕业生，他们中有很多人提到很后悔大学期间里没有好好读书，没有好好利用图书馆的资源。所以，在此老师也建议大家，有空的时候多看看书，图书馆的资源那么丰富，你可以通过很多途径获取，给自己定个计划，一周看几本，或许你的学业很繁忙，一天只能阅读十几页甚至更少，但一定要坚持下去，积少成多，量的积累可以带来质的变化。

坚持下去，你会看到不一样的自己，这就是精彩的大学生活！

主持人：老师，有很多同学一直在纠结，要不要花很多时间在学生会工作上，每天忙于学生会工作好像并没有什么收获，占用学习时间，影响了考试成绩。

丁老师：对于这个问题，我是这么想的，有些同学就非常热衷于学生工作，大学也是个小社会，学生会工作帮你更快地熟悉这个小社会，更容易与身边的人打成一片。通过学生会工作，找到了自己的角色，锻炼了能力，收获了友谊，获得了成长。我觉得这是好事，这也是精彩的大学生活的一部分。在采访用人单位的时候，他们很多都会提到，大学生要多参加学生会工作，参与学生活动，锻炼表达能力、人际交往技能，这些是以后工作中非常重要的技能。所以呢，这类同学也不要纠结，好好做你的学生会工作，当然，前提是不要因此而影响学习。

主持人：老师，经常有人说在大学里谈一场轰轰烈烈的恋爱，那才是精彩的大学生活。您是怎么理解的，您同意吗？

丁老师：首先，我觉得这算是精彩的大学生活的一部分，如果能在大学找到志同道合的人，并且谈一场恋爱，那本身是人生的一大幸事。当然前提是：你们互相爱慕，你们互相促进，你们真心在恋爱！这样的恋爱会给你带来身心的愉悦，也会带给你情感的支持！至于轰轰烈烈，那要看个人的理解，有些人就喜欢细水长流的平平淡淡呢。不要为了谈恋爱而谈恋爱，顺其自然就好。恋爱再美好，也不能是生活的全部呀！刻意的想法，反而会影响了你从中获取幸福的体验。你喜欢他的时候，他也恰好喜欢你，这不是一件很美妙的事情吗？如果一场轰轰烈烈的恋爱让你遍体鳞伤，过程可能会很精彩，可是结局的代价太过于沉重，那这样的精彩你还想要吗？所以，恋爱固然美好，更重要的是，你自己过得开心洒脱呀。谈恋爱可以算是精彩的大学生活的一部分，但不谈恋爱，大学生活也可以过得很精彩。

主持人：老师，有的同学热衷于创业，有的同学热衷于某项运动，有的同学热衷于勤工俭学，有的同学热衷于兼职，还有的同学热衷于交友，有的同学热衷于写论文，有的同学热衷于健身……这些都可以算是精彩的大学生活吗？

丁老师：前面我们说过了，只要我们能沉下心来专注于某件事，并且这件事是对成长和发展有帮助的，都可以认为是精彩的大学生活的一部分。创业的同学可以培养创新精神和创业能力；运动的人能改善身心健康，培养耐力；勤工俭学和兼职的同学能获得生活费减轻家庭负担，自食其力；交友的同学能获得友谊和资源；写论文的同学专注于专业的学习和研究；健身的同学能为自己塑造良好的个人形象。只要同学们有自己执着追求的目标，并能为此孜孜不倦地努力，从中有所收获，有所成长，都值得表扬，他们的大学生活都是精彩的。谁说精彩一定是要轰轰烈烈的呢？只要能让自己得到满足、开心与成长，从中乐趣无穷，它也可以余味悠长呀！

主持人：老师，听到这儿，我突然觉得我们好像进入了今天的主题：大学，每个人都可以有精彩的人生。

丁老师：是的啊，你发现了吗，其实我们今天要表达的意思是：只要我们每一位同学都有自己的生活目标，专注于做某件事，热爱着某件事情，拥有不竭的兴趣和精力去努力做好它，每天都在进步，这就是精彩的大学生活。

主持人：说到成长和进步，精彩的大学生活，肯定是离不开这两个词的。那老师您认为怎样才能在大学里面更好地成长进步呢？

丁老师：我把这个问题分为五个板块，在此分享给大家。

一、关于学习

1.你要努力学习，基础决定上层建筑。

2.多看书，除了专业书，还要看看课本以外的书，大学是拓展知识面的地方，除了纵向挖掘，你还需要横向发展。

3.做好时间管理，大学是自由的，但你需要有自我规划。

4.懂得总结，包括知识、经验等，并能从中有所收获。

二、关于生活

1.坚持每天锻炼，要记住，好的身体是革命的本钱。

2.多跟家里人打电话,"儿行千里母担忧",你的父母正在默默地记挂着你,多跟他们沟通,不要嫌他们啰唆,你现在拥有幸福,是因为有他们给你当后盾。有人说父母是我们跟死亡之间的一道墙,很多事情,他们比我们都先一步经历,多跟他们聊聊,能给你更多的启发。

3.培养自己广泛的兴趣爱好,充分利用大学这个平台,去拓宽自己的眼界,不要当一只井底之蛙。

4.养成良好的习惯。好的习惯终身受益。

《环球人物》杂志采访董卿,问董卿关于阅读的情况。董卿回答:"我基本上保持每天睡前1个小时阅读,雷打不动,很多人说我好能坚持啊。其实无所谓坚持不坚持,这已经是一个习惯了。"一个好的习惯无形中成就一个人,董卿成了央视挑大梁的人物,创造出了《朗读者》这样拥有文化底蕴的优质节目。

三、关于交际

1.在交际之前,你要先学会独处。懂得自己跟自己对话,明白自己的内心,坚守本心,莫要为了迎合或融入某个群体,跟自己的内心背道而驰,迷失了方向。

2.找到一个学习的榜样。

3.多跟前辈交流学习。

4.学会倾听。

四、关于选择

1.选择之前,先明确自己需要什么,想要什么,才不至于在纷繁复杂的选择中眼花缭乱。

2.去尝试各种可能,在大学阶段,重要的是积累,即使碰壁了也没关系,大学里面总有无限可能,要多尝试。

3.考研还是工作,的确难以抉择,但不要因为毕业即是失业而选择考研。

五、内在和外在。

内在指你的品质和优点,外在除了样貌,还有技能。

1.懂得坚持,坚持自我,坚持学习,坚持运动,等等,或许你可以从坚持早睡早起开始,一定会有很多人佩服你的。

2. 找到自己热爱的东西。

3. 了解自己,接纳自己。

4. 懂得"涵养"二字的含义,不要喜怒于色,要慎思笃行,学会独立思考。

5. 培养自己的技能。

6. 学会做饭,这是一个让自己离开食堂后不至于只吃泡面与外卖的重要技能。

7. 学会打扮,把自己收拾得干净清爽一点,至少要衣着整齐得体,不要邋遢度日。

更好地成长进步,就是做好这些板块,可能不大全面,欢迎同学们继续补充。

主持人:说到精彩的大学生活,那么老师,您觉得什么样的大学生活不精彩呢?

丁老师:嗯,这个问题问得挺好,我觉得这几类同学的大学生活不精彩:

1. 没有学习、生活目标,整天无所事事,不知道自己要干什么,得过且过。

2. 做任何事情都不能专注,三天打鱼两天晒网。

3. 天天玩游戏、看韩剧、刷朋友圈,不学习。

4. 整天抱怨这个抱怨那个,不能脚踏实地,等等。

大学是人生中成长的黄金阶段,要好好珍惜。在大学里面要打好根基。"每一个不曾起舞的日子,都是对生命的辜负。"尼采曾说过的这句话,大概同学们都不会陌生吧,高中写作文时可能都引用过,但同学们真正理解这句话的内涵了吗?大学里面,最不可以的,就是虚度光阴。我们好像很容易就能找到不作为的理由,想做又不能做,必须做却又不想做,看似特别矛盾,但这其实是你自己一手造成的呀。选择一种怎样的方式去度过自己的大学生活,选择一种怎样的态度去理解和接受当下的生活,是得过且过,盲目地随波逐流,抑或是直接放弃选择。世界这么大,我选择躺平。热了有空调,饿了有外卖,没钱了,还有父母。可是你有没有想过,学校给我们提供这样舒适的环境,是为了让我们能够更好地学习呀。大学不是用来养老的，也不是用来"佛系"的。如果一直持续这种状态，最终，我们真的就没得选了。选择不了自己喜爱的生活方式，选择不了喜欢的东西，选择不了自己的职业，更配不上自己心爱的人。于是，从那一刻起，开始悔恨当年，为何没有好好珍惜大学的时光。

主持人：丁老师，最后，您还有什么建议给我们的同学们吗？

丁老师：首先呢，一定要对自己有所了解，给自己定个计划，按照自己可以实现的方式进行规划，有目标才会有行动；第二呢，动起来，不管做什么都可以，只要是对自己成长和发展有帮助的都可以；第三，让运动和阅读成为你生活中必不可少的一部分；第四，沉下心来，专注做某些事情；第五，不后悔过往，每天都可以有新的开始。

当然，还有很多很多，行动起来，你们就会收获不一样的大学生活。根据心理学的暗示效应，在达成某件事情之后，告诉自己，你是最棒的！祝愿你们有一个美好的精彩纷呈的大学生活，找到自己热爱的东西。

主持人：今天非常感谢丁老师为我们分享了"大学，每个人都可以有精彩的人生"这一话题，感谢丁老师，各位亲爱的同学们，你们懂得如何做了吗？下期再见！

/ 知识窗 /

尼采：弗里德里希·威廉·尼采（Friedrich Wilhelm Nietzsche，1844年10月15日—1900年8月25日），德国著名哲学家、语言学家、文化评论家、诗人、作曲家、思想家，被认为是西方现代哲学的开创者。

勤工俭学：勤工俭学（work-study program），学校组织的或学生个人从事的有酬劳动，用以助学。任务：（1）学校借以对学生进行劳动技术教育，培养正确的劳动观点和态度，养成自立、自强、艰苦奋斗等良好思想作风；加强理论与实际联系，掌握一定的生产知识和劳动技能。（2）学生以个人所得劳动报酬弥补和解决部分学习与生活费用；学校以所得用于改善办学条件，提高师生福利。

暗示效应：是指在无对抗的条件下，用含蓄、抽象诱导的间接方法对人们的心理和行为产生影响，从而诱导人们按照一定的方式去行动或接受一定的意见，使其思想、行为与暗示者期望的目标相符合。

第十七讲
你们的未来不是梦

"我的未来不是梦,我认真地过每一分钟,我的未来不是梦,我的心跟着希望在动……"像这首歌唱的一样,如何让你们的未来不是梦,那就要把握每个当下,满怀希望,憧憬未来,明确自己所需,做好规划,然后背好行囊,一路向前。大学总是充满无限可能,未来把握在你自己的手中,往哪里走,是看你往哪个方向掌舵,而不是看风把你往哪边吹!

——本期嘉宾林舒

主持人:大家好!今天很荣幸邀请到我校心理健康教育指导中心的心理咨询师林舒老师做客《杏苑心理访谈》。请林老师跟大家打个招呼。

林老师:各位亲爱的同学们,大家好!我是心理中心的林舒老师,很高兴做客《杏苑心理访谈》节目。

主持人:老师,看到这个题目,我有点惆怅,我们的未来真的不是梦吗?我们的未来会是怎么样的呢?

林老师:相信很多同学都会有这样的困惑吧。那我先跟大家分享一则小故事:在无边无际的太平洋上,一艘轮船和一块木板相遇了。

木板问轮船:"你要去哪里?"

轮船说:"我要航行到墨西哥湾,你呢?"

"我,我也不知道我要漂向哪里。"木板漫不经心地回答。

"什么？在广阔的太平洋上，你却在漂泊！"轮船有些着急。

"这又会怎么样呢？我已经从印度洋漂向了太平洋，还不是在漂！"木板无所谓地说。

"可太平洋是你要去的地方吗？"

"哦，你倒是提醒了我，其实我一直想去非洲的好望角。"

"没有方向的努力，只能是漂泊，永远也到不了自己要去的地方。"说完，轮船沿着墨西哥湾方向的航线驶去……

听完这个故事，你们有什么样的感受呢？你们会选择做轮船还是做木板呢？

主持人：我肯定是愿意做轮船的啊！这个故事告诉我们要有目标和方向，才能让我们的努力变得有意义，但是我还是不太明白如何让我的未来不是梦？

林老师：首先，"你的未来不是梦"，我们先从这句话入手，关键词"你"和"未来"，你要先了解自己，才能去规划自己的未来。那你了解你自己吗？你有没有思考过你是一个怎样的人？你想要什么？以后想成为怎么样的人？一步一步地构建，就会有一个关于"未来"的大概蓝图。思考未来之前，不妨先回顾一下过往，你是一个怎样的人，过往会告诉你答案。但这个"怎样的人"，并非一成不变，所以不用急着给自己下定义。这个"怎样的人"，更取决于现在。从你们跨入大学的第一天起，就已经步入成年人的队列，开始有不可推卸的义务去为你人生之舟掌舵领航。你可以选择像轮船一样有目标地航行，也可以选择像木板一样随意漂泊，而决定这种选择的就是你要行驶的目标和前进的方向。

我相信绝大多数的同学都会跟你一样选择做轮船，因此，我们就共同来讨论看看如何做一艘有目标、有方向的轮船，在这里跟大家分享两点感受：一是机会是留给有准备的人的；二是当自律变成一种习惯，你将遇见不一样的自己。这里要强调的一点是，我希望你们遇见"不一样的自己"，因为优秀与否因人而异，而能够在努力拼搏的过程中发现那个具有潜在能量的自己，一个有别于现有认知中的自己，让你更加了解你自己，这才是关键。

主持人：嗯，老师，我了解啦。

林老师：言归正传，我们来谈谈刚才说到的第一点要分享的感受，就是机会是留给有准备的人的。从进入大学的第一天开始，你们就需要从被动转向主动，成为自己未来的主人，积极地管理自己的学业，立足于当下，为将来的事业做准备。理由很简单，因为没有人比你更在乎你自己的学习工作与生活，"让你的大学生活变得更有价值"是你的责任。许多同学到了大四才开始做人生和职业生涯规划，而一个主动的学生应该从进入大学时甚至更早就开始规划自己的未来。

优秀的人，从一开始就有明确的目标，那些浑浑噩噩随波逐流的人，一般都不会有什么大成就，因为他们连自己的目的地在哪儿都不知道，谈何前进？只有目标明确的人，才能做到步伐坚定，一步一个脚印地朝着既定目标迈进。

主持人：那老师，请问要如何成为有准备的人呢？

林老师：上课睡觉，下课玩游戏或者日常逃课，迟到早退，这种同学是存在，但毕竟是少数。那为什么大多数同学上课都认真听讲，而最后能称之为优秀的人只是少数呢？差别在于课余时间的利用。根据记忆遗忘曲线，即使你上课认真听讲，课后如果没有及时巩固练习、回顾总结，那些知识点依旧没能转化为你的知识，这跟上课睡觉的同学，其实差别并不是很大，你只是看起来认真了一点点而已！当然，你的课余时间，也不必全都用来围绕课本学习，你应当构建一片学习以外的天地，多元化地发展，不断地丰富充实自己。具体的一些小建议，同学们可以回顾我们前两期的专题"大学，每个人都可以有精彩的人生"。然后根据自己的状况，做好对未来的规划。

主持人：那我们要如何明确自己的职业生涯呢？又要如何才能做好对未来的规划呢？

林老师：不妨问问自己以下几个问题吧，我归结为6个"W"。

Who are you？首先是你自己，你是一个什么样的人？这是自我分析的过程。包括个人的兴趣爱好、性格倾向、身体状况、教育背景、过往经历和思维能力。

这样对自己有个全面的了解。

What do you want？你想要什么？这是目标展望的过程。包括学习目标、职业目标、收入目标、名望、期望和成就感等。特别要注意的是学习目标，只有不断确立学习目标，才能不被激烈的竞争淘汰，才能不断超越自我，登上更高的职业高峰。

What can you do？你能做什么？自己的专业技能是什么？最好能学以致用，发挥自己的专长，在学习过程中积累和自己专业相关的知识技能。同时，个人工作经历也是一个重要的经验积累，有助于你判断能够做什么。

What can support you？什么是你的职业支撑点？你具有哪些职业竞争能力，以及你的各种资源和社会关系，个人、家庭、学校等，也许都能够影响你的职业选择。

What fit you most？什么是最适合你的？行业和职位众多，哪个才是适合你的呢？每一个行业和职位的待遇、名望、成就感和工作压力及劳累程度都不一样。最好的并不一定是最合适的，合适的才是最好的。

What can you choose in the end？最后是你能够选择什么？通过前面的回答，你就能够做出一个简单的职业生涯规划了。机会偏爱有准备的人，你做好了自己的职业生涯规划，为未来的职业做出了准备，当然比没有做准备的人机会更多。

主持人：我们的目标肯定会随着年龄的增长、学习的深入、社会阅历的积累而发生改变，那请问老师，一旦我们的目标发生改变，我们需要怎么做，该如何调整自己前进的步伐？

林老师：人总在不断地成长，生活环境也在不断地发生改变，这时候，目标肯定会根据实际情况而发生改变，一成不变的目标很少见。这说明你已经明确了自己的定位，了解自己所需呀！当然这里说的改变，并不是仅仅凭一腔热血，三天两头地变换或是摇摆不定，而是你立足于当下，综合分析利弊之后做出的选择。前进的路上不可能没有岔路口，我们也不可能一直高速前进，那不妨尝试着放慢步伐。

主持人：林老师，也有一部分同学在报考志愿后被调剂去了自己不喜欢的专业，那这些同学该如何去明确自己的未来呢？

林老师：首先你要清楚，自己为何不喜欢这个专业？你深入地了解这个专业了吗？不能仅凭道听途说，你去听听喜欢这个专业的人的看法，听听他们为何会喜欢这个专业，或许从中你会有所启发。反之，你可以选择复读，或者可以大一时好好学习，争取转专业。你要相信，大学有无限可能，如果无法改变时，沉下心来，想一想，或许你多了一种人生可能呀，这是不是可以当成一种意外收获？

总有些事情会偏离我们的期望，这时候你应该及时调整，看看有没有挽回的余地。如果没有，那就调整心态，坦然地接受它。

主持人：林老师，我想我知道应该如何更好地认识自己，如何更好地规划我的职业生涯了。对了，林老师，我听说过一句话，"越自律，越优秀"，您是怎么理解的呢？

林老师：自律，这是一个在心灵鸡汤文章中经常出现的词汇，但你知道吗，其实人的自律是有限的。

社会心理学家罗伊·F·鲍迈斯特 (Roy F. Baumeister) 做过一项研究，他将两组测试人员逐一带进一个实验房间，房间里有一张凳子、一张桌子，桌子上放着一个碗，不同的是，第一组测试人员面前的碗里放的是刚刚出炉的巧克力饼，饼香四溢，而第二组测试人员的碗里放的则是甜菜根。他让每一个测试人员都坐在凳子上，然后对他们说："你在这个房间等候实验的开始，10 分钟后我回来叫你，顺便说一下，不要动碗里的食物。"于是，每一个进来的测试者都安静地坐在凳子上等候实验的开始，事实上他们后续参加的实验是非常难的，研究者也只是想知道在忍受 10 分钟的食物诱惑后，这些测试者在后续的实验中到底能坚持多久。两组的测量结果有显著的差别，抵制甜菜根诱惑的小组表现得比抵制巧克力饼诱惑的小组有更久的坚持性。

主持人：这是为什么？

林老师：你一定觉得很奇怪，对吗？为什么会出现这样的结果呢？其实是因为第一组测试者在房间等待时，是靠自律来克制自己动巧克力饼，坚持10分钟后，到参加后续实验测试时已经不剩什么自律了。而第二组的甜菜根则没有那么大的诱惑力，用的自律少，参加后续实验测试时，剩余的自律性比第一组的人要多。实验告诉我们，人的自律是有限的，人在工作、学习上坚持性的差异，不是自律多少的问题，而是我们将它用在了哪里。所以，我们做事情有成果与否，坚持与否，不能仅依靠自律，而应该依靠习惯。就如日常生活中，我们哪个人会去反复思考要不要刷牙的，我们就算早上眼睛没有睁开，也会去刷牙，是因为刷牙已经变成我们的习惯了。因此，当自律成为一种习惯，你会发现自己变得不一样了。

犹太教义中有一段很值得深思的话："那些行为超越其智慧的人，他们的智慧恒久；但那些智慧超越其行为的人，他们的智慧无法持久。"我们首先要塑造习惯，然后习惯反过来塑造我们。当你在上课、与人聊天、阅读某些文章、看某场电影时，灵光乍现，有所触动的时候，如果不去行动，那这些新闪现的智慧也起不了作用。我们只有开始做点什么，强迫自己改变些什么，让行为与态度匹配，才能真正实现改变。

主持人：哈，老师，我知道，这是不是就是之前常说的"21天习惯养成法"？

林老师：是的，其实21天在我看来是一个概数，难道22天或是19天就不可以了吗？其实，这强调的是一种习惯成自然的过程。有很多同学在学期初会立下很多flag，例如减肥、阅读、运动健身等，但为什么很多都半途而废了呢？其实，我们要摆脱某种不好的习惯，关键要找出与这种习惯相关联的，而我们又不想放弃的东西。例如，我们缺乏学习的坚持性，是因为我们认为"学习是苦的""no pain no gain"（没有痛苦，没有收获），所以，坚持学习在我们的想法中就等于吃苦，从而不肯放弃自己现在所拥有的，错将课余的轻松当成幸福，错将学习过程中付出的努力当成痛苦。我们通过改变情感、行为、认知这三个因素来改变自己的习惯。仔细想想,让自己坚持学习是否真的等于痛苦,痛苦又具体指什么?然后根据目前状况,自己要是坚持学习的话,要改变哪些现有的行为?改变过程中自己放弃了什么,又收获了什么?最后仔细想想这些放弃和收获对自己而言都有什么样的意义?渐渐地,你就会发现先前认知中的痛苦,或许将使你无限回甘。

"生命就像河流一样,每一条河流的曲线永远不可能相同,因此没有两个人的生命是一样的。但不一样的生命可以有一样的辉煌,那就是冲破障碍,奔向大海。"因此,只要你是一滴水,而且想要流向大海的梦想不变,就一定能够流向大海。希望同学们都能够成为那一滴奔流到海的水滴,而不做随波逐流的泥沙,坚信你们的未来不是梦!

主持人:今天非常感谢林老师的分享,让我们了解了如何更好地认识自我,科学规划自己的未来,让自律成为一种习惯,从而让我们遇见更好的自己。再次感谢林老师。

/ 知识窗 /

职业生涯规划:是指个人与组织相结合,在对一个人职业生涯的主客观条件进行测定、分析、总结的基础上,对自己的兴趣、爱好、能力、特点进行综合分析与权衡,结合时代特点,根据自己的职业倾向,确定其最佳的职业奋斗目标,并为实现这一目标做出行之有效的安排。

自律:指在没有人现场监督的情况下,通过自己要求自己,变被动为主动,自觉地遵循法度,拿它来约束自己的一言一行。

21天习惯养成法:《21天习惯养成法》一书将21天分成三个阶段。第一阶段是1—7天,这个阶段的特征是"刻意、不自然"。你需要十分刻意地提醒自己去改变,你会觉得有些不自然、不舒服,你应该认真参照书中的理论方法去做，克服这些情况。第二个阶段是 8—14 天，这一阶段的特征是"刻意、自然"，你已经觉得比较自然，比较舒服了，但是一不留意，你还会恢复到以前，因此，你还需要刻意地提醒自己改变。第三个阶段是 15—21 天，这个阶段的特征是"不刻意、自然"，其实这就是习惯，这一阶段被称为"习惯性的稳定期"。一旦跨入这个阶段，你就已经完成了自我改造，这个习惯已成为你生命中的一个有机的组成部分，它会自然而然地不停为你"效劳"。

第十八讲
别让情绪伤害了你

情绪是指人们在内心活动过程中产生的心理体验。情绪来源我们内心,是我们自身对于外部环境的映射,也就是说,情绪是自我的选择,所以受自己控制。身为大学生的我们,情绪较为敏感而多变,因为象牙塔里也并非无忧无虑。我们应当学会接纳自己的情绪,或好或坏,或喜或悲,或平淡或热烈。但是持续性的坏情绪会影响我们的身心健康,怎么解决至关重要!

——本期嘉宾林舒

主持人:大家好!今天很荣幸邀请到我校心理健康教育指导中心的心理咨询师林舒老师做客《杏苑心理访谈》。请林老师跟大家打个招呼。

林老师:各位亲爱的同学们,大家好!我是心理中心的林舒老师,很高兴做客《杏苑心理访谈》节目。

主持人:林老师,我发现最近身边有许多的同学将"郁闷""烦躁""累觉不爱"等作为口头禅,很多同学都被各种各样不良的情绪所困扰,对此您有什么看法?

林老师:其实坏情绪每个人都会有,你有我有,我们大家都会有,情绪就像一年四季的气候变化一样。在四季之中,春有百花秋有月,夏有凉风冬有雪,我们不能奢望只有春天,所以我们会坦然地接受四季气候的无常。同样,在我们的日常生活中，都会经历喜怒忧思悲恐惊的情绪体验，当我们喜悦时，自然欣喜欢愉，当我们面对负面情绪时，总感觉那简直糟透了。其实，负面情绪有时是一种善意的提示，提醒我们本性中爱的流动被阻碍了！回顾负面情绪是如何产生的，有助于我们下一次遇见同样的情境时，可以更好地处理情绪。当我们还不具备这样的能力时，应该允许自己情绪有波动，哪怕你明白一些道理，哪怕你是一个修行人！亲爱的，如果你生气，如果你难受，这是被允许的，要像接受坏天气一样接受我们的坏情绪！

主持人：林老师，那么到底什么是情绪呢？

林老师：情绪是指人们在内心活动过程中所产生的心理体验，是人脑对客观事物与人的需要之间的关系的反应。情绪有三个表现：主观感觉、生理唤醒和行为表达。例如：小明收到清华大学的录取通知书的时候高兴得跳了起来，其中主观感觉是激动（或是高兴），生理唤醒是肾上腺素升高，行为表达是跳了起来。

情绪是一个连续体，从激动到低落，从紧张到放松，从欢喜到悲伤，这些都不是非此即彼的两极化，我们的情绪往往处于两极中间的某一个位置。而对于我们的生活，大多数时间是处于一种平静的状态的，也就是情绪是平稳的。只有偶尔外界某个事件出现的时候，我们的情绪才会朝向某一极波动。同时，情绪也是一个多面体，就好像我们描述一个人，我们可以说有多高，体重有多重，智力测验是多少分等。情绪的多面性赋予我们人类有趣的灵魂。如果一直只有一种情绪，那生活该多么平淡无奇呀。

主持人：林老师，现实生活中我们往往发现不同的人对于同样的事件会表现出不同的情绪感受，这是为什么呢？

林老师：的确是这样，通常我们认为是外面的人和事引发我们的情绪，如果我们一直这么认为，那么毫无疑问，我们无法转化自己的情绪，那么我们就会产生许多令人吃惊的逻辑。

事实上，情绪是来自我们的内部，我们的外在世界其实只是我们内部的投射,这就是为什么对于同样的外部事件,每一个人会有不同的情绪体验。这对于我们来说应该是个好消息,因为这意味着我们是可以转化情绪的,我们可以自己做主,我们可以去感受它,拥抱它。

一千个人眼中有一千个哈姆雷特。自然同一件事物对于不同的人会产生不同的反应,产生不同的结果,进而产生不同的情感体验。就好比不同的人看到秋天,有人看到"无边落木萧萧下,不尽长江滚滚来",但亦有人"自古逢秋悲寂寥,我言秋日胜今朝。晴空一鹤排云上,便引诗情到碧霄",大家都看到秋天,可因为当时自己的处境不同,遭遇不同,所以感想就不一样了,也就转化出了不同的情绪。

主持人:林老师,作为大学生,我们常常经历着各种不同的情绪体验,时常会因为这样那样的事情影响我们的情绪,因此我们也常常被贴上"情绪化"的标签,那么您认为影响大学生情绪的因素有哪些呢?

林老师:大学时期是青年人心理走上成熟的重要时期,也是情绪丰富多变、相对不稳定的时期。社会地位、知识素养的提高以及所处特定年龄的影响,大学生的情绪带有鲜明的特征。

影响大学生情绪的因素多种多样,可以从以下几方面来看:

1.崭新的环境和学习的压力。

进入大学后,面对崭新的校园生活环境,同学们开始承受许多以前从未承受的压力,面对许多以前未曾面对的问题,因此同学们的情绪容易受到影响。

之前不是有调侃说高中生羡慕大学生及格就好,大学生羡慕高中生不及格也行。其实,对于一些大学生来说,学业的压力是巨大的,你看看我们学校的同学,总是昏天黑地地应对期末考,甚至有同学"读进了医院",那些"读不死那就往死里读"的打鸡血口号,不就是学业压力巨大的侧面反映吗?

2.对陌生环境的适应性。

陌生的环境总是很容易令人不安,尤其是对那些环境适应能力较差的同学。

3.爱情是影响大学生情绪体验的重要方面。

在现有的调查中不难发现，造成大学生自杀事件的一个重要原因就是大学生在情感上的不顺利。而随着大学开放式的教育，爱情对于大学生情绪方面的影响已经越来越明显。有些同学因为过分在意，错把爱情当成生活的全部，因为一棵树而忽视了整片森林，于是很容易被爱情左右自己的情绪。

4. 社会影响。

伴随着时代的变迁、经济的发展，大学校园也产生了很大的变化。大学校园越来越社会化，社会环境的发展也必然影响大学生的情绪。我们每天都能从外界接收到各种各样的信息，难免对我们的情绪产生影响。

5. 阶段性的情绪周期。

与中小学生相比，大学生的情绪在时间上有更长的延续性，在一段时间，同一种消极情绪往往会持续很久，因此大学生的情绪有周期化的趋势。

6. 其他隐藏情绪的影响。

大学生由于有一定的自我控制能力，以及受思维独立性和自尊心的影响，常常会在特定的场合、向特定的对象来适当地表达自己的情绪，有时情绪的内心体验与外部表现不一致，有时甚至完全相反，因此要了解大学生的情绪心理应通过多方面的、较长时间的观察，而不能只凭外部表现进行推测。

主持人：那林老师，持续的负面情绪对大学生有哪些危害呢？

林老师：跟大家分享一个小故事吧。

一个父亲在公司受到了老板的批评，回到家就把沙发上跳来跳去的孩子臭骂了一顿。孩子心里窝火，狠狠地去踹了身边正在打滚的猫。猫逃到街上，正好一辆卡车开过来，司机赶紧避让，却把路边的孩子撞伤了。这就是心理学上著名的"踢猫效应"，描绘的是一种典型的坏情绪的传染所导致的恶性循环。

放任不良情绪蔓延，不仅会影响大学生的身心健康，导致学业不良，造成人际关系紧张，甚至会影响大学生的人生观、价值观。

总是被负面情绪困扰的同学，甚至能让别人在靠近你时就感受到你周身的低气压，会让别人下意识地想要远离你。你的内心本该窗明几净，可是外界总有尘埃，偶有风雨，你需要不断地把灰尘擦干净，可有一天你突然累了，颓废在小房间里，外界的灰尘，渐渐把你的窗给蒙上了阴影，影响了你对外界的主观感受，灰尘越积越多，阳光照不进来，而颓废在里面见不到阳光的你，会觉得外界更加灰蒙蒙，如此恶性循环。

主持人：林老师，负面情绪有那么多的危害，大学生应该怎样调节控制情绪呢？

林老师：第一，我们要学会觉察情绪，学会分解情绪，接纳正常的情绪。健康情绪并不是指时刻处于阳光状态，而是你所表现出的情绪应与你所处的情境呈现出一致性。我们要学会分解情绪，烦躁、不开心都是笼统的情绪，它们是可以再细化的，愤怒、失望、伤心都是不开心，但是背后的认知是不一样的，只有找出了背后的核心原因，情绪才可以真正被解决。

第二，了解负面情绪的正面价值。作者叶修在《如何控制负面情绪》一书中说到情绪是我们人体的重要部分，是人这个机器的重要零件，你有负面情绪？恭喜你，你是一个完整的人，不是一个残次品。例如，痛苦——很有用，它告诉我们这条路走不通，建议你换个方向；恐惧——很有用，它告诉我们这个事情很危险，建议赶紧逃跑；焦虑——很有用，它告诉我们这个事情有点麻烦，需要引起高度重视，同时也提示我们某些时候我们过于关注结果。

比如，你遇见一只大老虎，一个正常的人，根本不用思考，瞬间情绪爆棚，超级恐惧，撒开腿就跑，绝不犹豫；而一个没有情绪反应系统的人，则开始了他的冷静分析：

1. 这是一只动物。

2. 四条腿，体表有毛，五官齐全，推断是陆生哺乳动物。

3. 看样子比较像是猫科，具体是猫科的哪一种呢？

4. 等等，它为什么向我跑过来，并且跳起来了呢？……咦，它的头顶有个"王"字？

以上就是没有情绪反应系统的人，如何在漫长的进化中被淘汰的案例。

是的，情绪就是这样一种本能性的、快速反应系统，因此，我们要正视情绪的积极作用，学会珍惜坏情绪给自己带来的成长。

第三，适度宣泄情绪，学会合理地表达情绪。有些同学也许会说，我时常在表达啊！其实不然，我们认为的表达情绪，大部分时候都是在发泄情绪，所以往往容易伤己伤人。因此，适度宣泄情绪不积压，寻找适合自身的宣泄方式，选择适当的场合和对象，原则就是一定以不影响他人为前提，以免引起意想不到的不良后果。如果你有时候实在控制不了，要发火，教你们一个管用的小方法：做3个深呼吸，倒数5秒钟，这个方法实践证明非常有用哦！

第四，积极暗示。应该充分利用语言的作用对自身进行暗示，在失意时，告诉自己："这次不太好，下次努力就不会这样了。"暗示心理学告诉我们，积极的暗示使人增加力量、勇气、快乐和信心。

第五，陶冶情绪。情绪管理能力需要一段时间的培养及锻炼，大家可以从以下几个方面来培养：

(1)尽量保持规律的生活习惯。

(2)培养至少两项兴趣爱好，当情绪不佳时，把注意力转移到自己感兴趣的事上去，如：读读书，打打球，外出散步，看看电影，听听音乐等。

(3)照顾或帮助他人，"赠人玫瑰，手留余香"。在帮助他人的过程中肯定自身的价值，产生愉快的情绪体验。

(4)至少有两个可以谈隐私的知心朋友，尤其要和情绪稳定的人交往，有了烦恼主动找亲朋好友谈心，比一个人独处冥想、自怨自艾要好得多。通过交往能够缓和抚慰情绪，能够更理智地对待，增强自己战胜不良情绪的信心和勇气。

当然，在上述方法都失效的情况下，仍不要灰心，去学校心理健康教育中心找专业的老师进行咨询、倾诉，在心理老师的指导、帮助下，克服不良情绪。

最后，想要告诉同学们，也是今天我们所讲的主题，不要让情绪伤害了你。从教室的纸篓到电脑里的回收站，生活中到处都需要垃圾桶。然而有一种垃圾是无形的，它在我们的内心潜藏，那就是情绪垃圾。我们不要害怕负面情绪，一旦出现负面情绪，就要为自己找个"出口"，正确合理地看待情绪垃圾、处理情绪垃圾，那样我们的生活将会更轻松和快乐。

主持人：今天非常感谢林老师的分享，让同学们了解了如何应对不良情绪，不让情绪伤害了你我他。再次感谢林老师。

/ 知识窗 /

主观感觉：是指个体头脑中对客观事物个别属性的主观反应。不同于一般的感觉，不仅感知外界事物，而且对外界事物进行人为地加工和改造，因而具有主观性。

情绪化：指一个人的心理状态，容易因为一些或大或小的因素发生情绪波动，喜怒哀乐经常会不经意间转换，前一秒可能还是高兴的，后一秒就可能闷闷不乐、焦躁不安。

第三章 人际关系调适

第十九讲
人际关系的边界

任何人都无法孤单地活在世上，在信息如潮奔涌、人际关系越来越重要的现代社会更是如此。每一个人生活的幸福、工作的成功都离不开与他人的交往。因此，学好人际交往的这一堂课是至关重要的。首先，学会尊重别人，遵守人际关系中的"黄金法则"。其次，强大自己，坚定自我责任感。现代中国可以与世界各国平等对话，柔性处理各种纷争，获得世界各国的认同和尊重都源于日益强大的实力、自信和责任意识。再者，处理好边界和情感的关系。只有边界没有情感，这样的关系就疏离了；只有情感没有边界，这样的关系就共生了。疏离和共生都能促发人际冲突。处理好人际关系中的边界因素是一大难点，也是一大重点。掌握好人际关系的交往主动权，一步一步地落实自己的人生计划，方可获得事业的成功和生活的幸福。

有一种遇见，珍藏每一份难得的邂逅；有一种感情，轻守一份天涯的懂得。领会岁月人情，便安好！

——本期嘉宾王凯旋

主持人：大家好，今天的《杏苑心理访谈》我们邀请到了福建中医药大学心理中心的国家二级心理咨询师王凯旋老师，现在请王老师和大家打个招呼。

王老师：各位亲爱的同学们，大家好。

主持人：王老师，看到"边界"这个词，我脑子里瞬间浮现出了很多画面，其中印象最深的就是小学时，我与男同桌总会因为争夺课桌上的地盘而争吵。于是，有一天老师在课桌的正中央画了一条"三八线"，于是我们就安宁了，每天时刻注意着自己有没有越界，就再也没有发生过争吵了。

王老师：非常棒，烨红，你举的例子十分符合我们今天的主题。只要"三八线"这个边界一出现，每一个人就十分清楚自己应该有的行为是什么，所以边界很重要。因此关于人际关系方面的这类问题，我认为都可以通过建立明确、清晰的边界来解决。

主持人：可是，建立边界会不会令人有拒之门外的感觉，让别人感觉自己难以靠近，这样会不会就不能建立起友好的人际关系了？

王老师：这个问题问得非常好啊！在人际关系中，个人边界是指我们建起来的关于身体、情感、精神的界限，以保护我们不受别人的操纵、利用和侵犯。其实边界听起来就是日常生活中的底线或原则，它不但不会使我们的人际关系变得糟糕，反而还能变得更为良好。

主持人：那什么样的情况会是边界不清或者缺乏边界的表现呢？

王老师：第一种情况是混同了个人和他人的责任和权利范围。比如：家长会对你说"不听老人言吃亏在眼前"，"我吃过的盐比你吃过的米还多"，"我这么做都是为你好"；抑或闺蜜、恋人会对你说"我们这么好，我的就是你的，你的就是我的"，"我们这么好，你为我做这些事不是应该的吗"……这些就是边界不清的语言。烨红，你听过这些话吗？

主持人：哈哈，这些话好熟悉啊，其实每次听到这些话心里会有一丝丝的不快，会在心里小声嘀咕一下，但是又觉得有点道理，于是这种不快之感很快就消失了。那么，王老师，为什么会产生这样的现象呢？

王老师：嗯……我们一会儿再讲为什么会这样吧。先来讲讲第二种情况，当你感觉到某一段关系变得沉重的时候，其实这就意味着自己已经承担了不属于自己的责任。这句话要怎么理解呢？就比如说：舍友明明在玩游戏却说自己没空,让你帮他带饭,于是你碍于他是舍友,每天抬头不见低头见,尽管很不愿意也就帮他带饭了。又比如说:由于某些原因,你和你的领导在工作方面产生了分歧,但由于对方是你的上司、领导,你不能直接指出问题所在,也就只能接受领导的命令了。再比如说:当兄妹发生争执的时候,家长最终都会以一种"为什么你不让着妹妹"的态度来解决,无论谁对谁错。

主持人:这些情况的确经常很真实地发生在我们周围。我就经历过,那位让我帮忙的同学知道了之后,反倒有点不高兴,说了"不想帮忙你就直说啊,干吗还假惺惺地帮我,真是让人恶心"之类的话语,现在想想还有点生气呢。

王老师:嗯,这就会有种吃力不讨好的感觉。那我们现在来讲一下第三种情况吧,其主要是人们经常不能依据人际关系角色的转换而调整边界。这点在恋人关系上特别明显。很多人说分手后最好不要当朋友,其实这种说法就是基于不少人很难从原有的亲密关系中退回到有一定距离的正常朋友的边界。就比如说:有个同学看到前男友在半夜发了个朋友圈炫耀他的游戏等级,她就生气地给他发了微信说:"大半夜了还玩游戏,你就是这样不上进!"但是在我看来,这样的话语和语气在分手后说是不合适的。再比如说,很多大学生会认为在学校里参加很多的活动和社团,会使自己的求职简历更加光鲜亮丽。但他们往往不会想到,用人单位更看重的是你专业领域的成绩。没错,这就是我们比较熟知的不能正确地进行"换位思考"。而通过换位思考取得成功的人士也大有存在。例如在美国人际关系专家吉普逊看来,他的一个朋友在这方面最有发言权。他的这个朋友现今是一名某陆战军队的上将,但在以前,他只是一名不起眼的升斗小民,但他从小就特别钟情于西点军校,希望自己有朝一日可以圆梦。终有一日,他鼓起勇气,一一上门去拜访那些有头有脸的人物,向他们自荐,且最后一句都会附上"如果您的孩子和我是一样的,面临同样的处境,您又该怎么办呢?"果真,那些人物换在了他的角度上看问题,同时也意识到了这是一个人才,都纷纷引荐他。

主持人:老师啊,那为什么在现实生活中我们会有这么多越界的行为呢?

其根本原因有哪些呢？

王老师："越界"在中国社会还是比较普遍的，因为普遍，很多人就忽视了边界的重要性。受沿袭已久的社会文化形态的影响，我们普遍的人际思维模式是关系为先，我们倾向把自己融入家庭中，再将这种家庭关系推演到社会上与其他人的关系。也就是说中国人普遍存在从"关系"中去获取良好的自我评价或自我存在感，尤其是对于那些安全感缺失的人，敏感、自卑、多疑的他们一定要千方百计地通过一些依赖、讨好、控制的行为来获得安全感。

主持人：哦，原来是安全感作祟呀！那受这类问题困扰的同学可以做些什么来改善自己的人际关系呢？

王老师：嗯，好的。那接下来我就分享几点在人际交往中的有效方法：

第一，要尊重别人。其实，心理学中有一条人际法则称为"黄金法则"，即你希望别人如何对待你，你就怎样去对待别人。这条法则是不可逆的。但在现实生活中，很多人是反黄金法则的，认为"我对别人怎样，别人就必须同样对待我"，正如上面提到的第一种情况，其实他们心里也苦，脑袋里充满了"为什么真心地付出得不到回报"这类的疑问。

第二，强大自己，坚定自我责任感。这点从我们国家的发展现状可以深刻体会。现代中国可以与世界各国平等对话，柔性处理各种纷争，获得世界各国的认同和尊重都源于日益强大的实力、自信和责任意识。所以，在人际交往中，想要获得他人的尊重，就需要先强大自己，树立信心！只有当自己有足够强大的实力，才能获取对方的尊重。

第三，处理好边界和情感的关系。只有边界没有情感，这样的关系就疏离了；只有情感没有边界，这样的关系就共生了。疏离和共生都是促发人际冲突的导火索。当你感觉自己和别人太亲近了，这就是一种信号来提醒你需要重新设置一下边界，应该少投入些感情。

第四，建立健康、有效的个人边界。这需要每个人先有一个清楚的自我定位，了解自己的底线和承受能力，这样建立的边界才能明确；然后要坚定立场，对于自己承担不了的东西大声说"不",当然,还可能需要分类一下,对于讲道理的人我们要做到"不含敌意的坚决",对于不讲道理的人可能需要适当的防范哦。

第五,学会"予人玫瑰,手留余香"。这是一种吃亏哲学,同时也是一种处世智慧和快乐之道。幸福犹如香水,不可能泼向别人而自己却不沾几滴。学会分享、给予和付出,你会感受快乐和满足。不懂得与他人分享的自我封闭者,就像契科夫笔下装在套子中的人一样,把自己严严实实包裹起来,因此就很容易陷入孤独与寂寞之中。每个人的心中都有一座幸福的大花园,如果我们愿意让别人在此种植幸福,同时也让这份幸福滋润自己,那么我们心灵的花园就永远也不会荒芜。(选自《人际关系心理学》,鸿雁著。)

第五,学会谨言慎行。纵观中国历史,那些大有作为的人大多都是谨言慎行、装糊涂。比如,对公司的老板而言,如果底下的员工在某一件小事上做错了,比起大声痛骂员工一番,其更好的办法就是原谅他,并真诚地告诉他,错的原因是什么,而结果也会往好的一面发展,这名员工将会无比感激老板给其留足了面子,且在接下去的日子里,员工会对公司的事务更加上心。不仅仅是老板应该这样对待底下的员工,每一个人也应学会这样对待自己周边的人和事。

第六,在人际关系中,谋求共赢。无论是在单一个体与个体之间,还是在个体与团队之间,抑或是在团队与团队之间,俗话说"没有永远的朋友,只有永远的利益",因此,在一个关系中,彼此的共赢才是最适宜的。

人际关系是人生中必须要学会处理的关系,其解决方法还有很多很多,如果同学们想要了解更多,可以登录福建中医药大学心理中心公众号,里面有很多不一样的见解可以供大家参考。

主持人:今天非常感谢王老师的分享,感谢王老师,各位亲爱的同学们,你们懂得如何做了吗?咱们下期见。

/ 知识窗 /

三八线：是朝鲜半岛上北纬38度附近的一条军事分界线。第二次世界大战末期，盟国协议以朝鲜半岛北纬38度线作为苏、美两国对军事行动和受降范围的暂时分界线，北部为苏军受降区，南部为美军受降区。后来逐渐演变为一般的分界线。

黄金法则：人际关系中的十大黄金法则——①学会尊重别人②倾听并恰当地给予回馈③不吝啬自己肯定和赞扬的话语，学会彼此真诚地交流④学会宽容和理解对方⑤学会换位思考⑥学会群体合作共享⑦学会强大自我⑧学会关心对方⑨学会乐观看待世界⑩学会每天微笑

第二十讲
学会如何与舍友相处

大学是一个梦想开始的起点，是一个五彩斑斓的世界，你会走走停停，遇到各种不一样的人。当然首先面对的就是自己的舍友们。宿舍关系也是人际关系的一种，能否处理好，关系着大学生活是否能够开心愉悦地度过。宿舍关系会经历三个阶段，分为初识期、相熟期和平稳期，总会经历一个先热后冷，最后再回温的变化过程。因此，处理好宿舍关系并不是一件很轻而易举的事情，需要同学们彼此的包容、尊重、体谅和真诚对待。

如今的大学，没有固定的教室，没有固定的同桌，一切都存在着未知性，但是宿舍却是不变的，舍友也是固定的。珍惜每一份邂逅，余生想起满是欣喜。

领会岁月人情，便安好！

——本期嘉宾秦晓静

主持人：大家好，今天我们邀请到了来自心理中心的兼职心理咨询师秦晓静老师做客本期《杏苑心理访谈》节目，今天我们将与秦老师一起聊聊"如何与舍友相处"这个话题。秦老师，您先介绍一下自己吧。

秦老师：亲爱的同学们，大家好，我是心理中心的兼职心理咨询师秦晓静老师。工作五年多以来，带过1000多名学生，也给近百位学生做过心理咨询。在这么多案例中，出现频率最高的就是舍友相处的问题。

主持人：提到"舍友"这两个字，大家肯定再熟悉不过了。这是一个与你朝夕相处的群体，在你的大学生涯里扮演着不可或缺的角色。可是，就是这样一个亲密而真实的群体，当谈论起与舍友们相处的点滴时，却如人饮水，冷暖自知。因为很多人还不懂得如何与舍友相处，下面就让秦老师和大家一起谈谈舍友相处中最重要的东西是什么吧！

秦老师：首先，在心理学上有一条关于人际交往的黄金原则：我希望别人怎么样对待我，首先要怎么样对待别人，这同样适用于舍友相处中；其次，心态很重要。自我中心主义是集体生活的大忌，必须坚决摒弃。相信有不少新生都是独生子女，在家里有爷爷奶奶宠着，爸爸妈妈爱着，人人都视你为掌上明珠，事事都以你为中心。但你要想到，你是你家里的宝，宿舍同学又何尝不是呢，所以你不能要求别人事事迁就你，要学会彼此尊重、宽容、忍让，关心他人，这是每一个人成长中必修的一课。

主持人：对大一新学期刚入学的新生们来说，很多同学都是第一次住集体宿舍，那如何能快速融入新的宿舍环境呢？

秦老师：新宿舍融合是所有新生都会面对的问题，原本都是素不相识的陌生人，突然就要一起生活，心理上和行为上都一时难以适应是可以理解的，所以要想办法加快大家的融合。其实诀窍很简单，就四个字——集体行动。比如说大家可以一起去吃饭，一起参观校园……如果是女生，可以全宿舍一起去逛街；男生的话，来场篮球比赛会是个不错的主意，还可以叫上旁边的宿舍同学一起来。想尽一切办法让大家熟悉起来。

主持人：舍友相处是一个动态的过程，您觉得会经历怎样的变化呢？

秦老师：与舍友的相处，通常会经历三个时期：

1. 初识期：几个人刚刚组合到一起，彼此的陌生感会让大家行为谨慎，自觉收敛起坏习惯，意在给舍友留下好的第一印象。急于被新集体认同和接纳的渴望令大家都表现得十分友善，帮忙打饭打水，买东西等都是有求必应。初入校园，社交网络还未打开，宿舍关系是唯一的社交关系，舍友是自己最重要的伙伴，这段时间也常常是宿舍集体行动较频繁的一段时期。初识期宿舍成员相处"相敬如宾"，因此也可以称为蜜月期。

2. 相熟期：俗话说"日久见人心"，随着时间的推移，宿舍成员交往深入，最初的陌生感渐渐消失，舍友们一个个地会慢慢"原形毕露"。很多问题都会浮出水面，矛盾重重，一不小心就会爆发"大战"。经过前一段时间的相处，每个人都在自己心中给其他舍友打出了分数，不少宿舍开始出现分化，形成两人或三人的小团体，小团体内会互诉心事，互通有无，而对于小团体之外的宿舍成员态度就明显冷淡。不再是有求必应，取而代之的是"我没有时间"，"不顺便，还有其他事情要忙"等一系列的借口。相熟了，就没有必要再辛苦扮好人，"我对你好，你也要对我好"，甚至有一部分同学是"你要对我好，我才能对你好"。所以，在这个时期，你所看到的才是最真实的人性。另外随着班级、社团、院系等的各项学习、工作的开展，大家的社交活动不再仅限于一室之内，会结识很多宿舍以外的同学、朋友，开始有各自的社交圈子，宿舍集体行动变得越来越少。相熟期才是一个真正"坦诚相见"的时间段，甚至部分宿舍成员会出现关系紧张的情况，这些都很正常，其实也算一个适应调整期。

3. 平稳期：宿舍内的冷战和暗战，或最后不了了之，或升级为明战爆发，个别极端的例子是有人另觅宿舍，无论如何，一切最终都会归于沉寂。而此时当年的新生已经变成师弟师妹口中的"师兄师姐"，经过生活的洗礼，每个人都在成长和成熟，慢慢地悟出相处之道，不再那么事事较真。况且经过那么长时间的相处可以说彼此都是知根知底，慢慢地也习惯了。宿舍关系此时就进入到平稳期，大家懂得尊重和忍让，气氛有点像回到最初相识之时。另外一个原因是大学生活越到后面越感觉时间飞逝，随着离别之际越来越近，大家会变得更加珍惜身边的人和事，宿舍关系即为其中之一。宿舍聚餐、卧谈会等集体活动又重出江湖，只是大家谈话的内容会更感性，加入一些在最初的时候不会有的话题，比如回忆、祝福之类的内容。

讲了这么多关于宿舍关系的三个时期，大家就不难看出，舍友关系是一个

"先热后冷，最后再回温"的变化过程。

主持人：新生们来自不同地区，有着不同的家庭背景和成长环境，个性、习惯和处世方式自然会有差异。怎样在小小的宿舍里做到求同存异？

秦老师：年轻人都是坚守自我生活方式的人，共处一室，互相体谅和宽容是必不可少的。而默默忍受的方式也是不可取的，不良情绪积累过多会影响人的正常生活，到一定程度会造成可怕的后果。像作息这样的问题，其实可以与宿舍的其他同学多一些交流、商议，制定一个寝室作息时间表，用规则管理宿舍。如果矛盾实在是无法调和，还可以与辅导员老师联系，争取调换一个宿舍。

主持人：的确，这样说来的话，在宿舍里的矛盾就可以解决了，可是在宿舍之外的、不好通过调节来解决的事情又要怎么办呢？就比如说帮室友签到真是一件痛苦的事情。如果这节课室友翘课了，那么他很可能找你帮他签到，你又不好意思拒绝，只好硬着头皮答应。答应了就得冒着被老师发现的危险战战兢兢地上一节课，导致最后自己不能集中注意力听课了。那秦老师，遇到这种情况可要怎么办呀？

秦老师：大学是培养价值观的关键时期，而在集体生活中，众人的思维方式和行事风格会影响你的价值观塑造。同学们，请记住，不要为了所谓的合群而一再降低你的底线。你可以帮室友占座，但决不可帮他签到。无论在什么时候，都不要为所谓的"义气"犯校规之不韪，否则在将来，等到了社会上，就很可能也会为所谓"义气"而犯法律之不韪。因此，无论是在宿舍关系的处理上还是在人际关系的处理上要学会说"不"，因为那是你的底线，谁都不能触碰。

主持人：就像秦老师说的一样，在很多关系中，我们都要学会说"不"，那秦老师，这个原则适用于所有情况吗？比如我有一个同学娜娜，最近就有这方面的苦恼：她有一个超级亲密的室友，每天上课、吃饭、逛街等，不管娜娜想不想去，都要拉上她，时刻步调一致。对于好朋友的要求，娜娜不知道该如何拒绝。

秦老师：过分亲密且依赖型的朋友，在大学生群体中很常见，尤其是在女生中，这种行为在心理学上被称为"成人依恋"。"成人依恋"主要表现为依赖度高，凡事都需要和他人一起，虽然是成年人，却有着小孩子的心理状态。虽然说有"童心"是好的，但这并不是一件好事，凡事要有度，过于不分彼此就不是不拘小节，而是令人反感。大学生要学会自我成长，培养自我独立人格，并学会付出和舍得，什么事情都要轮换着来。所以娜娜在不方便的时候，就要适当委婉地拒绝室友的要求。

主持人：秦老师，如果舍友有盗窃行为，该如何处理呢？

秦老师：大学生要提高自我维权意识和法律意识，原则问题不能姑息；对于已经暴露出来的问题，采取消极回避的态度，后果不堪设想。如果这个表面正常的舍友出现了某些心理异常，任他这样发展下去，不光是他的前途堪忧，他的人格也会越来越扭曲，那么相应的后果又要谁来承担。所以应该及时向辅导员报告，并且在心理医生的帮助下以适当的方式与这个舍友相处。

主持人：关于舍友相处之道，您还有哪些建议可以和大家分享一下吗？

秦老师：这里和大家分享七条与舍友相处之道：

1、相互体谅。学会忍受，学会体谅，我们突然到了一个新环境，或多或少地会带有各自不同的习惯，我们不能只按照自己的方式行事，要学会包容别人你觉得不好的习惯，你可以委婉地提建议，前提是你的提议是友善的，这样你才能和舍友相处得好。

2、改进自己。学会改变，学会改变自己，随着环境不断地改进自己，与时俱进，这本来就是大自然的法则。我们所要做的就是要学会在和舍友相处的时候，改掉我们的一些不好的习惯，这也是提高我们个人素质的一种途径。彼此磨合，才是一种关系维持较久的秘诀所在。

3、注意一些细节。日常生活中一定要注意一些小事情，比如没有人打扫卫生时，自己去打扫；比如上床时不要穿鞋子或者湿脚踩爬梯，不要把自己的脚对准别人的头睡；再比如晚上宿舍熄灯后不要再开台灯学习（因为这会打扰别人睡觉）。

4、尊重舍友。如果你家庭富裕，而你宿舍里住着一两个家庭贫困的舍友，不要看不起他们，因为大家只是家境不一样而已。更何况贫穷学生往往有很强的奋斗意识，毕业以后有可能找到比你更好的工作。或者如果你的舍友在某些方面较弱，也别瞧不起他，因为每个人都有优点和弱点。

5、做一个负责任的主人翁。大家都需要一个安全的环境，所以离开宿舍时要随手关门，发现有陌生人进出时要问清来历，以保护自己和舍友的财产安全。自己邀请朋友来玩时，最好提前与舍友打声招呼，以免误会和影响他人生活。

6、做一个容易沟通交流的人。要学会与舍友交流，有问题要及时主动沟通，不要埋在心里，有想法要向对方或大家说出来，一起讨论商量解决，不要将小矛盾积压，累积到一定程度终将爆发，容易产生争吵。

7、诚实待人。人前一套人后一套，对于双方都不好，为何要做这种踩钢丝一样的行为？不如诚实待人，对方也会诚实待你。

最后我想说：舍友是最了解你的人，也可能是影响你最深的人，所以每一个人都要学会如何与舍友相处。也许现在是生活中的一地鸡毛，可是在将来可能成为你人生中最宝贵的财富。

主持人：今天非常感谢秦老师的分享，感谢秦老师，各位亲爱的同学们，希望你们都可以和舍友和谐相处，咱们下期见。

/ 知识窗 /

社交圈：自己与其他人进行社交的一个圈子，也就是自己进行社交的一个范围。

第二十一讲

宿舍关系出现问题了，怎么办？

　　同窗共读的美好情谊自古传诵，宿舍关系是大学生涯中比较纯粹和美好的一段关系。但由于宿舍是一个最易暴露自我和具有极强的私密性的地方，因此大家难免会有摩擦，其产生原因有诸多因素，例如个体差异性较大，大家都来自五湖四海，每个人的生活习惯、个性特点、成长背景都不一样。要处理好宿舍问题，大家就要学会及时沟通、换位思考，掌握技巧，言行得当，修炼自身内在素质，尊重每一个个体，等等。

　　领会岁月人情，便安好！

——本期嘉宾李恭园

　　主持人：大家好！今天很荣幸再次邀请到福建中医药大学心理健康教育指导中心的国家三级心理咨询师李恭园老师做客本期《杏苑心理访谈》。今天我们将与老师一起聊"宿舍关系出现问题了，怎么办？"这个话题，接下来，请李老师跟大家打个招呼。

　　李老师：各位亲爱的同学们，大家好！我是心理中心的李老师。很高兴再次和大家相约在《杏苑心理访谈》节目。

　　主持人：李老师，随着现代社会的发展，人们生活上越来越富裕了，但伴随着的是人们内心中的孤独与寂寞，从而也导致了一系列心理健康问题的衍生。

　　李老师：没错呀，人们的生活是富裕了，但内心的空虚又要怎么弥补呢？

身体上的问题医生可以用药物来治疗，而心理上的问题又何尝能仅凭药物就治愈好呢？近年来，因同学关系处理不当，而出现了一些令人十分惋惜的事件。前一段时间，就有一个新闻惊动了全国。复旦大学上海医学院的硕士研究生林森浩因宿舍关系不和，往宿舍饮水机投毒，诸如此类的案例实在是越来越多了，由此看来，大学生心理健康问题需要提前预防。

主持人：李老师啊，这么看来，大学生的问题现如今已是屡见不鲜了，在这么多的问题中，又是哪种问题位居榜首呢？

李老师：在心理中心做过的这么多的咨询中，如果说什么问题是学生们常常困惑的，那一定就是和刚刚提过的那个例子一样，尤其是对于新生来讲，宿舍关系是一个非常棘手的问题。

主持人：是的，李老师，最近我就遇到了一个烦心事，一直困扰着我，我现在很苦恼，也不知道该怎么办？

李老师：哦，可以说说是哪一方面的困扰吗？

主持人：老师，最近一段时间，我好闺蜜的宿舍关系很奇妙。以前大家还会一起玩，一起上课，但是从这学期开始，她的舍友都不怎么理她了，甚至有时候感觉舍友们在热烈讨论某个事情，而她一推门进去，大家马上什么都不说了；她想跟大家说话，但是大家对她的态度却是爱理不理的。她不知道是自己做错了什么，还是宿舍发生了什么事情。这导致她最近睡眠不好，上课状态也不佳，整个人都消瘦了。老师，她该怎么办呢？

李老师：嗯，你先不要着急啊。从平时在心理中心碰到的例子来看，有这方面困扰的同学还真不少呢。在给你建议之前，我们先一起来认识一下宿舍关系有什么特点吧。

主持人：嗯，在我身边的确也有不少的同学有这种宿舍关系困扰呢。李老师，那您能结合宿舍关系特点跟大家说说为什么宿舍关系容易出问题呢？

李老师：的确，对大多数同学来说，宿舍关系是我们人际关系的起点。我们很多同学是进入大学后才开始独立，才开始过集体生活的。大家在生活中会发现，宿舍关系相对于其他关系来说，似乎更复杂一些。我们抛开个体差异，宿舍这个空间的特殊性也让处理宿舍关系变得更难了，我觉得，宿舍空间具有这样三个特点：一是宿舍最能暴露自我。在宿舍，大家可以自由展示真实的自己，不用担心自己不够优雅、不够漂亮、不够帅气，所以，大家在明面上的优缺点暴露是最充分的，那些暴露出来的缺点，就有可能是引起宿舍矛盾的导火索。二是宿舍是最具私密空间的地方。这种私密有两个层面的意思，一个是物理空间意义上的私密，不管是四人间还是六人间，每个人都有相对独立的空间，这些划定好的空间具有绝对的私密性，这种私密的程度因人而异。走进宿舍，尤其是女生宿舍，我们会发现，一般都有一个个的独立空间，比如用床帘、床帏罩起来的床铺上方；另一个是心理空间意义上的私密，也就是我们平常说的：心底的秘密，这种秘密一旦被说破或者传播给其他人，也会引起宿舍关系的不和谐。平日的言语和行为，只要不触及绝对私密空间，大家基本上都可以和睦相处。三是宿舍在许多人眼中通常都是最值得回忆的地方。这是我们宿舍关系的情感基础，大学同住一个宿舍，是一种缘分，"睡在我上铺的兄弟"，是"舍友"也是"好兄弟""好姐妹"，情义日渐增长，这将会成为人生中一段美好的回忆。

主持人：老师，您说得很对，舍友关系，确实是最值得回忆和难忘的，我们很多学长学姐，回忆起大学生活啊，宿舍肯定是大家永恒的话题。那李老师，除了宿舍空间的特殊性，还有其他原因引起宿舍关系问题吗？

李老师：当然有啊，那就是我们个体的差异性了。大家来自五湖四海，不同成长背景、文化差异、生活习惯的冲突、性格与兴趣的多样化等，都是引起宿舍关系问题不可忽视的因素。再加上我们很多大学生在上大学之前从未进行过集体生活，集体生活意识缺乏，生活作息时间紊乱，常常深夜聊天、玩游戏、看剧，不注意个人卫生，乱扔脏衣服、脏袜子，还有个别人比较自我，爱以自己为中心，听不进意见、建议等，这些不恰当的行为常常干扰了舍友的生活与休息，也就顺理成章地成为宿舍关系的矛盾焦点。

主持人：嗯，看来和谐的宿舍关系，离不开每一个人的包容和努力啊。李老师，我们经常看到这样一种现象，宿舍里4个人，两两关系比较好，有时候甚至还出现了3个人比较好、一个人落单的情况，对于这种现象，我们要怎么及时正确处理呢？

　　李老师：嗯，你说到的这种现象，反映了我们宿舍的关系结构。前面我们了解了宿舍这一空间的特殊性，这种特殊性在某一程度上决定了宿舍的关系结构。从关系的密切程度上，我们大体可以简单地划分为两种：第一种是理想状态，也是大家一直追求的状态，大家从陌生走向熟悉，成为朋友、亲人，宿舍形成了一个高度团结的整体、一个家。在这里，大家相互信任、相互包容、相互关照，情感深厚，关系融洽。第二种就是非理想状态，表现为宿舍关系的多元化结构。就是你刚才说的现象，比如有三对一、二对二、五对一、四对二、三对三等几种情形，这个时候，就很明显地意味着宿舍关系出现了问题。

　　主持人：李老师，那平时我们在宿舍与同学相处，应该怎么做，才能够避免问题的发生？或者是说，有什么好的方法能够解决宿舍问题呢？

　　李老师：从个体的角度，我给大家提三点建议：

　　一是及时沟通、换位思考。当一个矛盾发生时，每个人心里都有自己觉得对的想法，你有你的道理，我有我的道理，此时如果不及时沟通，交流一下彼此内心的想法，日后可能就会发生争吵。换位思考有助于我们理解并体会他人的感受，不至于钻进自己的死胡同、牛角尖。每个人都有权坚持自己的生活方式，但是应以不妨碍他人为前提。"金无足赤，人无完人"，要尊重个体间的差别，宽容彼此的缺陷与不足，在日常生活中求同存异，取长补短，共同营造和谐的宿舍人际关系。

　　二是掌握技巧、言行得当。"良言一句三冬暖，恶语伤人六月寒"。同样的目的，不同的说法，往往会产生不同的效果。有时明明是好意，却因表达方式的不合适而造成了别人的误解。比如说，看到舍友挂在阳台的衣服已经晾干了，想提醒他去收，此时的你是会说："你衣服都干了还不收，能不能长点心啊！"还是换种友好的方式讲："我帮你把干衣服收进来啦，下次要记得呀！"

明明是同样的目的，也都是出于好心，但是两种完全不同的表达方式给人的感受是完全不一样的。在宿舍的时候，一定注意说话的对象、场合、分寸，不能讲一些过分的话，不可伤害他人的自尊心而导致矛盾激化，尽量冷静、委婉地利用一些人际交往技巧和人际冲突沟通技巧来表达自己的想法。

三是修炼自身内在素质。和谐的宿舍关系主要取决于宿舍个体的内在素质，建立和谐的宿舍关系需要大家共同努力，相互让步、相互帮助，求同存异。做到：不讹传别人的短处，不凌辱他人，不刺探别人的隐私（不好奇），不抹煞别人的实力（不妒忌），不疏忽别人的小事（细心），不记恨别人的过错（心胸宽广）。其实，这些年，学校在宿舍关系构建上，已经开展了很多活动，比如开展宿舍文化节，优化宿舍环境，提升凝聚力；开展心理拓展训练，培养宿舍心理信息员等。

四是学会尊重宿舍的每一个人。宿舍是一个集体，由每一个个体组成。每一个人都是一个独立的个体，都有自己独特的见解。一定要学会尊重他人的意见，才是为人处世之道。

主持人：李老师，除了做好这些，您对大家还有什么建议呢？

李老师：嗯，在这里啊，我教给大家一个简单的心理团辅办法，对应对宿舍关系问题挺有帮助的。这个办法可以分五步走：

第一步：根据宿舍问题的结构特点，把宿舍同学分成背靠背的两组或三组，分别提供纸和笔，鼓励大家畅所欲言，做好充分表达的准备，并事先约定，无论对方指出什么样的缺点，都要先接受再沟通交流。在这里，我以A、B两组为例做一个介绍。

第二步：引导A组和B组的同学，分别写出另一组全体或者个别同学在宿舍中最不能容忍的五个具体事项，并按照影响程度从高到低进行排序。

第三步：在第二步的基础上，写出自己可能影响别人的五种行为，按照影响程度从高到低进行排序，并写出对方的5个优点，按照欣赏程度从高到低排序。

第四步：进行组内讨论，找出A组和B组内大家共同认为的5个最不能容忍的事项和最可能影响他人的 5 个事项，列出另一组人中 5 个明显的优点，都按照从高到低排序，选出组员代表，作为沟通的代言人，并承诺，代言人严格按照组内讨论结果代言，代言人的意见充分代表小组意见，在代言人沟通期间，其他组员耐心倾听，不打断，不发表意见。

第五步："意见面对面"，这是最重要的环节，双方代言人将组内最不能忍受的 5 个事项逐个抛出来，并对可能影响别人的 5 个事项逐个道歉并取得谅解，同时列出欣赏对方的 5 个优点，并诚恳表示向对方学习，这样一轮下来，我们会惊喜地发现，A 组最不能容忍的 5 个事项和 B 组认为最可能影响别人的 5 个事项具有高度的重合性，对方的 5 个优点成为化解矛盾的润滑剂，再引导大家换位思考，两组人充分讨论，最后所有人言和、握手、拥抱，共同写下宿舍集体的奋斗目标，留影并写上时间、事项，留作纪念。

当然，除了解决问题，还要做好防范问题的发生。

主持人：嗯，听起来挺有意思，我想这个办法一定可以帮助我闺蜜解决好宿舍关系问题啦。

李老师：嗯，可以尝试一下，从我以往咨询的实践来看，确实效果不错。想借此机会，也希望同学们遇到宿舍关系问题时，不要着急，学会主动放低姿态，换位思考，能够积极寻求朋辈、舍长或者好朋友的帮助，先尝试着沟通解决，这对人际关系能力的提升很有帮助。当然，如果个人解决确实有困难，记得求助辅导员或者心理中心的老师。

同窗共读的美好情谊自古传诵，愿大家能够共同经营，一起维护，把宿舍打造成温馨的家，留下人生最美好的回忆。

主持人：今天非常感谢李老师为我们分享了如何处理宿舍关系问题的话题，感谢李老师，各位亲爱的同学们，你们懂得如何做了吗？下期再见！

/ 知识窗 /

学生心理拓展训练：学生心理拓展训练就是通过一些拓展训练的方法，让学生懂得为人处世的道理，提升学生的自信心，调动学生学习的主动性和积极性，开发和挖掘学生的潜能，对学生的心理健康教育起到积极的促进作用，培养他们乐观、积极向上、团结协作、相互信任的优良品格。

宿舍心理信息员：宿舍心理信息员是连接老师和学生的一个很重要的桥梁。他可以积极地为舍友们排忧解难，又可以及时将宿舍一些不和谐现象或同学不正常的心理情况汇报给老师，还可以将一些常见的心理疾病的异常表现和预防措施向舍友们讲解，不断提高同学们的心理素质，确保每一个同学的心理健康。

心理团辅：团体心理辅导是以团体的方式进行的一种心理辅导形式，它是通过团体内人际交互作用，促使个体在交往过程中观察、学习和体验，认识自我和团体，提高集体的团结意识。

第二十二讲

做宿舍里的"好人缘"

对于每一个刚踏入校园的大学生们,心中都怀揣着对大学美好的寄望。但现实生活中的大学和电视剧中的大学一样吗?答案很显然。在大学里,你要面对各种各样的挑战与诱惑,其中最难处理的就是人与人之间的关系。无论是在社会还是学校中,具有"好人缘"的人都会更加容易适应和融入这个集体,那么,我们要如何培养"好人缘"呢?学会倾听他人内心的声音,学会肯定他人,学会宽容他人,学会多做自我检查……"好人缘"的人处理起事情来不仅愉悦了自我,更让他身边的朋友感觉到舒服。

大学也是一个小社会,同学们在大学里学习的不仅仅是文化课的知识,还要学会今后在社会立足的本领。愿每一个人都能被善待!

——本期嘉宾杨利利

主持人:大家好!今天很荣幸再次邀请到福建中医药大学心理健康教育指导中心的国家三级心理咨询师杨利利老师做客本期《杏苑心理访谈》。今天我们将与老师一起聊:如何做宿舍里的"好人缘"。接下来,请杨老师跟大家打个招呼。

杨老师:各位亲爱的同学们,大家好!我是心理中心的杨老师。很高兴再次和大家相约在《杏苑心理访谈》节目。

主持人:杨老师,您作为心理中心的心理咨询师,有没有哪些问题在您的咨询当中是老生常谈或者是阶段性呈现的呢？

杨老师：其实在整个的大学生群体里面，同学们可能会遇到一些关于感情的问题、学习的问题、大学生活适应性的问题、人际交往障碍的问题、家庭矛盾影响在校生活等问题，这里面基本涵盖了大学生在校期间可能会遇到的问题，也都是我们老生常谈的话题。

主持人：所以说这些老生常谈的话题是跟我们的成长环境息息相关。其实很多时候，大学里不仅仅是学习专业知识，还要学习如何为人处世，对吗？

杨老师：对的对的！我们目前的在校生，大部分都是独生子女，他们在成长过程中少有伙伴，这样的成长环境培养了他们较强的独立意识和权利意识。所以，对他们来说如何与身边的人和谐相处是非常关键的。

主持人：说到身边的人，大学期间接触最多、最频繁的应该是舍友。

杨老师：是这样的，很多学生说在中学时代就已经对大学生活充满期待了，每天一回到宿舍，氛围很好、很融洽，舍友们在一起愉快地聊人生、谈理想。当然了，也有少部分同学因为过去成长环境的影响，跟身边人相处的时候容易出现一些问题。尤其是在宿舍这样一个特殊的生活环境，什么样的同学或者说有怎样的表现，会被其他更多的同学或者同龄人所接纳尤为重要。

主持人：我的理解就是周围的人都愿意和你玩，有好人缘。

杨老师：你这样的理解确实是对的。说到好人缘，我想起一个心理专家的一段关于好人缘的访谈，今天也想在这里和大家分享分享。

主持人：哇，好期待哦！

杨老师：我记得这位心理专家是从心理学角度来分析，认为好人缘的人是有能力去尊重别人的感受，比较少去评判别人，内心能从多元的视角来理解事情，从外在的表现就显示出来一种对别人的接纳和理解。比如说我们身边都有这样的人，他平时就比较能关心别人，也就是说这个人不是活在自己的世界里，而是跟大家一起去感受大学生活。当同学病了，甚至为同学端水拿药。尽管这是举手之劳，但是却特别能够表现出一个人是不是牵挂着别人，而且会让别人感受到温暖。再比如说能善于倾听别人的同学。善于倾听可能也是现在很多孩子很欠缺的，当一个人比较以自我为中心的时候，可能也很难做到去倾听别人，也不愿意去了解别人在想什么。

主持人：没错，当下的很多同学还存在着一种很强的以自我为中心的自我感，这就和好人缘刚好相反。

杨老师：对，善于聆听和倾听别人的人，就让别人感觉到我在他的心里，就能跟别人建立起一种人际连接。这里的聆听是互动的，是关怀的，也是要给予反馈的，所谓的聆听，意思就是我们给予那个人反馈，反馈的是他所关心的、所关注的问题，所要讨论的问题，这个我们才把它定义为聆听。

主持人：也就是说可以容得下别人对一些事物的见解！

杨老师：是的，这样就传递了对别人的关心。还有最重要的一点是乐于赞美别人！这可以体现出一个人的胸怀。这其中包括两个方面，一个是你能不能够关注到别人，另外一个就是能不能从别人的视角或者多元的视角来理解这件事情。

主持人：我觉得赞美是多元的，比如说可以赞美学习，赞美你的生活态度或赞美其他的东西，在现实生活中可以赞美的东西实在是太多了，赞美也因此成为一门艺术。会赞美的人和不会赞美的人，在他人眼中和人际关系中是存在着很大差异的。所以学习赞美这项本领对于每一个人来讲都是重要的。

杨老师：是的。赞美，它也表示说我接纳你的哪个部分，比如，也许你不接纳这个人的学习成绩，但是可能会接纳这个人学习的努力程度；我们可能不接纳这个人的穿衣打扮，但是我们能感觉到这位同学其实是很努力地想让自己变得更整洁的态度……类似的例子还有很多很多。还有，就是一个有好人缘的人，当发生矛盾的时候能够以柔克刚，不与他人发生正面冲突。

主持人：那么说来，好人缘是更易于在争吵过程中体现的呀！

杨老师：对，一个人在与人发生矛盾的时候可以以柔克刚，表示他很有胸怀，或者可以后退一步，这也说明他比较有智慧或者情商比较高。

主持人：是呀，这种能够平日里多关心别人、聆听别人、赞美别人的好，能够化解矛盾或者是能够不发生正面冲突，有开心的事情能够跟别人分享、不开心的事情也可以跟别人来倾诉的人，在学校生活中应该是过得特别的舒坦！所以我们要学会如何与他人相处，成为有好人缘的人！

杨老师：是的，有好人缘的人，他能够更快地适应大学生活，他开心的时候有人跟他同在，他郁闷的时候也有人跟他同在，他能够感觉到被支持、被理解，他跟这个社会都会有连接。他在学校里的学习也会是顺利的，他在各个方面的处理上都会感觉到自己是跟这个时代或者跟组织、跟社会是同在的，那是一个很健康的状态！

主持人：那我就不明白，这些人的好人缘是哪来的，会有人天生就有好人缘吗？比如说新生刚来到宿舍，没过多久，就能跟宿舍的其他三个舍友成为好朋友、好闺蜜，这可以说是有好人缘吗？

杨老师：可以这么说，就是为什么这个同学很快能跟三个来自不同背景的人都迅速成为好朋友了，或者说能够彼此接纳。那个心理专家说过，一个人有好人缘，说明他拥有跨界理解他人的能力。其实一个人本能上只会理解跟自己一样的人，我们会喜欢跟自己一样的人，因为人是自恋的动物，但是，一个人要是只觉得自己好就不会有扩张性，就无法与别人建立连接。而能够跨界理解他人的人就是既觉得自己好，也觉得别人好，这是有胸怀的、要历练的，需要不断学习的。

主持人：说真心的，在这样的一段美好时光里，谁都希望说在毕业若干年以后，大家能够一起把酒言欢，或者在KTV包厢里面大家能够毫无芥蒂地一起畅饮。

杨老师：是这样的！其实每一个同学从内心里都希望自己有好人缘！但个别同学可能是因为曾经的经历、原生家庭、自己性情的原因，经常脱离队伍或者被队伍抛弃，因此心灵受到伤害。大学这几年是非常宝贵的时光，同学们不仅仅要学习知识，更重要的是提高情商，作为老师的我，特别鼓励同学们利用大学四年的时光好好地提高自己的情商,成为有好人缘的人!

主持人:在宿舍里总会有这种情况存在,就比如说我们几个性格比较合得来,所以就经常在一起学习、吃饭。但是总会有人跟我们看起来不同,这时候我们该主动去交流吗?

杨老师:在这里,我非常鼓励同学们去交朋友,要广交朋友,要交不一样的朋友。正常情况下,同学们都喜欢交好朋友,和自己一样的朋友或者高于自己的,这样也是好的,因为这些人很多时候会给你支持,给你关怀、理解,让你成为一个有好人缘的人。

主持人:杨老师,那一个人有没有好人缘跟什么有关系呢?

杨老师:心理学上说,原生家庭、生活环境会刻画出一个人性格的痕迹。就比如说父母的互动模式、父母对人的态度,因为千万次地在孩子面前呈现,自然就会成为孩子学习的榜样,内化到孩子的心上。所以父母的言传身教对于孩子来说是至关重要的。

主持人:大学四年非常宝贵,如果我们没有在大学里好好修炼,那么可能毕业之后出去就会处处碰钉子。那我们该怎么修炼呢,杨老师有什么好的建议能够分享给我们呢?

杨老师:哦,这个我在前面都提到一些,在这里我总结三点啊。

第一,就是建议大家多交朋友、广交朋友,因为人与人之间是存在差异的,交友的过程就是帮助我们去理解不同的人的过程,然后在这过程中我们就会对自己的人生有不一样的理解,也增强了自己的跨界理解能力。

第二,就是自我批评多一些,少一些评判,多一些自我觉察。因为我们对别人有很多评判的时候,无形中就会伤了他们,如果我们能增加一点自我觉察和自我省思,对别人少一些评判,就能把我们的关怀传递给别人。

第三,就是要多学习,我们可以从读物上学习,从生活中学习,从学生活动和学生工作中学习,从社会实践中学习,换句话说就是多增加自己的生活阅历。总而言之,就是增加我们的阅历,敞开我们的心胸,扩大我们的格局,这样我们就更有可能成为有好人缘的人。

主持人：好,今天非常感谢杨老师的分享,感谢杨老师！各位亲爱的同学们,希望你们都可以成为宿舍里有好人缘的人,下期见。

/ 知识窗 /

跨界理解能力：据心理学研究,其实一个人本能上只会理解跟自己一样的人,我们会喜欢跟自己一样的人,因为人是自恋的动物,但是一个人要是只觉得自己好就不会有扩张性,就无法与别人建立连接。而能够跨界理解他人的人就是既觉得自己好,也觉得别人好,这是有胸怀的、要历练的,需要不断学习的。

第二十三讲
恋爱心理

"热夏,你归来听蝉;再游于北方知寒;沿途不枉为少年;终有个结局圆满……"这是歌曲《美好事物》的一段歌词,却又是多少人梦寐以求的理想爱情。终有个圆满结局,何尝又轻而易举?爱情的基本成分是:亲密、激情、承诺,缺一不可。恋爱的过程,是一个不断磨合的过程,彼此适应,共同成长……对于刚刚步入爱情这条道路的青涩的我们来说,一定要学会树立一个正确的恋爱观,发展正确的恋爱行为,尽好自己应尽的职责,找寻一个志同道合的伴侣……

往后余生,珍惜只属于你的那个不完美的他/她!

——本期嘉宾狄英杰

主持人:大家好!欢迎收听《杏苑心理访谈》节目,今天很荣幸再次邀请到福建中医药大学心理健康教育指导中心的兼职心理咨询师狄英杰老师做客本期《杏苑心理访谈》。请狄老师跟大家打个招呼。

狄老师:亲爱的同学们,大家好!我是心理中心的狄老师,很高兴做客《杏苑心理访谈》节目。

主持人:狄老师,我相信我们身边有很多同学对爱情很感兴趣,那您能解释一下,什么是爱情吗?

狄老师:说到爱情,大家会想到很多经典的爱情故事,比如《梁山伯与祝英台》、《罗密欧与朱丽叶》。爱情是个永恒的话题，对于什么是爱情不同的人会给出不同的答案。有这么一个故事：有一天，柏拉图问他的老师什么是爱情，他的老师就叫他先到麦田里，摘一棵全麦田里最大最金黄的麦穗。其间只能摘一次，并且只可以向前走，不能回头。柏拉图于是照着老师的话去做。结果，他两手空空地走出麦田。老师问他为什么摘不到，他说："因为只能摘一次，又不能走回头路，即使见到一棵又大又金黄的，因为不知前面是否有更好的，所以没有摘；当走到前面时，又觉得总不及之前见过的好，原来麦田里最大最金黄的麦穗，早就错过了；于是，我便什么也摘不到。"老师说："这就是爱情。"

其实这个故事反映了人们在追寻爱情的过程中，对爱情的感受和体会。一般来说，爱情是指一对男女之间，基于一定的社会关系和共同的生活理想，在各自内心中形成的对对方最真挚的倾慕，并渴望对方成为自己终身伴侣的最强烈的感情。从定义中可以看出，两个彼此相爱的人是有共同的人生观的，是和谐与互补的，是理解和信任的，是尊重彼此的，等等。

主持人：我们知道了爱情是什么，那爱情到底包括什么呢？

狄老师：美国心理学家斯滕伯格提出了爱情的三因素理论。他认为爱情的基本成分是：亲密、激情、承诺。这三者在爱情中扮演不同的角色。

亲密：是爱情的情感部分，能够带来温暖与愉悦，使两人感觉到思想默契和心灵依恋，建立起坦诚、共享、和谐和温暖的关系。

激情：是爱情的动机部分，是滚烫的火种，可以点燃心中的火焰，全然释放身心的热量，将爱情推向高潮。

承诺：是爱情的认知部分，是决定投身于一份情感并努力爱护和维系，主要指在爱情里的担当。

主持人：这三个因素在大学生的恋爱中是怎么组合的？大学生有哪些恋爱类型呢？

狄老师：我们说最完美的爱情是三个因素共存的爱情，当然，每个人都期待完美的爱情，然而，在现实生活中，不同的恋爱动机，产生不一样的恋爱类型，大致有志同道合型（有共同的志向，双方为了维系爱情，对自身要求更高），情投意合型（以共同情趣爱好为基础，一般感情专一、互敬互爱、同甘共苦），尝试型（对与异性交往的探求，想尝试和了解爱情），弥补型（用爱情弥补精神上的空虚），虚荣型（追求虚荣，将谈恋爱视为有本事）。

恋爱动机不同，那恋爱的成功率也不一样，前两者成功率很高，后三者成功率很低。不正确的恋爱动机会滋生出心理问题，比如爱情第一、缺乏责任感、功利世俗、排遣寂寞等。

主持人：其实在大学生中普遍存在对恋爱的困惑和相关问题，老师您有什么建议给学生们？

狄老师：1.要树立正确的恋爱观。

（1）提倡志同道合的爱情。

在恋人的选择上最重要的条件应该是志同道合，思想品德、事业理想和生活情趣等大体一致。昨天看了一篇新闻稿，讲周恩来和邓颖超的爱情故事，他们一同为革命事业奋斗过，一同对理想与信念孜孜追求，彼此有同志式的关心与支持，也有夫妻间的情感交流，更有对新朋旧友的关照，还有对长者晚辈的亲情，风风雨雨走过四十五载。再比如说，西南政法大学的李志明和他现在的妻子，他们两个原先是同一个班，慢慢地，相同的价值观和思维方式让两人渐渐靠近，成为校园情侣。他们两个的目标方向一致，然后一起奋斗。像所有的情侣一样，李志明和妻子也喜欢在闲暇时一起探寻美食、看电影、唱歌、逛街……但同时他们在学习的时候，也会互相扶持，共同进步，一起讨论热门话题、一起看书复习等。在大学四年，两人共获得了近50张证书。

（2）摆正爱情与学习的关系。

大学生应该把学习放在首位，摆正爱情与学习的关系，不能把宝贵的时间都用于谈情说爱而放松了学习。因为学业是大学生价值感的主要支柱。

（3）懂得爱情是彼此相互理解，是相互信任，是一份责任和奉献。

相互理解是为自己和对方营造一种轻松和快乐的氛围，没有人追逐爱情只是为了被约束；相互信任是自信的表现，自己都不相信自己是值得别人去爱的人，别人会全心全意爱他吗？换句话讲，会相互质疑的爱情能够幸福和美满吗？责任和奉献则意味着个人道德修养，它是获得崇高的爱情的基础。责任是爱情双方都必须要具备的一种道德，彼此都必须为自己的行为负责任，为自己的行为承担后果。近些年来，不负责任的人大有人在。所谓奉献，是指双方彼此付出，彼此获得，有付出才有所得，才是一种正确的人生态度。一味付出，只会让付出方觉得累而不想再继续维持这一段关系；一味收获，只会让收获方觉得是理所当然。

2.发展健康的恋爱行为。

（1）学会积极沟通。

学会正确表达自己的感受，积极倾听对方的想法，经常使用赞扬和欣赏的语言，接纳对方、不贬低对方，尊重对方的人格。存在障碍的爱情会幸福吗？答案肯定是不会。当恋爱中存在障碍的时候，一定要及时将彼此间存在的疑惑和障碍讲清楚，要不然障碍会逐渐累积，压抑在心中，严重者可能会引起身体和心理上不同程度的损伤。所以，恋爱中的双方一定要学会及时沟通。

（2）恋爱行为要大方。

一般来说，男女双方在刚恋爱时，常感到羞涩与紧张，随着交往的深入会逐渐自然与大方。这个时期要注意行为举止的检点。有的人感情冲动，过早地做出亲昵动作，使对方反感，这反而会影响感情的正常发展。

（3）亲昵动作要高雅。

避免粗俗化。高雅的亲昵动作令人有愉悦感，而粗俗的亲昵动作往往引起情感分离的消极心理效果，有损于爱情的纯洁与尊严，有损于大学生的形象，同时对旁人也是一种不良的心理刺激。

（4）善于控制感情，理智行事。

恋爱引起的性冲动，一方面要注意克制和调节，另一方面要注意转移和升华，参加各种文娱活动，与恋人多谈谈学习和工作，把恋爱行为限制在社会规范内，不致越轨，要使爱情沿着健康的道路发展。有责任意识，这样就不会不理智行事了。

3. 培养恋爱的能力。

爱的能力是指和他人建立亲密关系的能力。一般包括：

（1）表达和接受爱的能力。

一个人心中有了爱，在理智分析之后，要敢于表达、善于表达，这是一种爱的能力。当别人向你表达爱时，能及时准确地对爱的信息做出判断，坦然地做出选择。当然，也要能承受求爱拒绝或拒绝求爱所引起的心理扰乱。学会表达和接受爱，是每个人的必修课。在一个适当的年龄，选择一份适当的爱情，是每一个人心中的夙愿。

（2）拒绝爱的能力。

在并不希望得到的爱情到来时，要果断、勇敢地说"不"，因为爱情来不得半点勉强和将就。俗话说"强扭的瓜不甜"。如果优柔寡断或屈服于对方的穷追不舍，发展下去对双方都是不利的。虽然每个人都有拒绝爱的权利，但是拒绝时要用恰当的方式，不能不顾情面，恶语相加，给对方的感情和自尊心带来巨大伤害。

（3）鉴别爱的能力。

有些同学来咨询的时候很困惑、很纠结，不清楚自己是否恋爱了，其实就是缺乏鉴别爱的能力，错把好感当成爱情、把冲动当成爱情、把友情当成爱情、把单相思当成爱情。正确辨别到底是友情还是爱情，可以避免今后的尴尬，最重要的是避免让自己错失一个好朋友或恋人。

（4）面对失恋的心理承受力。

恋爱受多种因素的制约，因而在追求爱情的过程中遇到各种波折是在所难免的。恋爱挫折是对大学生的心理承受能力的一种考验，学会从失败的恋爱中总结经验，完善自我，不断提高对爱情的正确认知。正确对待失恋既是对上一段感情的总结，又是通向今后美好生活的一张门禁卡。如果失恋没有处理得当，痛苦将会一直缠绕着你,那又怎么能开启今后的美好生活呢?

(5)保持爱情长久的能力。

恋爱有三个阶段,第一阶段是相识,主题是吸引,第二阶段是相恋,主题是依恋,第三阶段是相爱,主题是责任。在第三个阶段又会经历初识、热恋、磨合、平稳的过程。要想让爱情保鲜,就要不断地丰富自己,提高自己的能力,以增加吸引力。同时既要保持自己的个性,又要保持与对方的和谐,互相学习,互为补充。善于利用纪念日来表达爱意,加深感情,使爱情健康稳定地发展。

主持人:今天非常感谢狄老师为我们分享了恋爱心理的话题,感谢狄老师,各位亲爱的同学们,你们懂得如何做了吗?今天的节目就到此结束,与心灵相约,与快乐同行。感谢您的收听,我们下期再见。

/ 知识窗 /

恋爱心理:是隶属于爱情心理学的一个属支,其研究男女恋爱中的心理现象及其发生与发展规律的科学。

爱情三因素理论:由美国心理学家斯滕伯格提出的爱情理论,认为爱情由三个基本成分组成:激情、亲密、承诺。激情是指爱情中的性欲成分,是情绪的着迷;亲密是指爱情关系中的温暖体验;承诺是指对维持关系的期许或担保。

柏拉图:是古希腊哲学家、欧洲客观唯心主义创始人。认为"理念"是先于客观事物而存在的,是第一性的。

第二十四讲

失恋了怎么办？

狄更斯曾经说过："不要因为结束而哭泣，微笑吧，为你的曾经拥有。"恋爱是每个人在人生中必经的一段路程，但不是每一段恋爱都能开花结果。正如人生路上风雨不断，爱情路上也难免遇到坑洼，相信美好的事物都值得等待，正是因为爱过，所以慈悲，因为懂得，所以宽容，在不断跌倒爬起的时候，幸福也许就会悄悄来到。那么，遇到恋爱中的坑洼，我们该如何度过呢？首先充分体验恋爱带来的痛苦，学会宣泄自己的负面情绪，在收拾好心情后正视这段感情，然后让时间慢慢抹平伤痕，学会放下，去开阔眼界提升自己，去遇见对的那个"ta"。

——本期嘉宾丁闽江

主持人：大家好！今天很荣幸再次邀请到我校心理健康教育指导中心的国家二级心理咨询师丁闽江老师做客本期《杏苑心理访谈》。请丁老师跟大家打个招呼。

丁老师：各位亲爱的同学们，大家好！我是心理中心的丁闽江老师，很高兴再次做客《杏苑心理访谈》节目。

主持人：丁老师，最近，我们做了一个《杏苑心理访谈》节目的话题调查，发现很多同学对恋爱心理这个话题很感兴趣，您能告诉我们这是为什么吗？

丁老师：对于文化水平较高、情感体验较为丰富的大学生们来说，校园爱情是他们大学生活中重要的一部分，谈恋爱的经历是他们体验人生不可缺少的一课，校园里的爱情纯正、美好，是每个大学生都向往的；另外，失恋所带来的悲伤、痛苦、绝望、忧郁、焦虑、虚无是他们最刻骨铭心的，他们当然感兴趣了。

主持人：那么，丁老师，听说今天您要给我们分享的是"失恋了怎么办？"为什么要先讲失恋啊？

丁老师：这是因为在我们的咨询过程中，我们接触了很多因为失恋而前来求助的同学，他们的那种痛苦、不能自拔让我记忆犹新，甚至有不少因为失恋做出了极端行为的例子，如：要跳楼不想活的，伤害对方的，破罐子破摔的，等等。另外，我们有调查显示，大部分的人都经历过失恋，大学里的恋爱分手率是相当高的，而因为失恋患上抑郁症的例子也不在少数。鉴于这种情况，我想，我还是先把失恋了该怎么办和同学们聊一聊。

主持人：丁老师，很多同学很想知道，大学校园里为什么会有那么多的失恋呢？失恋的主要原因有哪些？能和我们大家分享一下吗？

丁老师：1.很多同学在恋爱之初，动机就不对。不是出于真心的喜欢而在一起，有的是为了缓解寂寞、孤独，或者是因为别人的起哄，或者是与宿舍同学的打赌，或者是因为看到大家都在谈恋爱，也想谈一个，省得被落单。

2.不懂恋爱规律。男女生恋爱的心理特点是不一样的，男生在恋爱初期总是表现出穷追猛打、积极主动的样子，而女生在恋爱之初总是表现出矜持内敛、敏感谨慎的样子，刚好时间对不上，就很容易在一起后女生产生一种感觉：男生热情减退，是不是不爱她了，这种想法激化成矛盾，进而影响双方的感情。

3.受到一些客观因素的影响。如：父母的反对，异地恋爱，升学，学习太忙，工作不在一起，当然也可能有第三者进入。

4.交往模式存在一些问题。不懂得尊重对方，不懂得给对方时间和空间（这个问题，下次我们会有一位老师来为大家做深刻地剖析）。

5.还有其他的一些特殊原因，这里不具体说了。

主持人：丁老师，我的一位朋友啊，她就是被分手，男生那边总是说学习太忙没时间谈恋爱，但是这种借口让我朋友无法接受。为什么总要找个理由来伤害别人呢？为什么不能真诚一点呢？

丁老师：失恋后，每个人都会产生一系列的消极情绪和反应，但是随着时间的推移，心理弹性高的个体会逐渐面对现实，接受失恋的现状，知道感情是不可挽回、不可强求的，也接受自己目前单身的状态，适应现实生活；而心理弹性低的同学，就容易沉浸在失恋的不确定和痛苦中难以接受现实。不管对方给了什么理由，分手已经是结果了，他给你理由也许是最后的体面，不愿意说狠话来伤害你，有些时候真诚还不如美丽的谎言。

主持人：丁老师，失恋的人会表现出很多极端行为，那么我们到底应该怎么面对失恋呢？或者说，我们可以怎么做？

丁老师：这个问题问得很好，那我就结合咨询经验和大家聊聊。

1.首先，你应该充分地感受和体会失恋带来的痛苦。这种体验是人生的一种美好记忆，充分地去感受它，让它滋养我们成长。爽之有害，痛苦之有益嘛。

2.一定要宣泄出来。可以好好地哭一场，找朋友哭，或者到心理咨询中心哭，或者自己哭，一定要懂得宣泄自己的痛苦情绪。

3.扩大交往面。不能眼中只有恋人，失去恋人，你可能会得到整个世界。没有谁离开谁是活不下去的。

4.等自己稍微清醒之后，重新去认知你们的感情。不要总觉得自己付出很多，得到很少；不要总觉得别人对你不忠诚，其实他离开你是最大的忠诚。运用合理情绪疗法，不要强求，万事万物都有其发展的自然规律，既然无法挽回，那就吃一堑长一智。

5.转移注意力，去散心、旅行，或者把能量升华到其他的事情上，强迫自己开拓视野，一个小小的失恋算得了什么。做个比喻，没有看过大海，你就以为闽江就是全部；没有爬过华山，你就以为鼓山就是最高；没有遇见更优秀的，你就以为眼前的就是最好。

6.要懂得失恋的最好治疗药物是：时间。时间是让人猝不及防的东西，很多时候，你以为你永远都不会释怀或者放下，可是一年三年五年十年之后呢，也许你都记不清他的样子了。放不下的就交给时间吧。

主持人：那丁老师，失恋后什么是不能做的呢？

丁老师：这个问到点上了。

1.失恋后千万不能继续做朋友，如果继续做朋友，心里还会有很多情愫，分手就会分得不彻底，痛苦就会被延长。5年内不做朋友。大家应该有过这种体验，分手后生活中某个细节让你又想起他，如果还保持联系，就会心存侥幸，对方会不会也余情未了，这样子就很难走出来了。

2.不能自暴自弃，不能伤害自己，不能报复和伤害别人。要不然失去的就不仅是恋人，有可能是你的整个人生。任何事情的发生，从来不是一个人的过错，不应该让另一方承担所有的责任。每个人都有情绪不稳定的时候，但是要学会控制它，不然一时冲动带来的可能就是一辈子的悔恨。

3.马上找个替代的人来安慰自己受伤的心灵。刚失恋后是最不理智的，这时候很容易冲动而选择替代的人来寄托感情，一定要慎重，否则不仅是对自己的不负责任，也是对别人的一种伤害。

主持人：那丁老师，我们都会遇到因失恋哭得很伤心的人，作为他们的闺蜜、朋友，或者身边的同学，我们能做点什么呢？

丁老师：看来你很有爱心啊。

1.最重要的是倾听，听她说，让她讲，我们做适当的反馈就行，不要给予这样那样的建议，或者说些天涯何处无芳草等没用的话。大道理谁都懂，她可能只是需要一个可以陪伴她、聆听她心声的人。

2、她需要陪伴，你可以一句话都不说，在身边就好。帮她度过最煎熬的48小时。这就已经是最大的帮助了。同时，如果发现朋友因此有自毁或者报复他人的倾向，一定要和家长、老师反映情况并且稳定她的情绪，以免其造成不可挽回的伤害。

主持人：今天非常感谢丁老师为我们分享了"失恋了怎么办"这一话题，感谢丁老师。各位亲爱的同学们，你们懂得如何做了吗？

/ 知识窗 /

合理情绪疗法： 合理情绪治疗（Rational – Emotive Therapy，简称RET）也称"理性情绪疗法"，是帮助求助者解决因不合理信念产生的情绪困扰的一种心理治疗方法，20世纪50年代由阿尔伯特·艾利斯（A. Ellis）在美国创立。合理情绪治疗是认知心理治疗中的一种疗法，因它也采用行为疗法的一些方法，故被称为一种认知-行为疗法。合理情绪疗法又称合理情结疗法，它的基本理论主要是ABC理论，在ABC理论模式中，A是指诱发性事件；B是指个体在遇到诱发事件之后相应而生的信念，即他对这一事件的看法、解释和评价；C是指特定情景下，个体的情绪及行为结果。合理情绪疗法的主要目标就是减少求助者各种不良的情绪体验，使他们在治疗结束后能带着最少的焦虑、抑郁（自责倾向）和敌意（责他倾向）去生活，进而帮助他拥有一个较现实、较理性、较宽容的人生哲学。这个目标包含了两层含义，首先是针对求助者症状的改变，即尽可能地减少不合理信念所造成的情绪困扰与不良行为的后果，这称为不完美目标；另一方面的含义是着眼于使求助者产生更长远、更深刻的变化。它不仅要帮助求助者消除现有症状，而且也要尽可能帮助他们减少其情绪困扰和行为障碍在以后生活中出现的倾向性，这称为完美目标。这一目标的关键在于帮助求助者改变他们生活哲学中非理性的成分，并学会运用现实、合理的思维方式。

抑郁症： 抑郁症又称抑郁障碍，以显著而持久的心境低落为主要临床特征，是心境障碍的主要类型。临床可见心境低落与其处境不相称，情绪的消沉可以从闷闷不乐到悲恸欲绝、自卑抑郁，甚至悲观厌世，有自杀企图或行为；甚至发生木僵；部分病例有明显的焦虑和运动性激越；严重者可出现幻觉、妄想等精神病性症状。每次发作持续至少2周以上，长者甚或数年，多数病例有反复发作的倾向，每次发作大多数可以缓解，部分可有残留症状或转为慢性。

心理弹性：主体对外界变化了的环境的心理及行为上的反应状态。该状态是一种动态形式，有其伸缩空间，它随着环境变化而变化，并在变化中达到对环境的动态调控和适应。心理弹性既存在个体先天生物特质的差异，也受到后天环境、教育与训练的影响，它应视为个体先天与后天的"合金"。一般来说，心理弹性与适应性呈现为一种正相关，即弹性愈大，表明个体对外界环境的调控能力愈强，适应性水平愈高。一个具有较高心理弹性水平的个体，表明其在认知、豁求强度、情绪激活、应激方式以及人格特质等方面的综合品质均达到了对外界环境的最佳匹配、调控与适应，且能够以最有效的途径外化出来。因此，从一定意义上讲，个体心理发生、发展的过程，即是其心理弹性不断增强的过程，也就是其社会化和社会适应水平日趋提高与完善的过程。心理弹性应视为个体素质结构中的一个核心变量，同时也是个体人格与认知水平的一种综合体现。

第二十五讲

网恋知多少？

进入 21 世纪，随着科学技术的迅猛发展，人们的交流方式也随之变化，随着互联网的普及，网恋也应时而生。那到底什么是网恋，而我们又该如何正确对待它呢？所谓网恋，就是基于互联网发生的恋爱。对于网恋，大家褒贬不一。其实网恋只是改变了大家认识的方式，并没有改变恋爱的方式。在网恋中要注意感情的投入，分清现实和虚拟；时刻保持清醒冷静的大脑；注意个人安全，小心信息泄露和网络诈骗。

——本期嘉宾林燕斌

主持人：大家好！今天很荣幸再次邀请到我校学生工作处的林燕斌老师做客本期《杏苑心理访谈》。今天我们将与老师一起聊：网恋知多少？请林老师和大家问声好！

林老师：各位亲爱的同学们，大家好！我是学生工作处的林燕斌，很高兴做客《杏苑心理访谈》节目，我是恋爱心理学选修课的老师，今天我们一起来聊聊网恋，希望会对大家有所帮助。

主持人：林老师，我们同学最近聊到一个话题，那就是网恋的问题，有些同学说网恋不是恋爱，有些同学说网恋也是恋爱，那您能告诉我们什么是网恋吗？

林老师：所谓网恋，就是基于互联网发生的恋爱。网恋的情况大抵可以分为两种。一种是恋爱双方相互了解交流的渠道是互联网。在网上认识,在网上恋爱,甚至在网上结婚组成网上家庭,但在现实生活中双方是完全不接触的,这更多的像一种柏拉图式的精神恋爱。另一种是恋情的产生虽然基于互联网,但互联网不是双方唯一的交流渠道。恋爱的双方还使用其他方式例如电话、书信等,并且频繁见面。对于他们而言,互联网只是情感交流的一个补充工具。

主持人:那您能跟我们聊聊他们为什么会网恋吗?

林老师:在这里,跟大家分享一下心理专家、学者关于网恋产生原因的一些主要观点:

1.追求爱情的理想化。由于现实生活中的爱情往往带有许多功利主义的色彩,或者受传统观念的约束,许多理想主义者幻想在网络上能够有超越一切的纯爱情。他们倡导柏拉图式的精神恋爱。他们寻求精神的绝对自由和爱情至上的纯粹,而网恋刚好满足了他们对爱情的此种要求。

2.无限选择的可能。现实生活中的男女双方选择交往对象的范围多为自己的同学、朋友、同事、邻居等,选择的范围相对狭小。而网络却把五湖四海的人联系在一起,可以突破时空距离的限制,去选择志同道合的交往对象,这时面临的可能性几乎是无限的。

3.由于网络具有影响广、时效快、手续简便等特点,很多有意于寻找终身伴侣的人把网络作为一种手段,或者说作为一种实用工具。带有此类心态的人往往会主动挑明自己的条件和要求,因为他们不想浪费时间,而网络强大的搜索匹配功能则满足了他们的要求。

4.需要的满足。有失恋经历的人更容易网恋。曾经在感情方面受过创伤或是失恋过的大学生更容易尝试网恋。按照马斯洛的需求理论,人的需求从低到高分为五个层次:生理需求、安全需求、爱与隶属需求、尊重需求、自我实现需求。处于"爱与隶属"需求层次的大学生,更需要别人的接纳、关爱、欣赏和理解。当他们在现实生活中得不到这种需求或是在这方面遭受挫折和创伤时,就会将这种需求转移,寻找其他途径补偿。网络的适时出现恰好迎合了大学生的这种需求。因为隔着网络，不需要面对面交流，很多不为人知的情绪可以隐藏和展示出来，个体很容易将网络生活纳入现实的一部分，习惯成自然。

5. 自卑心理。比如有些人由于相貌身材等不理想的原因，在现实生活中不敢去寻求自己的另一半，而在虚拟的网络世界里，他或她可能变成一位翩翩公子或窈窕淑女，可以充满自信地享受爱情的滋味。就像刚刚说的这也是一种需求的满足，但是，不同的是这一种情况的基础是假面性、欺骗性的，这一类网恋的同学将现实和虚拟分得很清楚。再自卑的人也会想变好，而最不需要花费精力的就是虚幻想象出来的美好。

6. 出于对于异性神秘感的探寻，尤其是缺乏性心理教育的大学生，他们对异性充满好奇，但是在现实生活中，这些敏感的话题是不可触及的，于是寻找网上的"知己"，一方面，可以了解异性的心理，另一方面也可以作为真正爱情的一个尝试。那这一类同学由于认知的缺少，很容易被误导，所以这类情况的同学要注意辨别真假，注意自身安全。

当然，也有一些其他的原因，时间关系就不一一介绍了。

主持人：原来如此。其实，在现实生活中，很多人都觉得网恋不靠谱，您能跟我们说说为什么网恋会给大家这样的印象呢？

林老师：这个问题问得很好。网恋其实很正常，为什么这么说呢？因为现在每年网恋的人不在少数，网恋之后幸福生活的人也有不少。具体数字没有去统计，不过我想现在大家身边多多少少都会有从网恋到结婚的。网恋只是改变了认识的方式，而没有改变恋爱的方式。大家之所以会觉得网恋不靠谱，主要是因为：

1. 对身心健康可能产生危害。网恋需要占用大学生很多宝贵的时间，使得他们学习和体育锻炼的时间减少，不但影响学业，也不利于身体的健康。长期精神高度集中的上网，容易使大脑神经长时间处于活跃和高度兴奋的状态，引起肾上腺素水平异常增高、交感神经过度兴奋、血压升高、植物神经功能紊乱，从而诱发心血管疾病和紧张性头痛等疾病，严重地影响到成瘾学生的身体健康。

2.网恋中的欺骗性会造成诚信和责任感的缺失。网恋双方缺乏真正的了解，也没有任何现实的感情基础，这样的关系是脆弱的，非常容易破裂。你想想看，你的网恋对象的身份比如性别、年龄等都是隐藏的，有的网恋双方"恋"了很久，"奔现"之后才发现自己的"恋人"居然和自己是同一个性别，这对于正常人来说是不能接受的事情。我想大家不免听过或看过这样的案例，网恋了，但自己的"恋人"居然是骗钱劫色之徒，从而导致轻则失身，重则失去宝贵的生命。这对于大学生来讲，不但是一个感情上的伤害，同时也会造成他们对现代社会人际关系认识上的偏差。

3.网恋容易使人沉迷。有的同学沉溺于网恋，把网恋当成生活的唯一追求，这就减少了他们与老师和同学之间的交流，使他们变得性格孤僻，甚至造成人格分裂，影响大学生的社会化进程。

主持人：那林老师，网恋到底可不可信呢？

林老师：如今人们一谈网恋，便谈虎色变。其实网恋并非洪水猛兽，网恋只是恋的方式不同。对于这个网恋到底可信不可信，没有一个绝对的答案。如果说网恋全是不可信的话，那么我们在现实中也看到了不少网恋成功生活幸福的夫妻啊！如果说网恋是绝对可信的，那么我们也在现实中看到了不少因为网恋失败而情绪崩溃甚至受骗的例子。

所以你的这个问题呢，应该这么来看，网恋双方要把虚拟的变成现实，用大家的话说就是"奔现"。如果觉得两个人在现实生活中跟在网络中一样的合适，那么你们恋爱成功的可能性就很大；如果觉得在现实中跟对方的相处与网络中一丁点都不一样的话，那么就放弃吧！很多事情都不是绝对的，我们应该辩证地去看待网恋。

主持人：那林老师，对于网恋，您能给我们一些建议吗？

林老师：好，那在这里，跟大家分享3点建议：

1.**不迷恋网络**。在现在的社会，网恋是正常的，只是要提醒大家的是：不要相信在网络上真的能谈恋爱。你要知道网络只能让你们彼此认识，彼此了解。

真正要恋爱,还是要"奔现"。没有现实基础的网恋,是不会有令人满意的结果的,是不会幸福的。其实说来说去,就是一句话:无论是网恋,还是异地恋,想修成正果,最终还是要一起生活。所以网恋其实只是改变了认识的方式,以前大家可能通过亲戚朋友同学等介绍认识,或者是在工作生活中认识,而现在只不过是通过网络认识而已。正常情况下,我们是可以通过网络了解一个人的基本信息和一些家庭情况,但想真正了解这个人其他的详细的信息,比如对方的人品、对方家族的翔实情况等,就需要你们彼此在一起,经过一些时间,经历一些事情,才能真切了解到。所以无论是网络上认识的,还是现实中认识的,最终想走到一起,归结到底还是要在一起生活,一起经历,才能收获爱情,才能走上幸福的婚姻。

2.要时刻保持清醒的大脑。爱情是冲动的、盲目的,但是你要记住:无论在网上谈到什么程度,也无论你有多么多么喜欢对方,都要时刻保持清醒的大脑,因为网络毕竟不是现实,很多东西是能伪装的。只要我们用怀疑的态度、冷静的头脑,去看网络对面的他(她),就会更好地保护自己,才有可能获得真正的爱情。

3.最重要的一点是:不要轻易借钱或者透露个人敏感信息。网络诈骗惯用的伎俩就是先博取对方信任,以事出有因换钱或者借钱来骗取金额,更为恶劣的就是借"奔现"欲行不轨,所以大家在网络上交友一定要注意安全,冷静理智,不随意暴露自己。

主持人:今天非常感谢林老师为我们分享了网恋的话题,感谢林老师,各位亲爱的同学们,你们懂得如何做了吗?

/ 知识窗 /

马斯洛需求理论：马斯洛需求层次理论是人本主义科学的理论之一，由美国心理学家亚伯拉罕·马斯洛在1943年在《人类激励理论》论文中所提出。书中将人类需求像阶梯一样从低到高按层次分为五种，分别是：生理需求、安全需求、社交需求、尊重需求和自我实现需求。假如一个人同时缺乏食物、安全、爱和尊重，通常对食物的需求是最强烈的，其他需求则显得不那么重要。此时人的意识几乎全被饥饿所占据，所有能量都被用来获取食物。在这种极端情况下，人生的全部意义就是吃，其他什么都不重要。只有当人从生理需求的控制下解放出来时，才可能出现更高级的、社会化程度更高的需求如安全的需求。

植物神经：植物神经系统（VNS）是内脏神经纤维中的传出神经，也称自律神经；植物神经系统掌握着性命攸关的生理功能：如心脏搏动、呼吸、消化、血压、新陈代谢等。植物神经系统（自主神经系统）是一个控制系统，很大程度上是无意识地调节身体机能，如心率、消化、呼吸速率、瞳孔反应、排尿、性冲动。该系统主要是控制"应激"及"应急"反应。

紧张性头痛：紧张性头痛又称为肌收缩性头痛，是一种最为常见的原发性头痛，约占头痛患者的70%～80%。表现为头部的紧束、受压或钝痛感，更典型的是具有束带感。作为一过性障碍，紧张性头痛多与日常生活中的应激有关，但如持续存在，则可能是焦虑症或抑郁症的特征性症状之一。本病多见于中青年，儿童也可患病，女性略多见。病初症状较轻，以后渐渐加重。

第二十六讲

如何与自己的父母和解

中国人常说:"家家有本难念的经。"随着社会经济的发展,学校教育、社会教育被大家所强调,而家庭是孩子的第一所学校,家长作为孩子的第一任老师,孩子在成长的过程中必然会受到原生家庭的影响,若是幸福的家庭氛围带来正面影响则好,但世界上更多的是各种问题和矛盾,长大的过程中你可能无意识地就接受了负面的影响成为讨厌的自己。原生家庭的影响虽然深重,但不是没有办法消除的,这就需要我们学会与原生家庭和解,放过自己也宽容父母,放下执念,放下伤害。

——本期嘉宾郑梅萍

主持人:大家好,今天我们邀请到了学校心理中心的国家三级心理咨询师郑梅萍老师做客本期《杏苑心理访谈》节目,今天我们将与梅萍老师一起聊聊"如何与自己的父母和解"这个话题。我们先请梅萍老师和大家打个招呼吧。

郑老师:各位亲爱的同学们,大家好,我是心理中心的郑梅萍老师。今天我想结合我工作、生活中所感知到的现象、问题,和大家一起来聊聊父母及原生家庭的话题,希望能给各位同学们带来一些有益的启发。

主持人:梅萍老师,是什么缘由促使您关注到这一话题呢?难道在我们大学生群体中,很多人有来自家庭方面的问题和困扰?

郑老师:你说得没错。在大多咨询个案中,我们会发现,不少学生的痛苦、不幸和性格缺陷，都与自己的父母和原生家庭有关。而我们每个人身上，或多或少，都透露着自己原生家庭的样子，这些影响或好或坏，但不是绝对存在，是好是坏需要我们正确看待、认知并做出自己相应的改变。

主持人：听老师这么说，我也觉得自己有这方面的问题。感觉从小到大，我都很少和父母深入地聊天过，现在也总感觉和他们聊不到一块儿去。在生活中碰到一些问题，也会不自觉地去抱怨他们，把自己的问题归结于他们身上。

郑老师：其实，很多人和你一样。好像呢，我们的不幸福都能和自己的家庭扯上关系，好像所有的问题都是父母的错误导致。比如，不自信是因为从小缺乏父母的鼓励，不会建立良好的亲密关系是因为父母给的疼爱太少，没有一技之长是因为父母对教育不重视，等等，总之，人生所有的不如意都可以与原生家庭沾上边。但其实真的是这样吗？

主持人：嗯，确实，我们总是习惯对自己的父母苛责、发脾气。那老师，这个原生家庭到底是什么，您能和我们解释下吗？

郑老师：所谓原生家庭是指生活于父母的家庭，儿女还未组成新生家庭，简而言之就是自己和自己的父母所构成的家庭。大部分人都在自己的原生家庭中出生和成长，在很大程度上，我们的原生家庭奠定了我们人生的基调，决定了我们一生的轨迹。心理研究者非常关注原生家庭对一个人的影响，甚至很多心理医生对人们碰到的心理问题从原生家庭上寻求原因和答案。

主持人：梅萍老师，一般来看，原生家庭会给我们带来哪些影响呢？

郑老师：俗话说，父母是孩子的第一任老师，父母的性格脾气、言谈举止、面对问题的态度、处理问题的方法，甚至面对压力困境的态度、人生观、价值观等，都对孩子的一生有着深远的影响。一般来说，父母间的互动模式决定了未来孩子自己婚姻的互动模式。举个例子，一个男弱女强的家庭模式下成长起来的孩子，如果是男孩，可能会相对稚弱，将来的配偶通常也是强势的；如果是女孩，将来必然强势，未来配偶也通常会是一个弱势的男生。原生家庭中，父母的沟通模式也影响了孩子将来的沟通模式。比如，习惯于争吵的父母，孩子通常不善于讲理且多数性格较急躁易怒。在原生家庭的影响中，最重要的还包括处理心理问题的方法和能力，如果父母缺乏处理心理问题、进行心理疗愈的能力，那是很难培养出内心强大的孩子的。

主持人：嗯，看来一个人的成长和他的原生家庭有着密不可分的联系。那如果这种影响是负面的，对于个人的成长也会带来很多问题吧？

郑老师：确实，来自家庭的负面影响很难根除，常常伴随大半生才得以缓解或者消除。我举个例子吧。之前，高晓松在《奇葩大会》上公开提到自己的原生家庭，提及自己和父亲的关系。他说"我一辈子没有问过我父亲一个问题。有长达二十年的时间因为对原生家庭的不满，尤其是我跟我父亲之间极为不好的关系，结果导致我年轻时候出现很多问题：讨厌别人干预自己、爱较劲"。直到40岁之后，他才慢慢摆脱不好的影响，真正地走了出来，可见家庭影响的深重。换句话说，如果一个人童年时的创伤没有得到疗愈，那么成年后的他依然会陷在这个限制之中难以成长。心理学家弗兰克·卡德勒说过这样一句话："生命中最不幸的一个事实是，我们所遭遇的第一个重大磨难多来自家庭，并且，这种磨难是可以遗传的。"如果不能消除这种负面影响，那由父辈传递来的苦痛也可能继续延长，很容易造成几代人的不幸。长大以后，我们就变成了自己最讨厌的那种人，这句话不无道理。

主持人：老师，听您这么说，我想起了之前在网上流行的一句话，就是：每个人终其一生努力，就是为了突破原生家庭。

郑老师：嗯，这句话有一定的道理。伴随着成长，我们会开始思考这样的问题：父母究竟给了我们什么？父母给予的是好还是坏？而不少人会对自己的原生家庭产生质疑。其实，这种质疑是一件好事，哪怕你开始对父母给予的东西产生恨意，但这恰好说明了：你开始学会独立思考，开始形成自己的人生观和价值观，开始要脱离原生家庭对你的不利影响，这是我们学会独立生活的重要一环。但是，如果我们把所有问题的板子全打在父母身上，这也是不公平的。客观地去看，我们可以发现，有很多在相似的家庭出生和长大的人，呈现出了迥然不同的成长轨迹和人生格局。原生家庭并没有阻止我们成为一个优秀的人，而区别就在于，对于原生家庭的影响，有的人选择重新坐回轮椅，有的人却把它改造成自己的战车。每个人都有重新塑造自己的机会，真的要改变，什么时候都不晚，而所阻挡你的必然是为了更好地成就你。

主持人：老师，您的意思是：我们要尽力改变原生家庭给我们带来的影响吗？

郑老师：是的，确切地说，是要与原生家庭和解。原生家庭对再生家庭的影响叫代际传递，分正面影响和负面影响，我们只有充分认识到原生家庭给自己带来的影响，才可以阻断来自我们原生家庭负面的影响传递。和解是一种更深层次地接纳、理解与改变。原生家庭是一个人发展的起点，这个观点无可厚非。但一个人的成长发展是由多方面决定的，到达终点的途径也是多种多样的。我想，我们要做的就是尽量消除原生家庭带来的负面影响，与自己的父母达成和解，和自己的原生家庭和解，让自己在成长道路上更加理性、通达、包容，不断接近自己的理想状态。

主持人：我知道了，和解就是一个接纳和改变，努力成为更好的自己的过程。那老师，我们该如何与自己的父母和解呢？

郑老师：你总结得很好。今天我们谈论原生家庭的目的，并非是在怪罪家庭，归咎于家庭，而是在寻找个人成长中跑偏的原因，促使自己对此做出更好的改变。我想，要达成与自己父母和家庭的和解。

首先，要想通一点，那就是要坦诚地面对自己，正视自己身上存在的问题，以理性、客观的心态看待原生家庭的缺陷。人生而不同，与其羡慕别人的际遇与环境，不如正视自己的资源与优势，短处常常伴随长处而显现，切莫妄自菲薄，出师未捷心已卑。

其次，学会接纳，认识到人人都不可能完美，接受自己的不完美，也接受父母的不完美。不怨恨自己，也试着去接受父母的缺点。

最后，要主动走出原生家庭模式，换位思考父母的处境，体会父母的不易，原谅父母教育的缺失与伤害，在内心真正与父母和解，进而尽自己最大的努力去实现自愈、学习和成长。

主持人：老师，在尝试与父母达成和解的过程中，我们有没有什么方法和步骤可以遵循的呢？

郑老师：1. 与父母和解的第一步就是要让被压抑的情绪有觉知地、负责任地表达出来。有觉知、负责任的意思是，情绪是自己的事情，学会控制和处理，不要对父母或其他人宣泄你的情绪，而是为它创造一个空间，让情绪可以出来，也就是我们在咨询中常用到的情绪宣泄法。例如，对着椅子、枕头或是想象父母就在眼前，把压抑的情感和想说的话表达出来，哪怕是一些听起来比较恶毒的话。如果你做不到这点，也可以选择写信或者是文字表达的方式，这是一个很好的渠道。

2. 与父母和解的第二步就是要站在父母的立场，换位思考，去感受父母当时是处在一种什么样的情境下，有着什么样的感受和想法，什么原因让父母做出了那样的举动。然后，再去感受一下当他们听完你所表达的情绪和想法后，他们会有什么样的反应，有什么想说的。就这样在父母与自己的位置上来回切换，去理解事情发生发展的原因，体会双方情感和思维的差异，把双方之前没有表达出的情绪、想法都表达出来。到最后通常双方都会相互理解并带着爱与祝福达成一种和解。

3. 与父母和解的第三步就是带着一种全新的模式，开始新的生活。之前的模式是无意识地重复父母，当认识并且理解了之后，就该有意识地带着觉察去开始一个全新的模式。我们要认识到改变的权利一直都握在自己手里，当然这个过程不是一帆风顺的，中间会有一些反复，但我们要坚信每个人都是自己最好的治疗师。要获得新生，必然要把旧的伤痛治愈，去腐肉，生新肌，这过程很难，但只要勇敢坚定地向前，就能如愿。

主持人：听您说了这么多，我觉得自己豁然开朗了。那么最后，老师有什么建议可以给我们的同学们吗？

郑老师：嗯，最后我还有几句话，要和大家共勉。父母是我们生活中最亲密的人、最值得信赖的朋友，他们是前半生陪伴你最久的人，尽管他们不那么完美，抑或是给我们带来过伤害，但随着我们心智的成熟和阅历的日渐丰富，我们应该主动学会增进与父母的沟通，超越旧的交流模式和局限，学会理解父母，理解他们的爱意与不足；学会尊重父母，感恩他们的养育和奉献；学会向父母表达，勇敢倾吐内心想法，背上伤痛，温柔地坚持，坚定地成长。

主持人：今天非常感谢梅萍老师的分享，感谢您！各位亲爱的同学们，你们懂得如何与自己的父母和解了吗？我们下期再见。

/ 知识窗 /

代际传递：代际传递是指父母的能力、观念、行为、社会地位等传递给子女的现象。指亲代有意或无意地在心理上影响子代管教态度和行为的过程，即亲代的管教方式对子代成年之后的管教方式具有一定的预测性。

原生家庭：原生家庭是一个社会学概念，是指儿女还未成婚，仍与父母生活在一起的家庭。新生家庭就是夫妻双方组成的家庭，这样的家庭不包括夫妻双方的父母。每个家庭都是有系统排列的，家庭有原生家庭和新生家庭之分。原生家庭和新生家庭是一组相对的概念。

情绪宣泄法：情绪宣泄法是通过排出消极情绪进行心理治疗的方法。弗洛伊德在进行临床治疗时，曾采用自由谈话法，发现患者通过喋喋不休地尽情倾诉自己内心的隐私，被压抑的消极情绪得到宣泄，从而恢复心理机能，医治心理创伤，解除内心障碍。

第二十七讲
学会如何与自己相处

人生在世，总免不了被世俗的喧嚣所叨扰，但为俗事烦扰的时候，我们也不能忽视疲累的自己，要学会自我修复和放松。哲学家芝诺曾被问及："谁是你的朋友？"他说："另一个自我。"那么，如何与自己相处呢？最重要的就是享受孤独。而在此之前先要拒绝寂寞，真实地了解自己的交友目的，明确自己的本心，找到另一个自己——把脚步放慢，给自己更多的时间去观察、去思考，成为一个能够充满智慧的人。

——本期嘉宾宋文佳

主持人：大家好，今天我们邀请到了来自陕西中医药大学的交流辅导员宋文佳老师做客本期《杏苑心理访谈》节目，今天我们将与宋老师一起聊聊如何与自己相处这个话题。宋老师，您先介绍一下自己吧。

宋老师：亲爱的同学们，大家好，我来自陕西西安，我在陕西中医药大学研究生院担任研究生辅导员，这学期在福建中医药大学学工部交流，非常开心能做客我们《杏苑心理访谈》节目。

主持人：宋老师，您来这里已经三个月了，您对我们学校的印象怎么样啊？

宋老师：来到我们校园，置身校园的那一刻，我真的觉得我是幸运的，接下来的几个月就要在这样优美的环境中度过，想想就觉得很幸福。事实证明也确实如此，在这几个月里我接触到的老师和同学，都给我留下了深刻的印象，他们热情、真诚、善良、认真，对我都很好，还结识了一群可爱的易班小伙伴。

主持人：宋老师，好像这次来福中医交流的辅导员就您一个人，那您有没有亲戚朋友在这里啊？

宋老师：没有，就是一个人来到一个完全陌生的地方。

主持人：那您除了上班时间都是一个人哦，又从那么远的地方来，会不会觉得一个人很孤单啊？

宋老师：刚来时肯定会有一点点，刚好这也是今天我们要聊的话题，今天我会以亲身感受和大家一起聊聊如何与自己相处。刚来学校的时候，真的还是有一个适应的过程，和谁都不认识，做任何事情都是一个人，去饭堂一个人，回宿舍还是一个人，走在学校的路上也是一个人，在办公室和同事因为不熟悉，也很少说话。刚来的那几天，感觉每天说了几句话都可以数得过来。虽然是一个人，但是并没有觉得孤单，我反而非常享受这份难能可贵的孤独。晚上闲暇时候，我会一个人听着音乐在校园里漫步，那让我回想起我读研究生时美好的时光，感受着学校的美景会让我整个人都沉淀下来，整理自己一天所得，凝练思绪，孤独的时光对我来说是那么的惬意和美好，我很享受！

主持人：宋老师，那您一个人在这里要待这么久，怎么才能做到去享受一个人的时光而不会觉得无聊呢？

宋老师：就是慢慢学会了和自己相处啊，在我来这里之前，单位和家庭很多的事情都需要亲力亲为，就一直在生活的轨道上转圈忙碌着，几乎没有一个人的时间，也没有一个人的生活。其实我们的生活方式也都是有惯性的，当我们在日常生活轨道上高速奔跑的时候，突然再变换另一种生活方式轨道，惯性肯定会让我们有些许的不适应，这都是正常的，对于我来说独处的日子是一种奢侈，很快我就开始珍惜并享受这样的时光。

主持人：我经常看到身边的女生相比男生好像更加害怕独处和孤单，不管做什么都要结伴而行，就连上卫生间都要叫上小伙伴，几乎没有一个人独处的时间，而且感觉好像一个人没有人陪着，做什么事情都没意思。其实和朋友同学在一起挺好的，那么有必要一定要学会和自己相处吗？

  宋老师：嗯，你这个问题问得很好。人本来就是群体性动物，我们当然不可能完全一个人生活，这从生活方式上来讲是不可能的。我们肯定需要和其他同学一起学习、生活。同学们互帮互助，一起合作做一些事情当然是很好的，结交志同道合的朋友，互相学习。但是我们在结交朋友的时候一定要问问自己，我为什么去和这些朋友亲近？我真的只是因为他们的个人魅力而被吸引吗？现在人们多感慨生活在这个世界、这个社会，经常会觉得很累，不是因为身体疲惫，而是心累。这个世界人太多了，优秀的人也很多，我们都不想要被忽视，所以我们从小到大一直都在做一件事情：证明自己的存在，得到认可。从小向家人证明自己、向老师证明自己、向同学们证明自己，长大以后向老板证明自己、向同事证明自己、向社会证明自己。有时候我们交朋友只是为了让自己别单着，不管干什么都要有朋友跟着，不是因为害怕孤独，也不是因为多么喜欢交朋友，而只是为了向别人证明我的人缘并不差，我是受欢迎的，是一种炫耀。有时候附和别人的观点并不是真的认同，而只是为了迎合而得到别人的接受和认可，大部分人怎么做就怎么做，由此来避免被边缘化，这是从众心理的表现，有些甚至是为了一些利益关系。古人有句话说得很好，"君子之交淡如水"，淡如水指的是交往方式而不是情谊，真正的朋友之间的交往是不限于形式和方式的，即使很久不联系也依然能够惺惺相惜，彼此不打扰、不麻烦对方的生活，不为交往动机和交往方式所累，如水，清澈纯净，润物无声，流动不息。

  主持人：老师，您说的这些交友动机，可能多多少少都是存在的，但是我认为也是必需的。因为生活在这个群体里我们是需要这样做的，我们是需要建立人际关系在群体中生存的。

  宋老师：嗯，说得没错。但是交友一定要忠于自己的内心，在很多时候我们和别人相处时却忘记了最重要的人，那就是自己。我们急着去证明自己，为了高调华丽的炫耀将自己置身于欲望的洪流中，任潮涨潮落淹没自己，失去了本心的光亮。所以在这个纷杂而又高速运转的世界里，我们真的很需要停下来，静一静，关照自己的内心，去聆听和感受自己的心声。我们经常忽视内心深处的渴求，忽略自己的感受，没有留给自己独处的时间。以前我白天是在单位，在办公室和同事、学生在一起，晚上回家是和家人在一起。几乎没有自己独处的时间，有时候经常会觉得各种情绪满满的，心好累。所以我隔断时间一定会给自己留空，独处。戴上耳机听听音乐，一个完全不被打扰的专属自己的时间。我们要学会和自己相处，感受自己的内心，感受自己的情绪。首先要和自己做朋友，当你的情绪和内心诉求被自己接受并重视的时候，你会有所行动，开始善待自己，你会发现一个更好的自己。

主持人：一个人独处一段时间还行，但是独处时间长了可能会比较孤独寂寞冷吧。

宋老师：说到这里，我想引用复旦大学陈果老师关于孤独与寂寞的一些观点和看法，孤独和寂寞是两个概念。孤独是中性词，是一种圆融的状态，是一种完整的自沉体系，没有缺失的遗憾；寂寞是空虚的表现，是百无聊赖，是像困兽一样在自己的斗室里踱来踱去，想看书看不进去，想看电影看不进去，想打游戏没有心情，想找个人陪着，打开电话簿不知道找谁也不知道说什么，怎么办？怎么办？这种焦灼的状态，好像要逃离樊笼一样。这个时候有一种无所适从的焦灼，这种状态被称作寂寞。孤独给人的感觉是娴静的、淡定的。而寂寞不同，往往是因为自己找不到伴，又没办法很好地和自己相处而造成的。孤独者对环境没有要求，他可以身处闹市，即便被人群包围依然能够做到"和寂清净"，他不需要特别的陪伴去倾诉，因为他的内心足够丰盈，因为他已经有一个很好的伴侣住在自己的心里。而寂寞是一种病，当你感觉到寂寞的时候那就是你生病了，这个药方是什么啊？是人群，用喧嚣和社交来掩盖心里的那份寂寞和焦虑，打发百无聊赖的空虚时光，借酒消愁，可总是愁上加愁。这种无效累加再多寂寞者也是逃不出寂寞的，就好像一件无意义的事情，把它重复一千遍还是没有意义一样。

主持人：宋老师，现在我基本上明白你说的孤独和寂寞的区别了，那到底怎样才能在自己独处的时候不寂寞，怎样将寂寞升华为享受孤独的状态呢？

宋老师：在这里我想提及我的一个好朋友，上个周末她从陕西飞了近三个小时来福州，仅仅是为了参加一个自己喜欢的作家的新书签售会，她告诉我，因为喜欢这个作家的文字，所以想走近他，更加深层次地理解书的内容。我非常佩服她的洒脱。她告诉我以前真的是觉得时间太多，有了空余时间就一定要邀朋喝友烧烤喝酒、KTV 的，但是现在自己的时间太少，根本不够用，所以一定要精心规划来做一些值得耗费时间的事情。要说去享受孤独的话，我们目前的境界和经历可能还达不到那个高度，但是我们可以先学会和自己相处，拒绝寂寞。首先就要合理地安排自己的时间，让自己真正充实起来，除了用大量知识充实自己的大脑外，还要安排时间去充实自己的内心，体验并思考自己的身心状态。其次，我想告诉同学们任何时候都不要放弃阅读，阅读能让我们的内心趋于平静，善于思考、体验情绪，丰富我们的内心世界。

最后我想说孤独是伴随人一生的一种状态，是由个体差异性所决定的，没有一个人会完全懂你，而这份不被理解也不需要被理解的孤独又不可言说，那就让我们用心体会这份独一无二的孤独，悉心珍藏。生命是一趟列车，你要和自己一起去看沿途的风景，接受车上人来人往，接受每个站点的停靠和离开，与其为了本来就不可能永久陪伴的乘客的离开而暗自神伤，不如好好陪伴自己，惬意地度过这一段生命之旅。

主持人：今天非常感谢宋老师的分享，感谢宋老师，各位亲爱的同学们，你们做好和自己相处的准备了吗？下期见。

/ 知识窗 /

从众心理：是指个体在社会群体的无形压力下，不知不觉或不由自主地与多数人保持一致的社会心理现象，通俗地说就是"随大流"。通常情况下，多数人的意见往往是对的。服从多数，一般是不错的。但缺乏分析，不做独立思考，不顾是非曲直地一概服从多数，随大流，则是不可取的，是消极的"盲目从众心理"。

第二十八讲
如何和不喜欢的自己相处

我不喜欢我自己，觉得自己的缺点多于优点，觉得自己什么都做不好，觉得自己让别人不喜欢，我自己都不喜欢自己。当代年轻人的"丧"文化，有时候让人不解：为什么会出现自己对自己不满意，甚至自己讨厌自己的情况呢？自己喜欢自己，这似乎是一种与生俱来的本能。那为什么会发生这样不寻常的情况呢？这是认知模式的问题，常常在生活出现问题的时候，我们就能很明显地感受到认知模式的差异带来的影响。如何改变这种认知错误的恶性循环呢？学会积极暗示，当问题发生时，坚强地去解决它，慢慢培养成就感，接纳和相信自己。

——本期嘉宾狄英杰

主持人：大家好，今天我们邀请到了学校心理中心的国家二级心理咨询师狄英杰老师做客本期《杏苑心理访谈》节目，今天我们将与狄老师一起聊聊自己和自己的那些事。先请狄老师说两句吧。

狄老师：亲爱的同学们，大家好，我是心理中心的狄英杰老师，很高兴又和大家见面了。今天我将和大家一起分享如何和不喜欢的自己相处这一话题。

主持人：狄老师，说实话，刚看到这个题目的时候我有些费解。如何和不喜欢的自己相处，我好像是第一次思考这个问题。您为什么要讲这样的一个话题呢？

狄老师：这个话题其实由来已久，每次和学生谈完心都会有这样的感触。前几天有一个学生过来找我，她说她想参加我们心理中心举办的"我是演说家"的比赛，想让我给她一些建议。于是，我便问了她参加比赛想要传达的观点，她说："做自己想做的事。"她给我举了个例子：她在班级做班委，她非常纠结一个问题，到底是做一个大家都喜欢但不一定做事、也不会得罪人的老好人班委呢？还是做一个要坚持原则、勤恳办事但可能会得罪人的"傻"班委？如果是你，你会怎么选？

主持人：好像是挺难的，还好我不当班委，不过可能很多同学都会面临这个问题吧？

狄老师：的确，很多同学都很纠结。听她说完，我感觉她举的例子并不能直接支撑她的观点，于是反过来问："比起做事，你似乎更在意别人对你的评价，让你心累的不是怎么做，而是怎么和别人评价的那个自己相处。"听完我的话，她顿时泪流满面。我知道，我戳中了她的内心。我们每天都会绞尽脑汁想办法怎么和别人搞好关系，如何成为大家都喜欢的那个人，却往往忽视了怎么和自己搞好关系，特别是怎么和不喜欢的那个自己搞好关系。

主持人：狄老师，一般我们很容易判断和别人之间的关系好坏，我们是否喜欢别人，别人是否喜欢我们，毕竟有外部的行为或言语表现。但是我们怎么判断自己不喜欢自己呢？

狄老师：你这个问题问得很好。一般一个不喜欢自己的人，遇到问题的时候往往会采取两种应对策略，一种是矛头向外，采取回避策略，最常见的就是怪别人这也不好那也不好，看似是外界的问题，其实深层次是对自己的不喜欢，因为无法面对内心最脆弱的部分，又不归咎于自己，就只能把矛头对准相关的非己人士。另一种是矛头向内，采取自责策略，怪自己这也不行那也不行。明明是个还不错的人，但就是不喜欢自己，其实根本上就是不接纳自己，自我认知存在一定的问题，当然这和自我认知障碍是两码事。这一类人通常伴随敏感和胆小自卑的性格，一出问题就觉得是自己的责任，就算不是自己的问题也会习惯性埋怨自己,自己都不了解和相信自己,就算有能力,也没有办法发光发亮。

主持人:狄老师,怎么分辨自我认知有问题,有没有什么具体的表现?您可以给我们举几个例子吗?

狄老师:认知就是一个人对自己的看法,对他人的想法,对环境的认识和对事的见解,包括知觉、注意、表象、记忆、学习、思维和言语等。通常情况下,我们很难第一时间意识到是自我认知出了问题,而最先让我们觉察到的是我们的情绪或行为的变化,这些变化来自我们对待人事物的信念,这种信念向内作用,久而久之产生的结果就是:不认同、不喜欢自己。有几种最常见的认知错误,我举几个简单的例子:

1. 我走在路上,迎面走来一个同学,他没有和我打招呼,于是内心会想:他是没有看到我还是故意忽略我?他是不是对我有意见?我一定是哪里得罪他了!(非黑即白)

2. 快考试了,我复习不完了,我完蛋了。(灾难化)

3. 我期末考试挂科了,我以后怎么办,我不适合学医,悔不该当初,我的前途毁了。(以偏概全)

4. 我是个失败者,没办法成功的,我哪里都不好。(贴标签)

5. 这次任务完成得很好,但并不能说明我能胜任,我可能只不过有点运气。(低估正能量信息)

6. 张三说我是个粗心的人(还有很多优点),那是不是说明我工作做得很糟糕,他们都这么觉得。(心理过滤)

主持人:听您这么说完,我感觉每个人或多或少都会存在这样的问题,那是不是每个人的认知模式都有问题呢?

狄老师:其实不一定的。认知模式的形成都不是一朝一夕的,它受到家庭、学校和社会等我们接触的方方面面的人事物的影响,是由我们的成长经历打磨而成的,有的时候个人认知的错误只是暂时性、阶段性的,是由于某件事引起情绪的不稳定而影响到个人认知,一段时间之后就会消除,这种是比较正常的。

一般情况下认知模式没有好坏之分，只有当认知模式让我们产生了一些不好的想法，影响我们的情绪和行为时我们才要引起重视。举个例子，一个东北的同学，他说话嗓门大，很直接，不爱拐弯抹角，高中时他习惯用简单粗暴的方式和同学们沟通交流，同学们不会对他有什么看法，因为绝大部分的东北人都是这样，但如果他到了南方，还是用原来的方式和同学们说话，南方的同学就会受不了，于是他们之间可能产生误会和矛盾之类的，这位东北的同学就会开始怀疑是不是自己有什么问题。我们一起分析下，东北同学认为人与人之间应该有什么说什么，不必绕来绕去。在东北的时候，他的认知模式适应当地人的习惯，他没有出现不适，所以就沿用到与任何人的交往中。但在南方的时候，他的认知模式给他带来了不好的体验，当问题出现的时候，随着问题对当事者的影响，当事者的认知模式就可能会随之改变。同样的认知模式，为什么会有不一样的结果呢？根本上是这种认知模式不够灵活，没有把南方人的性格特点考虑进去，只要进行适当地调整，就不会出现不良的体验了。

主持人：狄老师，听您这么说完，我大概明白了：不良的认知模式容易带来负面的想法，负面的想法会带来不良的情绪和行为，不良的情绪和行为反过来会影响我们自己的看法，就像一个恶性循环一样，如果这个循环没有及时得到纠正，慢慢地我们的自我认知就会出现问题，通常这种问题就以不喜欢自己的形式表现出来。我理解的对吗？

狄老师：你总结得很好，没有无缘无故的爱，也没有无缘无故的恨，当我们了解了这些之后，就会明白不喜欢自己是事出有因。自我认知的调整要及时，否则久而久之容易滋生出严重的抑郁或焦虑的情绪，甚至患上抑郁症和焦虑症。

主持人：那狄老师，我们应该怎样去调整呢？怎么学会和不喜欢的自己相处呢？

狄老师：其实我们没有人不喜欢自己，只是不懂得如何喜欢自己。今天，我给大家几个建议：

第一，积极的自我暗示。法国大作家大仲马说过："人生是一串由无数的烦恼组成的念珠，达观的人总是笑着念完这串念珠。"当自己有焦虑情绪时，学会给自己强有力的自我暗示，如"我可以""我能行""我一定能够成功""我看好我自己""我真棒"等。积极地进行自我暗示，可以增强自信，克服焦虑。

第二，聚焦于解决问题。很多同学遇到问题的时候都反反复复纠结于问题本身，沉浸在自己的想象中，过多、过早地担心问题可能带来的负面影响，强烈的负面情绪体验让人开始自责或一味归罪于他人。只聚焦于问题本身，会不断放大问题，扩大负面情绪。而最好的办法则是将注意力转移到如何解决问题上。人的精力是有限的，注意力一旦迁移出来，负面情绪得到缓解，而同时问题解决了，也会带来更多的好处。

第三，寻找积极资源。有时候解决问题，不要只靠自己，单枪匹马不如运筹帷幄，身边的同学、舍友、朋友、亲人、老师、心理中心的朋辈等其实都是我们可以用的人力资源，遇到问题，多一个人帮忙就多一分力量；还有一些物质资源，比如图书馆的解压书籍，运动场地，安静大医亭，还有安全隐秘的宣泄室，等等。

第四，做简单、容易成功的事情。自己不喜欢自己的那些方面，往往是容易使自己产生挫败感的方面，如果在这些方面能够体验到成就感、价值感，不喜欢自己的想法就会逐渐减少。所以，大胆地去做能增强成就感的事情，可以在力所能及的范围内从简单容易的事情开始，一两次成功的体验可能会对自己的认知有很大改变，但是切忌做当前对于自己来说难度很大的事情，切不可望而却步，不敢迈出第一步。

第五，和自己和平相处。看清并接纳事情当下的本来样貌，高兴就是高兴，不高兴就是不高兴，不必急于否认、强迫与挣扎，把更多的力气留给理解、释怀、成长与自我疗愈。活在当下，以客观的角度时常审视自身，经常站在自己的对面观察自己当下所经历的一切。你永远不可能成为另一个人，你只能期待更充分地成为自己。

今天的分享就到这里，希望大家都能喜欢自己，接纳自己。

主持人：今天非常感谢狄老师的分享，感谢狄老师，各位亲爱的同学们，你们懂得如何做了吗？下期见。

/ 知识窗 /

认知障碍：认知是机体认识和获取知识的智能加工过程，涉及学习、记忆、语言、思维、精神、情感等一系列心理和社会行为。认知障碍指与上述学习记忆以及思维判断有关的大脑高级智能加工过程出现异常，从而引起严重的学习、记忆障碍，同时伴有失语或失用或失认或失行等改变的病理过程。认知的基础是大脑皮层的正常功能，任何引起大脑皮层功能和结构异常的因素均可导致认知障碍。由于大脑的功能复杂，且认知障碍的不同类型互相关联，即某一方面的认知问题可以引起另一方面或多个方面的认知异常（例如，一个病人若有注意力和记忆方面的缺陷，就会出现解决问题的障碍）。因此，认知障碍是脑疾病诊断和治疗中最困难的问题之一。

焦虑症：焦虑症(anxiety)，又称为焦虑性神经症，是神经症这一大类疾病中最常见的一种，以焦虑情绪体验为主要特征。可分为慢性焦虑即广泛性焦虑和急性焦虑即惊恐发作两种形式。主要表现为：无明确客观对象的紧张担心，坐立不安，还有植物神经功能失调症状，如心悸、手抖、出汗、尿频等，及运动性不安。注意区分正常的焦虑情绪，如焦虑严重程度与客观事实或处境明显不符，或持续时间过长，则可能为病理性的焦虑。

第四章　身心疾病

第二十九讲

如何科学地看待抑郁症和抑郁情绪？

著名心理学家马丁·塞里格曼将抑郁症称为精神病学中的"感冒"，那既然只是"感冒"，为什么还是有很多人"谈其色变"呢？其实是因为不够了解，人有时会对自己陌生的领域持有过于忧虑的情绪。抑郁症，又称为抑郁障碍，主要临床特征是显著而持久的心境低落。抑郁症分为两种，即心理上的和生理上的，前者又可称为外源性抑郁症，后者又可称为内源性抑郁症。抑郁症并不可怕，今天，让我们一起了解一下抑郁症与抑郁情绪吧！

——本期嘉宾苏婷茹

主持人：大家好！今天很荣幸邀请到我校心理健康教育指导中心的国家高级职业指导师、国家三级心理咨询师、高校创业指导师苏婷茹老师做客本期《杏苑心理访谈》节目。今天我们将与苏老师一起聊聊"如何科学地看待抑郁症和抑郁情绪"这个话题。那么，我们先请苏老师和大家打个招呼吧。

苏老师：亲爱的同学们，大家好！我是人文与管理学院心理辅导站的苏婷茹老师，在此问候大家。《杏苑心理访谈》节目会向大家分享心理学相关知识，每周一期，同时，福建中医药大学心理中心微信公众号将同步推送相关内容，请大家多多关注。

主持人：苏老师，我们都很经常听到抑郁症这个词，但是很多人谈到抑郁症都唯恐避之不及，生怕自己与这个词沾上关系，所以说，抑郁症到底是什么呢？

苏老师：抑郁症呢，又称为抑郁障碍，主要临床特征是显著而持久的心境低落。抑郁症分为两种，一种是心理上的，占抑郁症群体的90%，被称为外源性抑郁症，是由外部环境事件所引起的抑郁症，是对挫折、生活中的不幸事件，学业、工作的压力等精神刺激事件反应的结果。另一种是生理上的，占抑郁症群体的10%，被称为内源性抑郁症，是由躯体内部因素引起的抑郁症，带有明显的生物学特点，比如遗传成分比较突出。在我国，抑郁症的患病率偏高，数据表明，我国抑郁症患者已经达到9000万，发病率为4%—8%。北大学者黄悦勤教授在其题为《中国抑郁症流行病学和疾病负担》的报告中指出：在覆盖全国31个省份、超过30000人的调查中发现，抑郁症的终生患病率已经超过3%，抑郁症患者中接近一半的人会致残，抑郁症使人损失超过6个健康寿命年，在各类精神障碍中列首位。抑郁症俨然已经成为一种"社会病"，认识和对抗抑郁症已刻不容缓。

主持人：大概明白了，那患有抑郁症的群体会有什么样的症状表现呢？

苏老师：抑郁症患者主要有下面四个症状表现：

一、心境低落，情绪消沉。

主要表现为显著而持久的情绪低落，抑郁悲观。轻度抑郁症患者表现为忧心忡忡、坐立不安、兴趣减退；重度抑郁症患者会绝望无助、度日如年、生不如死。典型患者的抑郁心境有晨重夜轻的节律变化。

二、思维迟缓。

主要表现为：思考能力下降，语速明显减慢，交流应答困难，各方面能力下降。

三、自我评价降低。

常常感到内疚，总觉得自己做了错事，对自己事事不满。

四、精神活动减退。

患者表现为精神活动明显受到抑制，行为缓慢，生活被动、懒散，不想做事，不愿和周围人接触交往，回避社交。严重时连吃、喝等生理需要和个人卫生都不顾，甚至发展为不语、不动、不食，称为"抑郁性木僵"。部分患者还存在认知功能损害，如注意力障碍、记忆力下降、反应时间延长；以及出现一些躯体症状，如性欲明显减退，明显消瘦，体重减轻；失眠严重，多数患者入睡困难，噩梦易醒，早醒，乏力，便秘等。

目前国际上通用的诊断标准有ICD-10和DSM-IV。国内主要采用ICD-10，患者通常具有心境低落、丧失兴趣、精神萎靡等典型症状。

主持人：那苏老师啊，我们有时候心情低落，走不出这个难过的氛围，总是会忍不住自我怀疑：我是不是病了？我是不是得了抑郁症？这样的判断是正确的吗？

苏老师：这种情况还不能称作抑郁症，我们通常把它叫作抑郁情绪。在生活中，抑郁是一种很常见的情感成分，可以说是人之常情。当人们遇到精神压力、生活挫折、痛苦的境遇或生老病死等情况时，自然会产生一系列的情绪变化，尤其是抑郁情绪。比如情绪低落，感到自卑和挫败感，时常闷闷不乐，这都是抑郁情绪的表现。但抑郁情绪通常是短期的，可以通过自我调节来恢复心理平衡。这只是人的情绪，并不是病，与抑郁症是不一样的。抑郁症是一种精神疾病，主要表现为情绪抑郁，是一种病理性的抑郁障碍。抑郁症患者在自卑敏感的同时，常伴有嗜睡、多噩梦的情况，在日常生活中疲惫且缺乏活力，甚至还会出现伤害自己、轻生等念头。精神医学规定，一般抑郁不应超过两周，假如这种情况持续超过一个月，甚至数月或半年以上，就可以认定是病理性的抑郁症状。因此，当同学们自己处于抑郁情绪时，还是不要随意认为自己患有抑郁症，应当以医生给出的判断为依据。

主持人：那么苏老师，如果我们周围出现有类似抑郁症患者，我们应该怎样对待呢？

苏老师：首先，我们要明白一点。抑郁症是每个人都可能得的心理疾病。

患有抑郁症既不能说明你心胸狭窄，也不能说明你品质低劣或意志薄弱。抑郁症和平常的感冒发烧，没有任何区别，它只是一种普通的疾病。中国人含蓄保守的品质，以及长期受到的文化熏陶导致人们更愿意把情感压抑在内心深处，强撑着装作自己没事。如果你关注抑郁症，你会发现很多抑郁症患者发现自己心理状态不对时，他们第一时间想的不是要如何去面对，如何去解决问题和改变现状，许多人会选择逃避现实，不想让别人发现自己的异常，害怕被别人用异样的眼光对待自己。所以，当你周围出现抑郁症患者时，请你不要以同情弱者的眼光看待他，也不要觉得患有抑郁症的人很恐怖，其实，他们只是心理"感冒"了而已。

主持人：我知道了，我们要以一种平常心来看待抑郁症和抑郁症患者。那么作为朋友，我们应该怎么帮助有抑郁症或者有抑郁情绪的同学呢？

苏老师：你问的这个问题很走心、很温暖。其实，要想帮助有抑郁症或者有抑郁情绪的同学，最重要的是陪伴和守护，不要让他自己一个人面对黑暗。日本作家太宰治在《晚年》里这么写道："我本想这个冬日就死去的。可正月里有人送了我一套灰色细条纹的麻质和服作为新年礼物。是适合夏天穿的和服，那我还是先活到夏天吧。"面对处于抑郁情绪的朋友时，宽慰他紧张不安的心情，让他明白自己只是一时的情绪不佳，而不是患上了抑郁症。而当患有抑郁症的朋友向你倾诉时，我们应当做到三点。

第一，在心理学上，我们称之为共情，就是需要先理解他的感受，对他说我理解你，我理解你的想法。

第二，就是倾听，鼓励他尽可能地表达自己的真实感受。

第三，陪伴，陪伴他们度过那段艰难的时期，在此期间，我们不应该去试图改变他们，更不应该把他们当成奇怪的人。而应该告诉他们：生病不是你的错，无论发生任何事情，我都愿意陪你一起面对。

主持人：原来是这样，了解啦。那么面对处于抑郁情绪或患有抑郁症的群体时，我们应该要注意些什么呢？

苏老师：首先，假如身边有这类人向我们倾诉，我们一定要重视他们的想法和感受，而不能轻易地搪塞了事，要让他们感受到陪伴与温暖，从而有勇气度过这段艰难的时期；其次，我们绝不应该对他们另眼相待，这会加剧他们的不良状态，更加怀疑自我，甚至产生更加严重的后果；最后，应设身处地换位思考，而不应该站在旁观者的角度，认为抑郁只是一种个人的选择，或是一件无足轻重的小事。

主持人：嗯嗯，苏老师，那如果当我们有抑郁情绪之后，我们能做些什么来帮助自己呢？

苏老师：这种情况下我们可以做到以下几点：

一、在平时保持良好的精神状态，心气平和，减少忧虑，注意劳逸结合，养成良好的生活习惯。

二、多运动，加强体质锻炼。

三、学会转移注意力，多做些自己感兴趣的事情。

四、多和别人交往，多多表达自己的真实感受。

五、懂得宣泄情绪，适时、合理地发泄自己的情绪，不要压抑自己。

六、学会放松。听听音乐，跑跑步，找到一种能愉悦自己身心的放松方式。

七、多接触大自然，感受大自然的美好。

最后，如果你已经做到以上这些，却还是不能疏导自己的情绪，记得及时找学校的心理老师或咨询专业医生寻求帮助哦。

主持人：明白啦，看来抑郁情绪也不是那么的恐怖，我们也有很多方法来战胜它。苏老师，最后可以请您再科普一下抑郁症的治疗方法吗？

苏老师：可以的。抑郁症主要有药物疗法和心理疗法这两种治疗方法。我们先来了解一下药物疗法：药物疗法是中度以上抑郁发作的主要治疗措施。可选用选择性5-羟色胺再摄取抑制，具有毒副作用小、服用简便等特点，是现今很多发达国家治疗抑郁的一线用药。代表药物有帕罗西汀、氟西汀、舍曲林、氟伏沙明、西酞普兰。或选择服用其他递质机制的新型抗抑郁药：①曲唑酮：

是弱抗抑郁药，对严重抑郁效果相对较差。对抗焦虑、失眠的轻中度抑郁是最佳适应证。②度洛西汀、文拉法辛：适用于各种抑郁状态，起效快，无特殊禁忌证，但肝肾患者慎用。③米氮平：本药的耐受性好，副作用少，是一种新型抗抑郁剂。再来了解一下心理疗法：常用的心理治疗方法包括支持性心理治疗、认知行为治疗、人际治疗、婚姻和家庭治疗、精神动力学治疗等。心理治疗的有效方法之一是"自我及时强化法"。这种心理治疗方法，是在吸取东西方的心理咨询的理论和在长期实践的基础上产生的。其理论基础是：有些人之所以患了忧郁症，主要是他们本人对自己的消极情绪和行为不断强化的结果，如果反其道而行之，不断地及时地强化自己的积极情绪和行为，忧郁的成分就会越来越少，最后消失。

主持人：今天非常感谢苏老师为我们分享了如何科学地看待抑郁症和抑郁情绪的话题，感谢苏老师，各位亲爱的同学们，记得保持好心情哦，下期再见！

/ 知识窗 /

ICD-10: 国际疾病分类（International Classification of Diseases ,ICD），是 WHO 制定的国际统一的疾病分类方法，它根据疾病的病因、病理、临床表现和解剖位置等特性，将疾病分门别类，使其成为一个有序的组合，并用编码的方法来表示的系统。全世界通用的是第 10 次修订本《疾病和有关健康问题的国际统计分类》，仍保留了 ICD 的简称，并被统称为 ICD-10。

共情：又译作同感、同理心、投情等。由人本主义创始人罗杰斯所阐述的概念。所谓共情，指的是一种能深入他人主观世界，了解其感受的能力。

认知行为治疗：由 A.T.Beck 在 20 世纪 60 年代发展出的一种结构清晰、短程高效的心理治疗方法，主要针对抑郁症、焦虑症等心理疾病和不合理认知导致的心理问题。它的主要着眼点，放在患者不合理的认知问题上，通过改变患者对己、对人或对事的看法与态度来改变心理问题。

第三十讲

抑郁知多少？

抑郁的情绪在我们生活中很常见，甚至有的同学会被抑郁情绪所困扰，影响到正常学习和生活，也有很多同学分不清抑郁情绪和抑郁症的区别，当自己和他人表现出抑郁的情绪时，就认为是得了抑郁症，这个时候，我们就需要具备关于抑郁情绪和抑郁症的基本常识，才不会盲目地给自己和他人贴上"抑郁症"的标签，当自己和他人真的患上抑郁症的时候，便可以利用所掌握的知识和技巧去帮助自己和他人。

——本期嘉宾丁闽江

主持人：大家好，今天的《杏苑心理访谈》我们邀请到了学校心理中心的国家二级心理咨询师丁闽江老师，现在请丁老师和大家打个招呼。

丁老师：各位亲爱的同学们，大家好，我是心理中心的丁闽江老师，很高兴又和大家见面了。

主持人：丁老师，我在生活中，经常会听到有人说："好郁闷啊，我抑郁了，别理我，烦着呢！"说这些话的人是不是都有抑郁症啊？

丁老师：那可不能那样说，按照这样推理的话，每个人都得抑郁症了。应该说，我们每个人在成长过程中，都有可能在某个时间段出现一些抑郁的情绪，这里说的是抑郁情绪，而不是抑郁症。

主持人：那丁老师，我们应该如何区分抑郁情绪和抑郁症呢？

丁老师：社会竞争日益激烈，几乎每个人都在超负荷运转，很容易产生不同程度的抑郁情绪，这是一种很常见的情感成分。当人们遇到精神压力、生活挫折等情况时，理所当然会产生抑郁情绪。这种抑郁情绪是正常人的正常心理表现。抑郁这个词，严格来说并不是单纯地代表一个情绪，而是一组情绪，包括伤心、懊恼、失落，这些情绪是每个人都会遇到的，我们可以笼统地把这一组情绪称为"不开心"。整体来看这个情绪反应是"负面"的、"向下"的，在一定程度上会影响我们的正常学习和日常生活。我们常说一句话：人生不如意事十之八九，在遇到这些不如意的事情时，很多人会表现出近期情绪低落，对平时所喜爱的事情失去了兴趣和热情，遇到一些好玩的开心的事情也高兴不起来，做什么事情都提不起精神，因为以上种种表现就认定自己得了抑郁症。精神科主治医师苗庆山说，抑郁症的发作，不仅表现出心境低落、兴趣和愉快感的丧失、疲惫感增加和不参与活动，还常常伴有注意力障碍及思维迟钝、自我评价低、无望感等负性认知体验，以及食欲、性欲、体重方面的变化，情况严重者还会出现自伤、自杀行为，并且一般会反复发作，这跟我们刚才说的抑郁情绪是完全不同的。具体展开来说的话，抑郁情绪和抑郁症主要有以下几个区别：首先在时间上，正常的抑郁情绪一般持续时间不会太长，并且往往通过自我调节可以缓解和消除；但抑郁症的抑郁症状一般会长时间存在，严重者如果不经过心理治疗很难自行缓解，并且症状还会逐渐加重恶化，一般抑郁症的症状持续时间往往超过两周，并且典型抑郁症具有节律性的特征，即表现为早晨情况较为严重、晚上情况比较轻微的变化规律。其次在诱因方面，正常人的抑郁情绪是基于一定客观事物为背景，即"事出有因"；但是抑郁症的抑郁症状通常是没有原因的产生，因此缺乏一定的客观精神应激的条件，或者虽然有一定的不良精神刺激因素存在，但不开心的反应程度大大超过了正常人，常常给人一种"不至于如此"、"太小题大做"的感觉。最后是在症状方面，抑郁情绪的抑郁程度较轻，往往表现为较为短暂的心境低落，虽然会对正常生活产生一定程度的消极影响，但生活还是可以正常维持；而抑郁症的抑郁程度比抑郁情绪要严重得多，会影响到患者的工作、学习和生活，导致无法适应社会，影响正常社会功能的发挥，更有甚者会有自杀言语及自杀行为。因此，有抑郁情绪不一定就是抑郁症，而抑郁症也不仅仅是表现出抑郁情绪。

主持人：那丁老师，什么样的情况才算抑郁症啊？

丁老师：抑郁症又称抑郁障碍，以显著而持久的心境低落为主要临床特征，是心境障碍的主要类型。临床可见心境低落与其处境不相称，情绪的消沉可以从闷闷不乐到悲恸欲绝，自卑抑郁，甚至悲观厌世，觉得活着没有意思；甚至发生木僵；严重者可出现幻觉、妄想等精神病性症状。抑郁症的主要症状有以下几个表现：

1. 心境低落。主要表现为显著而持久的情绪低落，抑郁悲观。轻者闷闷不乐、无愉快感、兴趣减退，重者悲观绝望、度日如年。在心境低落的基础上，患者会出现自我评价低，产生无用感、无望感、无助感和无价值感，常伴有自责，严重者出现罪恶妄想和疑病妄想，部分患者可出现幻觉。

2. 思维迟缓，兴趣减退。患者思维联想速度缓慢，反应迟钝，临床上可见主动言语减少，语速明显减慢，声音低沉，对答困难，严重者交流无法顺利进行。行为缓慢，生活被动、疏懒，不想做事，不愿和周围人接触交往，常独坐一旁，或整日卧床，闭门独居、疏远亲友、回避社交。

3. 认知功能损害。研究认为抑郁症患者存在认知功能损害。主要表现为记忆力下降、注意力障碍、反应时间延长、警觉性增高、抽象思维能力差、学习困难、语言流畅性差，空间知觉、眼手协调及思维灵活性等能力减退。

4. 躯体症状。主要有睡眠障碍、乏力、食欲减退、体重下降或者体重暴增、便秘、身体部位的疼痛、性欲减退、阳痿、闭经等。躯体不适的体诉可涉及各脏器，如恶心、呕吐、心慌、胸闷、出汗等。自主神经功能失调的症状也较常见。躯体疾病的主诉通常加重。睡眠障碍主要表现为早醒，一般比平时早醒 2~3 小时，醒后不能再入睡，这对抑郁发作具有特征性意义。有的表现为入睡困难，睡眠不深；少数患者表现为睡眠过多。体重减轻与食欲减退不一定成比例，少数患者可出现食欲增强、体重增加。

主持人：那这样说来，要是身边有人有以上症状，我就可以判定他是患上抑郁症了。

丁老师：那不能这样说，我们只能说，抑郁症患者可能有这些症状，但是，绝对不是有这些症状一定就有抑郁症。具体的评估和诊断一定要通过心理专科医院的专业医生来最终诊断，在这个问题上，大家一定不能大意，不能随便给自己和他人贴标签，不能随意找人诊断，这个暗示性很大。如果身边的人出现了以上症状，就给他贴上"抑郁症"的标签，这样对他的心理伤害是非常大的，我们不能做这么草率的判断。

主持人：原来是这样，我记住了，不能给自己和他人乱贴标签，那丁老师，我们要怎么对待抑郁情绪和抑郁症呢？

丁老师：对于抑郁情绪，大家一定不要把问题严重化，以平常心来对待，坚持学习和工作，维持正常规律化的生活，通过运动、情绪宣泄、放松训练等自己调节或者简单寻求帮助很快就能慢慢好起来。当然，如果你拿不准自己的状态是抑郁情绪还是抑郁症，可以寻求心理老师的帮助。对于已经诊断为抑郁症的患者，一定要遵医嘱，按照专科医院专业心理医生的要求治疗，并且按照疗程治疗。在药物治疗的过程中，一定不能私自停药或者减药，以免症状加重，吃药期间随时与医生保持沟通和联系。对于确诊的抑郁症患者，不要总是隐瞒自己的问题，大胆地去接纳自己的现状，取得亲人和朋友，抑或是周围人的支持，这对于疾病的康复有很大的帮助。病情稳定后，要学会自我心理疗愈，积极去运动，去交往，去做自己该做的事情。

主持人：那么丁老师，如果我们身边有疑似抑郁的同学，我们可以做点什么呢？

丁老师：首先你对抑郁症要有一定的基本常识，身边的人出现了类似抑郁的症状时，适当给予评估，看看问题的严重程度，如果问题比较严重，持续的时间也比较长，建议他到专科医院去进行咨询和诊断；如果他的问题不那么严重，你们可以多陪陪他，听听他的诉说，带他一起去运动。当然，也可以建议他到学校心理咨询中心去找老师聊聊。同时，记得及时反馈给辅导员，大家一起来帮助他。

主持人：那么丁老师，如果我们周围有抑郁症的患者，我们应该怎么做呢？

丁老师：一定要理解他，很多时候不是他想那样的，他也控制不了自己，理解的同时，多些关爱和陪伴，少些建议和意见。这个时候，亲近的人就要尤其有耐心和忍耐力，对于患上抑郁症的人来说，亲人和朋友，是他的精神支柱，所以一定要给予他足够的关爱。所以请多给他一些陪伴、鼓励和关心，只有爱，才是对症下药。还有，不要和他讲大道理。不要试图和他分析什么生活的意义，来激起他对生活的热情。不要说什么父母为你付出了那么多，你这样一蹶不振对得起他们吗？当你这么说，起到的是火上浇油的作用，而不是雪中送炭，你要做的是让他提高个人价值感，试着让他做一些他平时擅长的喜欢的简单的事情。当然，如果他排斥、不愿意做，那就不要强迫他，也不要说"过去你做得可好了"之类的话。平时可以带他散散步，做一点运动，多晒太阳，因为光线会影响人的下丘脑视交叉、松果体和降黑素释放。最重要的一点是危机识别，因为重度抑郁症患者会有自杀、结束自己生命的意念。那么，我们和抑郁症患者交往过程中，必须认真对待所有涉及自杀的谈话，要有敏锐度。对他流露出的轻生的言语和文字，一定要重视。还有一种情况更危险，比如有的重度抑郁症患者在企图自杀前，为了不让人发觉，会装成若无其事的样子，和朋友家人有说有笑。周围人会放松警惕，这样的患者自杀成功率更高。但是，如果抑郁症患者自己没有提过自杀念头，作为亲近的人，最好是观察，并保持警惕，但不要直接说此类话："你可千万不要自杀呀"，"你不会是想死了吧"，"我离不开你，你可不能死啊"。这些话对抑郁症患者，有心理暗示作用。有可能他们因为听了这样的话，真的走上绝路。如果发生了你不能面对的事情，比如抑郁症患者自杀，请立刻拨打急救电话，无论是什么情况造成的自杀，都要记住：生命比隐私重要。

主持人：好的，今天非常感谢丁老师的分享，感谢丁老师，各位亲爱的同学们，你们懂得如何做了吗？下期见。

/ 知识窗 /

下丘脑：下丘脑又称丘脑下部。位于大脑腹面、丘脑的下方，是调节内脏活动和内分泌活动的较高级神经中枢所在。通常将下丘脑从前向后分为三个区：视上部位于视交叉上方，由视上核和室旁核所组成；结节部位于漏斗的后方；乳头部位于乳头体。下丘脑位于丘脑下沟的下方，构成第三脑室的下壁，界限不甚分明，向下延伸与垂体柄相连。下丘脑面积虽小，但接受很多神经冲动，故为内分泌系统和神经系统的中心。它们能调节垂体前叶功能，合成神经垂体激素，控制自主神经和植物神经功能。任何下丘脑核团损伤都会引起动机行为的异常，如：摄食、饮水、性行为、打斗、体温调节和活动水平。

松果体：人类松果体为长5～8mm、宽3～5mm的灰红色椭圆形小体，重120～200mg，其发育在人7~8岁时达到顶峰。松果体位于间脑顶部，缰连合与后连合之间，四叠体上方的凹陷内，位于第三脑室顶，故又称为脑上腺，其一端借细柄与第三脑室顶相连，第三脑室凸向柄内形成松果体隐窝。松果体表面被以由软脑膜延续而来的结缔组织被膜，被膜随血管伸入实质内，将实质分为许多不规则小叶，小叶主要由松果体细胞、神经胶质细胞和神经纤维等组成。

降黑素：降黑素作为一种抗氧化剂，能够保护DNA免受氧化作用的破坏。一旦受到破坏，DNA可能会出现变异，就会有可能出现癌变。降黑素通常会在夜晚增加，可以保护细胞免受损伤，否则细胞很容易受到肿瘤的破坏。

第三十一讲
疑病症

很多人可能不知道什么是疑病症，其实这也是一种心理问题。疑病症是一个术语，用来描述一种心理障碍，根据最新的精神障碍诊断与统计手册（DSM-5），这种障碍应归类为躯体症状障碍，准确的名称叫疾病焦虑障碍。疑病症主要有三个症状表现：持续存在先占观念，疼痛，以及疑病性烦恼。了解疑病症，学习疑病症的相关治疗方法，有助于疑病症的及早发现和及早治疗。

——本期嘉宾王刚

主持人：大家好！今天很荣幸邀请到我校心理健康教育指导中心的国家二级心理咨询师王刚老师做客《杏苑心理访谈》。请王老师跟大家打个招呼。

王老师：各位亲爱的同学们，大家好！我是心理中心的王刚老师，很高兴能做客《杏苑心理访谈》节目。

主持人：据我所知，王老师做客《杏苑心理访谈》好几次了，每次都带来不同的内容，今天王老师想跟大家聊点什么呢？

王老师：今天我们聊一个关于疑病症的话题。很多人可能不知道什么是疑病症，其实这也是一种心理问题。疑病症是一个术语，用来描述一种心理障碍，根据最新的精神障碍诊断与统计手册（DSM-5），这种障碍应归类为躯体症状障碍，准确的名称叫疾病焦虑障碍。既然是焦虑，又是障碍，它必定会导致持续的焦虑和痛苦。有该障碍的个体会耗费大量的时间和精力担心他们的健康，他们还可能试图避免接触那些有健康风险或患者的场所来组织他们的生活，例如旅行。他们高度聚焦于健康行为，例如吃维生素和其他补品，他们还会在这些行为上花很多时间和金钱。尽管躯体检查和检验的结果可能证明是阴性，他们仍然不能确认自己是健康的或感到放松。如果他们确实有躯体疾病，与他们所经历的痛苦相比，症状经常是轻度的。

主持人：我大概明白疑病症的概念了，王老师，可以举个例子让我们加深对疑病症的认识吗？

王老师：有这样一个案例：张同学在高中毕业前夕体检时正巧感冒发烧。医生在为他听心脏时，低声自语说："心尖区有点风吹样杂音……"张同学就紧张地问医生是不是心脏病，严重不严重？医生回答他，这是生理性杂音，不要紧的。但张同学却放心不下。他联想起上生理卫生课的老师曾说过心脏病是有杂音的，现在医生的话只是安慰自己罢了，于是坚信自己患上了心脏病，从此，他到处求医。虽然许多医生都认为他心脏正常，但他总认为医生是安慰他。后来，他甚至离开所居住的城市，到上海、广州等地四处求医。医生都说他是自己瞎猜疑。他很生气，说："我难道还真希望自己生病不成？病生在我身上，我自己还不清楚？"最后，经心理医生诊断，张同学患的是疑病症。简单来说，疑病症的"核心病症"就是过于怀疑自己的身体健康状况。

主持人：哇，疑病症有点奇怪啊，那它的病因是什么呢？

王老师：你这个问题问得很有意义。疑病症的病因主要分为四个：人格基础、社会环境因素、躯体因素和心理因素。

1.人格基础。孤僻、固执、内向、过分关注自身、敏感、自我中心、自恋、兴趣狭窄、胆怯、脆弱、暗示性强的人格特征可成为疑病症发病的人格基础。

2.社会环境因素。得知自己的亲属或朋友死于某种严重疾病，就会怀疑自己也步其后尘。见到别人得肝癌，就会觉得肝区不适。医生的不恰当言论，过多的医学仪器检查，不必要的过分治疗，不必要的手术等都可能促进疑病观念的产生。

3. 躯体因素。处于青春期或更年期的人容易出现一些躯体感觉上的变化和自主神经不稳定的症状，如心悸、潮热、生殖器官的发育或萎缩等，对这类生理现象的不合理认知会促成疑病观念的产生。

4. 心理因素。有人认为此病起因于知觉和认知异常。患者的认知系统会对一些躯体感觉和变化做出不恰当的解释，导致疑病观念。

主持人：听起来有些复杂，您能从症状表现的角度给大家再讲解一下，让大家印象深刻一点吗？

王老师：本病的基本特征是持续存在先占观念，认为自己患了某种或多种严重的进行性疾病或目前尚未被认识的躯体疾病。患者表现为过分关心自身健康和身体的任何轻微变化，并做出与实际健康状况不相符的疑病性解释。疑病症状可为全身不适、某一部位的疼痛或功能障碍，甚至是具体的疾病。症状表现多种多样，有的定位清楚，描述清晰，如：肝脏肿胀感、胃肠扭转的体验、头部充血感、咽喉部堵塞感等，有的则体验到定位不清楚、性质模糊的不适感。

疼痛是最常见的症状，就部位而言，以头、颈、背、胸部居多。躯体不适症状可涉及不同的反应现象，如恶心、反酸、腹泻、心悸、胸痛、呼吸困难等。有些患者疑有五官不正，特别是鼻子、耳朵以及乳房形状异样，还有体臭或出汗等。常伴有焦虑、忧虑、恐惧和植物神经功能障碍症状。患者对各种阴性检查结果和医生的解释保证不能相信和接受，仍坚持自己的疑病观念，继续到各医院反复要求检查和治疗。由于患者的注意力大部分或全部都集中于健康问题，以至于明显影响到日常的学习、工作、生活和人际交往。

主持人：王老师，担心生病是绝大多数人都有的，难道大多数人都有疑病症吗？我想应该不是的，您给大家介绍一下如何鉴别什么情况下是真的疑病症。

王老师：第一，毫无疑问，不管做心理咨询还是药物治疗，不管如何进行生物、心理、社会的综合评估与干预，首先都要有基于DSM系统的诊断与鉴别诊断，以此来判断患者大致是什么问题。比如，某个患者过度害怕猫、狗，这是焦虑的表现了。正常情况下，人伤人的情况比较多，像抢劫、强奸、杀人，而真正的猫、狗咬死人的不多，咬伤人的也不多，这说明他夸大了这些风险。那么患者这种害怕动物的表现是特定恐怖症吗？他害怕猫狗，实际上还是怕染病，怕的是跟健康有关的事情。你再问患者，患者还讲到去风月场所，回来担心得性病。去的人回来肯定都有这种担心，但是担心的时候可以用避孕工具，回来之后可以多做检查，一次不行做两次，之后就不担心这些事，但是他又是超出这范围，检查结果是阴性仍然担心。再听患者在现场讲话的反应，听起来不是很流畅，像是很紧张，让你感觉唯唯诺诺的，大男人讲话像姑娘的感觉。

第二，从症状学来看，这类患者的症状符合焦虑和抑郁，但这不能说明他就是抑郁症或焦虑症，主线听起来还是焦虑，而抑郁是继发的，因为焦虑是一个耗能的过程，焦虑时间长了都会带来抑郁。而且目前大多数的担心都与健康有关，符合疾病焦虑障碍的诊断。

主持人：大概明白了，聊到这里，我想大家对什么是疑病症、疑病症的病因和症状表现，以及如何鉴别疑病症这几个问题都有了大概的认知，王老师，您可以讲解一下如何治疗或干预这类问题吗？

王老师：可以。疑病症的治疗主要包括两种治疗方法，即心理治疗和药物治疗。

1. 心理治疗。

以支持性心理治疗为主，要耐心细致地听取患者的讲述，让他们出示各种检查结果，持同情关心的态度。与患者建立良好的关系，在患者信赖医生的基础上引导患者认识其疾病的本质不是躯体疾病，而是一种心理障碍。在认可接纳患者确实存在明显躯体不适感的基础上，对疾病的性质进行科学合理的解释，避免纠缠于讨论症状本身。另外，环境的转移，生活方式的改变，参加各种社交活动可转移患者的注意力，引导患者做其他有趣的事情，也可获得一定的改善。

心理疗法治疗疑病症以醒悟疗法和森田疗法为代表。不过需要注意的是，疑病症的心理治疗要取得满意的效果，是困难而费时间的，特别是对于复发的疑病症患者来说更是如此。不过只要能信任医生，坚定治疗信心，不自行停止治疗，就会有一定的治疗效果。

2.药物治疗。

疑病症的药物治疗主要在于解除患者伴发的焦虑与抑郁情绪，可使用抗焦虑与抗抑郁药，如选择性5-羟色胺再摄取抑制剂、苯二氮䓬类药物等。对于确实难以治疗的病例可选用小剂量的非典型抗精神病药，如喹硫平、利培酮等以提高疗效。

主持人：王老师，我想最后再跟您请教一个问题：在日常生活中，我们要如何去做好预防工作呢？

王老师：诸葛亮在《诫子书》中有句名言："非淡泊无以明志，非宁静无以致远。""淡泊明志"可使人除去私心杂念，以平常心去领略人生，品味人生；"宁静致远"可使人清心宁静，胸襟开阔，生活充实。若以此来加强自身的修养，多疑病常会不药而愈。那如何加强自身的修养呢？在此我有几个小建议：

1.消除自卑心理，积极面对人生。心理专家表示，一般有着内心敏感、谨小慎微的性格特点的人，容易患疑病症。那么这些"易感"人群该怎么预防疑病症呢，心理专家表示，平时过分敏感、谨慎、固执、多疑的人，要有意识地培养自己善于思索、自信、自尊、随和的个性。简单来说，要做一个乐观的人，要出来跟大家交流，不要自己一个人去猜疑和画地为牢般地让自己越来越封闭。

2.锻炼对自我情绪的掌控能力。对于自我情绪掌控能力的锻炼，要努力做到在平时的接人待物中，注意培养坚定的内心意志，避免精神创伤和长期的情绪不良状态，保持心理健康和情绪的稳定愉悦。用中医的话来说，就是"一身正气不怕邪侵"，当自己的身体充满正气，外界的邪气就不会侵入你的身体；当你拥有一个强大的心胸，保持良好的状态，不良情绪甚至疾病就不会找上你。

3.半吊子的医学知识，别轻易下结论。发达的互联网技术让我们足不出户就可以了解到很多信息，我相信很多朋友都尊称百度为"度娘"，但"度娘"

里面的信息都是正确的吗？我想不一定，信息的开放，让我们获取到的信息越来越鱼龙混杂。很多人患上疑病症的原因离不开"度娘"在旁边"煽风点火"。科学是严谨的，即便是专业的医生也需要仔细问诊和检查后才能做出判断，更不要提我们普通人了。即使我们已经掌握了一定的医学常识，也不要对自己的"医术"太过自信，谨遵医嘱才是预防疑病症的关键。

4. 锻炼对自我机体的感觉能力。怎么预防疑病症，还有一点很重要。人对机体内部的各种信息和各种刺激都有感知能力。感觉要恰如其分，才能准确评价机体的状态；感觉过分敏感，就会脱离现实，把生理的感觉疑为疾病，把轻微的小病体验为大病、重病。故我们要加强对自我机体感觉能力的锻炼，努力做到不"重判"自己身体的异常状况。

主持人：今天王老师和我们分享了与疑病症相关的心理问题，我们收获颇丰，小伙伴们，你们都明白了吗？再次对王老师做客《杏苑心理访谈》表示感谢！

/ 知识窗 /

神经症：神经症又称神经官能症或精神神经症。是一组精神障碍的总称，包括神经衰弱、强迫症、焦虑症、恐怖症、躯体形式障碍，等等，患者深感痛苦且妨碍心理功能或社会功能，但没有任何可证实的器质性病理基础。病程大多持续迁延或呈发作性。

植物神经功能障碍：是一种大脑神经功能失调而造成的精神和身体活动能力减弱的疾病。精神刺激人人都有，不顺心的事情人人都经历过，却并不是所有人都会患上植物神经功能紊乱，精神衰弱。因此这种病人还有其内在因素在起作用。从性格上讲，多数病人自卑、敏感、性格内向，也有的病人过分争强好胜、自制能力差。

醒悟疗法：即醒悟心理操作疗法，是一种基于东方智慧的心理咨询疗法，它是一修先生根据自己长达七年的自我治疗经历创编而成。一修先生的醒悟疗法在神经症治疗史上首次提出了"东方心理学"概念及"接纳""觉知""观照""平静观看情绪能量自由来去而不干涉""忍受－忍耐"的心理操作方法。

森田疗法:"森田疗法"又叫禅疗法、根治的自然疗法,森田疗法主要适用于强迫症、社交恐怖、广场恐怖、惊恐发作的治疗,另外对广泛性焦虑、疑病等神经症,还有抑郁症等也有疗效。

第三十二讲

我有强迫症吗？

我们可能会在洗手间看到某个人不受控制地反复洗手，你可能会嘲笑他傻，其实他不傻，他可能只是"生病"了，患上了一种叫作"强迫症"的病。强迫症（OCD）属于焦虑障碍的一种类型，是一种以强迫思维和强迫行为为主要临床表现的神经精神疾病，其特点为有意识的强迫和反强迫并存，一些毫无意义甚至违背自己意愿的想法或冲动反反复复侵入患者的日常生活。今天，让我们一起来学习一下何为强迫症吧！

——本期嘉宾王刚

主持人：大家好！今天很荣幸邀请到我校心理健康教育指导中心的国家二级心理咨询师王刚老师做客《杏苑心理访谈》。请王老师跟大家打个招呼。

王老师：各位亲爱的同学们，大家好！我是心理中心的王刚老师，很高兴能做客《杏苑心理访谈》节目。

主持人：王老师，最近，我们做了一个《杏苑心理访谈》节目的话题调查，一些同学对强迫症这个话题挺感兴趣的，能谈一下什么是强迫症吗？

王老师：强迫症涉及一个"症"字，因此关于强迫症的界定是一个很严谨的问题。在日常生活中，一些人常常会说我得了"强迫症"，问他为什么，他们声称自己总是控制不住地必须完成某些事情，比如关了门还要拉几下，做完实验多洗几次手，等等。其实，这些行为在不影响学习、工作、社交的情况下，都不是强迫症，顶多属于强迫倾向，多见于那些追求完美、过于刻板严谨，或者有某些洁癖的人。

那么，什么情况下能诊断为强迫症呢？当然就是这些反复的行为或重复的思考影响甚至破坏了我们的社会功能时，才可考虑可能是强迫症。强迫症是以强迫思维和强迫行为为主要表现的一种神经官能症，表现为某种强烈的心理冲突（或叫思维过程）使当事人感到焦虑和痛苦，同时，这些心理冲突来源于自己，但违反了自己的意愿，虽极力抗争，仍无法摆脱，最后只能用一些重复动作来减轻自己的痛苦，但社会功能已严重受损。

举个例子吧，某人非常怕脏，时刻担心自己的手接触了环境中的物体而携带微生物，进而让自己感染，甚至威胁自己的生命。他明知这种担心有些过头，但还是控制不住地害怕感染，于是只有通过洗手保洁来减轻自己的恐惧和焦虑，但是追求完美的心理让自己对常规的洗手很不放心，只有追求极致才能杜绝任何细微的疏忽，于是反复地洗手出现了，少则十几次，多则几百次。你们说，他这样还能正常地学习和生活吗？

主持人：通过您的解释，我们对强迫症有了初步的了解，原来日常生活中的一点小反复不是强迫症，真正的强迫症是那样的让人痛苦不堪。现在我们很想知道强迫症有哪些具体表现。

王老师：前面提到，强迫症是以强迫思维和强迫行为为主要表现的，我们下面就从这两个方面简单介绍一下。

强迫思维包括：

1.强迫怀疑。如对完成的事总是不放心，需反复检查后才放心。

2.强迫性回忆。如对过往的经历反复回忆，无法摆脱，感到厌烦至极。

3.强迫联想。如控制不住地见到别人抽烟就想到火灾。

4.强迫性穷思竭虑。如反复思考地球为什么是圆的。

5.强迫意向。如想把自己怀抱的婴儿从楼上扔下去。

6.强迫情绪。如总担心自己伤害别人，担心自己受到微生物的感染。

7.强迫对立思维。如说到"好人"这个词,立即想到"坏蛋"这个词。

强迫行为包括:

1.强迫洗涤。常见强迫洗手和洗衣等。

2.强迫检查。如反复检查门窗是否关好,阅读时反复核对每一个字。

3.强迫仪式动作。如不断重复一些具有象征福祸吉凶的固定动作。

4.强迫计数。如无法控制地数电线杆、台阶、汽车。

总之,常常是先有强迫思维,随后为减轻焦虑,而产生了强迫行为。强迫症的特征概括起来就是六个字:奇特、固着、反复。临床上根据强迫症的表现将强迫症分为强迫思维、强迫动作、强迫意向、强迫情绪等类型。

主持人:听起来有点复杂,您可以举个例子帮助我们理解吗?

王老师:没问题的。那我举一个关于强迫动作的例子吧。在大学的最后一年,学财务的小吴发现自己花了越来越多的时间完成作业,每次写完作业,他总是要反复检查,直到自己满意为止。毕业后到了一家银行工作,同事很快发现明明可以三四个小时完成的做账,小吴却需一两天完成。因为他总是担心账没有做对,反复地检查。不仅是在工作上,小吴出门时会反复检查门窗是否关好,煤气有没有关好;寄信时反复检查信的内容,看是否写错了字;网上购物时反复检查收货地址,简单买个东西都要花费大量时间和精力。单位领导只好让他回家"休息"。像上述小吴的这种情况就是典型的强迫症,它归属于强迫动作这一类型。

主持人:王老师举的这个例子生动形象,我现在大概明白了强迫症的症状表现。强迫症有这么多离奇古怪的表现,听起来有点怕怕的,那么人们怎么会得强迫症呢?

王老师:这个问题问得好,其实这在精神医学里面仍然是一个难题,目前还没有一个十分有说服力的解释,我就把一些常见的推论分享给大家:

1.精神分析学说。这是弗洛伊德的理论,他认为强迫症是强迫性人格的进一步发展,表现在我们的防御机制不能处理强迫性人格而形成的焦虑。

2. 观察学习假说。人们发现借助强迫行为可以帮助减少焦虑，每当发生焦虑时，采取强迫的方式，焦虑就缓解了，这种结果又强化了强迫，慢慢地，强迫行为就成为习得性行为的一部分。

3. 素质学说。它认为60%的强迫症患者中，早先就有强迫性人格的特征，表现为力图对自身和环境严格控制，过度追求完美，循规蹈矩，优柔寡断，依赖顺从，或固执倔强，非黑即白，宁折不弯，等等。

4. 社会心理因素。这是强迫症重要的诱发因素。如工作、生活环境的变迁，责任加重，处境困难，压力增大，担心意外，家庭关系不和，受到突然的惊吓，等等。有些人本就有点强迫倾向，但并不影响社会功能，却在社会因素的影响下被强化而持续存在，最终形成强迫症。

5. 遗传因素。如强迫症患者的父母中强迫症的患病率达到5%~7%，比群体的发病率高。

6. 生化因素。主要是某些神经递质功能的增强与强迫症有关，如5-HT。

主持人：看来患上强迫症的因素是多样的，那如果我们的身边出现强迫症患者，我们该如何跟他们相处和帮助他们呢？

王老师：首先你要知道他的强迫症主要体现在哪些方面，例如：饭后要洗手洗一个多小时，反复检查某个东西等。面对这些特征，你不能表现出恐惧或害怕，不然很容易刺激到他。其次，你不能打断他做这些事，因为他的脾气可能会爆发，最终导致过激行为的发生。还有，尽量将刀具等危险物品藏好，放在他拿不到或找不到的地方。因为强迫症患者在愤怒时容易丧失理智，从而做出一些不受控制的错事来。与强迫症患者相处时，我们主要注意以下几点：

1. 理解。理解是打开心灵的一扇窗，只有我们理解了强迫症是一种病，理解了强迫症患者的苦楚和无奈，才能让患者的治疗发挥作用。

2. 安慰。强迫症患者的强迫和反强迫的冲突是非常激烈的，那种无法控制的痛苦是常人无法理解的，我们对待强迫症患者要先从情绪上给予安慰，让其感觉到温暖。

3. 支持。支持并不是说在行为上支持他们去进行强迫行为，而是从心理上给予克服强迫症的支持。让他们知道他们不是一个人，有人陪着他们一起面对和共同作战。

4. 鼓励。强迫症是一种病，就跟感冒一样，每个人都不想当病人，每个人生病时都很无助。强迫症患者有时候会因为不被理解而感到悲伤和痛苦，所以家人和朋友的鼓励显得尤为重要，要鼓励强迫症患者积极主动地在正确的方向上逐步克服症状。

主持人：王老师，强迫症复杂多变，给人带来的痛苦深刻且持久，那么我们该如何面对强迫症？或者说，我们可以怎样做？

王老师：这个问题可以从强迫的严重程度来划分：

1. 如果是强迫倾向，我们完全可以泰然处之，只要它对我们的学习、工作、生活没什么影响，权当它是一种个人习惯吧，不要给自己随便贴上一个标签，然后对号入座，这样只会放大某些问题，对自己没有好处。其次，如果强迫倾向较明显，建议适当调整一下自己的认知系统，比如在处理某些事情或对待某些问题时，不要太追求完美，不必对某些结果太过苛求，多给自己一些退路，俗话说得好，退一步海阔天空。

2. 如果是强迫症，首先就得接受心理咨询了。常用的方法四种。

第一方法是行为治疗技术，比如暴露和反应阻断法，简单地说就是让强迫症患者暴露在引起强烈焦虑的环境或思维过程中，从行为学观点看，特意的、重复的、不受干扰的暴露在焦虑情形下会使人产生适应——焦虑感不可避免地自然降低了，接着适当给以一些外界刺激，如弹橡皮筋、口含黄连素，甚至适当的电流刺激等，通过刺激来分散注意力并达到阻断强迫思维的目的。

第二种是运用森田疗法来干预强迫思维，强调觉察症状、理解症状、接纳症状，深刻地领悟发病的机制，最后就是顺其自然，为所当为了。

第三种方法叫正念行为疗法，定义为此时此刻有目的地、不带评判地觉察当下。训练强迫症患者在面对焦虑时，接受焦虑、观察焦虑（将基本的焦虑与自己分离开来)、带着焦虑行动(如果你回避这个情形,焦虑就会降低,但是你的恐惧会上升。如果你继续呆在这个情形中,你的焦虑和恐惧都会降低)。重复以上这些步骤,带着期待(期待未来的焦虑,当它再次出现的时候,接受它)。

最后一种常见的治疗方法是思维阻断疗法。此方法的理论假设为:外在行为能通过抑制来加以阻止,那么内隐的行为也能通过抑制来阻止并消除。思维阻断疗法如与放松疗法、厌恶疗法一起使用,效果更好。

3.如果是一些特别严重的强迫症患者,可以建议他到专科医院或门诊接受药物的治疗。目前临床上治疗强迫症一般应用抗抑郁的药物,如氯丙咪嗪、多虑平、百忧解等。但必须在医生的指导下对症用药,千万不要自己随便用药。因为这些药属精神类药,是有一定的副作用的。

主持人:今天非常感谢王刚老师为我们分享了关于强迫症的话题,感谢王老师,各位亲爱的同学们,你们懂得如何做了吗?

/ 知识窗 /

精神分析学说:奥地利著名科学家弗洛伊德经过长期的研究和医疗实践,逐渐认识到,不仅歇斯底里患者,即便是正常人,在意识的背后都可能具有各种各样的欲望和冲动,因不被社会习俗、道德法律所容许,必须被压抑下去而不被意识到。这些被压抑于心灵深处的欲望和动机构成了人的潜意识,它是人类一切精神生活的根本动机。

正念疗法:正念疗法是对以正念为核心的各种心理疗法的统称,目前较为成熟的正念疗法包括正念减压疗法、正念认知疗法、辩证行为疗法和接纳与承诺疗法。正念疗法被广泛应用于治疗和缓解焦虑、抑郁、强迫、冲动等情绪心理问题,在人格障碍、成瘾、饮食障碍、人际沟通、冲动控制等方面的治疗中也有大量应用。

思维阻断疗法：又称思维控制疗法、思维停止疗法。它是一种治疗强迫性思维的技术，是在患者想象其强迫思维的过程中，通过外部控制的手段，人为地抑制并中断其思维，经过多次重复，促使强迫思维症状消失的一种心理治疗方法。

第三十三讲
考试焦虑的调节

考试是与我们每个人都息息相关的事情，我们从儿童阶段到老年阶段，都在接触考试，每一阶段有着每一阶段所要面临的考试，考试不可避免地给我们带来了压力和动力，与此同时也给我们带来了一定的焦虑情绪。一定的焦虑有益于我们的身心健康，但是过度的焦虑会让我们的生活受到干扰，所以，学习一些缓解考试焦虑的方法很有必要，好的缓解方法可以让我们从容应对考试，对即将来临的考试不再感到焦虑和慌乱不安。

——本期嘉宾王凯旋

主持人：大家好，今天的《杏苑心理访谈》我们邀请到了学校心理中心的国家二级心理咨询师、在读心理学博士王凯旋老师，今天的主题是：考试焦虑的调节。现在请王老师和大家打个招呼。

王老师：大家好，我是心理中心的王凯旋。

主持人：王老师，临近年末了，各类的考试扑面而来，我们身边到处都是忙碌读书的身影，但也时常能听到"焦虑"、"害怕"、"睡不着"等字眼，这给我们的生活带来了莫名紧张的气氛。您可以跟我们谈谈与考试相关的心理内容吗？

王老师：好的。近段时间我们心理中心接待的关于学习和考试方面的咨询量增大，很多同学因为临近考试而产生一定的焦虑情绪，自己感觉到无法控制这样的情绪，从而影响了自己的学习效率。而学习效率降低之后又会产生更多的焦虑情绪，形成一个考试焦虑的恶性循环。姜楠，我想问你，从小到大我们经历了那么多大大小小的考试，尤其经历了高考的洗礼，考试应该是家常便饭了，为什么一碰到考试还是会很紧张呢？

主持人：老师，我有时也会思考这个问题，我发现其实不是所有考试的紧张程度都一样，好像我特别在意的考试，或者说会决定我命运的考试，我就特紧张，因为考前我会特别担心考试成绩不理想，担心别人对我的成绩的评价。还有，当我没有认真复习就参加考试，那考前一定是焦虑到无法好好休息的。

王老师：哈哈，我在学生时代也是对考试很焦虑的，包括到现在，只要有考试，前一两个晚上必定无法安然入眠。那么，焦虑是什么呢？其实，从情绪发生的角度讲，焦虑是个体在面临或即将面临威胁情境时所表现的一种混合恐惧、不安、忧虑、焦躁等情绪。在此所谓的威胁情境就是考试，那么为什么考试会成为一种威胁了呢？其实并不是考试本身给大家带来什么威胁，而是受由考试引起的有关未来联想的影响。前面讲的怕复习不够，考试成绩不好，别人因此对自己有不好的评价，这些都是主观想象，事实上，这些事情还没有发生，会不会发生我们不知道。所以，考试焦虑是对考试结果进行不合理地消极预期而引起的心理应激现象。

主持人：原来是对结果的不合理的消极预期作祟。那除了想法和情绪上的表现，考试焦虑还会有其他的表现吗？

王老师：从成分上讲，考试焦虑可分为忧虑性焦虑与情绪性焦虑，前者主要涉及对即将到来的考试的评价、预期以及由此产生的担忧、不安，包含较多的认知成分，而后者主要指与之相伴随的情绪体验及身体反应，具体表现为出汗、手脚抖、眩晕、头痛、胸闷、心慌，甚至有些女生会出现月经不调等情况。当一个个体在生理上的反应比较明显，可能预示着其问题的严重程度较高，应及时地寻找外界力量的帮助。而精神专家张晶指出焦虑症就是一组以焦虑症状为主要临床表现的情绪障碍，往往包含以下三组症状：

1.躯体症状。患者紧张的同时往往会伴有自主神经功能亢进的表现,像心慌、气短、口干、出汗、颤抖、面色潮红等,有时还会有濒死感,心里面难受极了,觉得自己就要死掉了,严重时还会有失控感。

2.情绪症状。患者感觉自己处于一种紧张不安、提心吊胆、恐惧、害怕、忧虑的内心体验中。紧张害怕什么呢?有些人可能会明确说出害怕的对象,也有些人可能说不清楚害怕什么,但就是觉得害怕。

3.神经运动性不安。即表现为坐立不安、心神不定、搓手顿足、走来走去、小动作增多、注意力无法集中、自己也不知道为什么会如此惶恐不安。

主持人:对的,我自己在考试前也会有这些症状,那老师,我们也知道紧张焦虑会影响考试发挥,可是面临考试的时候确实就是那么紧张啊。这到底是什么原因呢?

王老师:我想从这么几个方面给大家做个解释。

首先,大家对考试焦虑可能存在一些误解,就是可能普遍认为不焦虑、情绪愉悦才能在考试中发挥自己应有的水平,因此,大家很害怕焦虑,排斥焦虑。事实上,人有趋利避害的本能,当一个人在面临其不能控制的事件或情景时,自身的自我保护系统就会启动,那种对未来的不确定就通过焦虑情绪反馈给个体,告诉个体这个事情很重要,需要额外的专注和照顾,需要自己为完成这个事情添加一些能力。因此,适当的焦虑是必要的,我们要看到焦虑的正面价值和意义,接受焦虑给我们带来的指引,思考缓解焦虑的途径。

其次,家长包括同学对考试的本质也是有误解的。一直以来我们更多地只针对考试带来的结果进行评价。实际上,从学习心理学的角度看,考试实质是一种学习效果的监控手段,利用考试的成绩反馈为学生了解自己掌握知识的程度提供依据。所以,考试只是评价学生知识掌握的情况,并不能作为评价个体人格、能力等的标准。但是现在大多数的家长和学生都是只看重考试最后的结果,把考试成绩看得太重,而学校也是把考试成绩作为能否毕业的主要评判标准,以致学生在考试之前会感受到来自家庭和学校的压力,不可避免地产生了焦虑的情绪。

第三个影响因素是个体的成就目标。在学习过程中，有些同学会强调在学习中发展自己的能力，有些同学会重视个人能力的展现。高考试焦虑的同学一般会是后者，因为他们趋于通过考试获得成功的体验，而且这种成功要源于与他人的比较。但是这类同学往往会存在目标要求与自我能力评估不一致的状况，他们选择的对比目标也一定是不合适的。

第四个重要的影响因素是自我效能感。在我们的节目中已经多次提到自我效能感这个词了，它强调的是个体对事实和完成特定行为任务的能力判断和能力信念。高考试焦虑的同学通常自我效能感较低，他们通常会感到无助和无法影响考试，他们相信在考场上的任何努力都是无用的，当考试出现障碍时，如果觉得努力是无效的，他们会立刻放弃努力。而与之相反的低考试焦虑的同学往往自我效能感较高，他们在考场上可以较好地适应考场的紧张环境，当考试出现障碍时，他们也不会太过慌乱，会尝试着去解决障碍。

最后，学习技巧和应试策略对高考试焦虑学生的影响非常大。研究发现，高考试焦虑的学生比低考试焦虑的学生利用更多的时间学习，但是高考试焦虑的学生也会在学习过程中注意力难以集中而实际学习时间并不多。在我的咨询中发现，很多高考试焦虑的学生会用延长学习时间来补偿学习技巧的缺乏，但并不是很有效，一询问他们的学习方法，基本上都是简单的重复记忆，很少使用组织化、类别化等高级记忆策略。在考试过程中，大部分高考试焦虑者不会从易到难做题，不会舍弃，他们可能一题做不出来就直接陷入消极情绪中，这些都是不了解应试策略的表现。所以在平时的学习中，大家要找到适合自己的高效学习方法，而不是一味地进行重复的简单记忆，适合自己的记忆方法会让你的学习事半功倍。

主持人：哦，原来考试的影响因素有这么多啊，我们还真没有去注意到。那老师，我们要怎么做才能避免考试过度焦虑呢？

王老师：嗯，是这样的，我们上面讲的几点影响因素，包括正视焦虑的正面价值，端正考试态度，树立良好的成就目标，增强自我效能感，提高自己的学习技巧和应试策略，还有缓解焦虑放松的方法，都是大家可以依据自己实际的情况进行调整的，在这里我就不多说了。我想从专业发展角度来讲，提倡的是大学生要学会自主学习。对于我们福建中医药大学的医学生来说，理论知识的应用性要比其他学科要强很多，尽管医学知识相对枯燥难记，但这些知识的全面准确的掌握是必须。我们要用职业使命感促动自主学习，对生命负责的态度能帮助我们自觉践行自主学习。一个好的自主学习应该包括：明确的学习目标、学习规划、学习方法，善于利用学习资源、监控学习过程、评价学习结果这六个方面。所以在咨询中，我一般是跟我们的同学一起商讨，将目标分层细化，一步一步实现，询问以他现在的能力，哪些具体的措施能够帮助他短时间建立信心。就算是目标太简单也没关系，只要能完成，能给自己带来成就感就好。除了这些，还有以下方法可以尝试：

1.可以在考试之前找一个时间，转移一下对考试过度的关注力，让自己的大脑和身体放松一下，可以和好朋友聊天、逛街，或者去公园走走，也可以选择做自己喜欢的运动，跑跑步、打打球都是可以的。

2.成功景象想象法，找一个安静的、自己不会被打扰的环境，或者是睡前、醒后，先让自己平静下来，反复想象自己良好、淡定的考试状态，或某次考试状态较好的场景和感觉，进行反复想象，直到觉得自己心中对考试的焦虑感下降到不影响考试发挥为止。

3.在考试中觉得焦虑的话可以进行考场行为的调节，进入考场后如有紧张、身体不适的感觉，可以下意识让大脑放空，让自己的大脑稍微松懈一下，也可以进行深呼吸，闭上双眼使身体平静，慢慢按摩头顶的百会穴。

4.考试当天可以早起给自己洗一个痛快的澡，或洗头，也会让你精神抖擞，头脑清醒，但要注意不要感冒了哦。

5.可以听自己喜欢的音乐。音乐可使人们被压抑的欲望释放出来，取得心理平衡，消除紧张焦虑。要听可以让自己感到放松和平静的音乐，如果你所听的音乐让你觉得烦躁不安，那么就需要换音乐了。最重要的一点是，不要牺牲宝贵的睡眠时间进行熬夜学习。要尽量坚持每天按时睡觉、定时起床，保证充足的睡眠。充足的睡眠是一天良好精神状态的保证。如果考前焦虑的症状太过严重，以致影响了正常的学习生活，不要盲目地强迫自己学习，要及时跟老师报告，及时进行相关的心理治疗。

主持人：看来我们还有很多需要努力学习的地方。那老师，在节目的最后，还有什么需要跟我们同学们再说说的吗？

王老师：最后分享一个咨询中的小故事，咨询中我喜欢让焦虑的同学想象这样一个画面，一个头部非常大、身体四肢很小的人，当他要行动的时候他会觉得很难受，因为头大到无法行动，多次尝试后他觉得很无助，他就不动了。每次同学想到那个画面，都不由自主地笑了。如果这个人想改变自己，想让自己像其他人一样正常地自由行动，无非就是把头变小，或者强壮四肢。强壮四肢是需要时间的，我觉得还是在那个大头里找寻一个比较容易完成的目标，先行动。重要事情说三遍，先行动，先行动，先行动。行动可以带来认知的改变。

主持人：今天非常感谢王老师的分享，感谢王老师，各位亲爱的同学们，你们懂得如何做了吗？下期见。

/ 知识窗 /

自我效能感：通俗地讲，就是人们对自身能否利用所拥有的技能去完成某项工作行为的自信程度。该概念被提出以后，心理学、社会学和组织行为学领域开始对此进行大量的研究。自我效能感是个人对自己完成某方面工作能力的主观评估，评估的结果如何，将直接影响到一个人的行为动机。

考试焦虑症：面临强大的竞争压力，不少考生在考前出现了考试焦虑症。其表现为：上课心不在焉，十分焦急，自己马上临考却仍然什么也记不住；烦躁不堪，见到任何事情都有发火的欲望；坐立不安，总觉得自己的每一个动作都在浪费时间；吃不好，睡不香，精神萎靡不振。

百会穴：百会，经穴名。出《针灸甲乙经》。别名"三阳五会"。属督脉。在背部，后发际正中上7寸，当两耳尖直上，头顶正中。位于帽状腱膜中；有左右颞浅动、静脉吻合网；布有枕大神经及额神经分支。主治头痛、目眩、鼻塞、耳鸣、中风、失语、脱肛、阴挺、久泻久痢等。平刺0.5～0.8寸，可灸。

第三十四讲
认识自卑心理

　　自卑心理让我们变得不敢去表现自己，使得我们自己看不起自己，还常常认为他人也看不起我们，其实，比你优秀的人是很多，但是，你也比很多人优秀，不要妄自菲薄，找到自己的优势所在，并且对自己的不足之处加以巩固，一步一个脚印，战胜那些让你自卑的因素，你会变得自信而优秀，来吧，一起了解自卑，一起战胜内心的自己，战胜自卑，在属于自己的舞台上尽情释放你的光芒！

——本期嘉宾李恭园

　　主持人：大家好，今天的《杏苑心理访谈》我们邀请到了学校心理中心的国家三级心理咨询师李恭园老师，今天的主题是：认识自卑心理。现在请李老师和大家打个招呼。

　　李老师：大家好，我是心理中心的李恭园老师。

　　主持人：李老师，在我们同学身边啊，经常有一些露脸的机会，比如说专家讲座的时候站起来提问题，邀请到舞台上表演一个节目，参加一项创新创业活动或者比赛，但很多时候，同学们总是会说，我不行啊，我没那个本事，我没那个能力，白白放弃了一些机会，时间一长，就真的没有那个动力去改变自己了，这种情况是怎么回事呢？您可以跟我们谈谈这方面的心理内容吗？

　　李老师：好的。其实，从我们心理中心接待的咨询情况看，这类问题还真不少，很多同学受到这个问题的困扰，变得忧郁失落，对错失机会懊悔不已，他们明知道这种情况不好，会影响自己的学习和生活，但又不知道如何改变。

主持人：老师，我有时也会遇到这样的问题。比如，参加演讲比赛，其实作为播音员，表达和普通话没有问题的，同学也都鼓励我，可我就是不敢参加，总觉得自己会表现不好，怕丢人，越不参加，就越不敢参加，后来甚至在一些自己很擅长的方面，也变得不自信了，不敢轻易去尝试，这样的情况正常吗？

李老师：哈哈，是正常的。你说的这种情况，就是我们通常说的不自信，这跟我们说的自卑还不太一样，这种不自信持续的时间久了，泛化到其他方面了，就可能演变成了自卑。给大家讲个关于自卑的小故事，1951 年，英国人弗兰克林从自己拍得极为清晰的 DNA 的 X 射线衍射照片上，发现了 DNA 的螺旋结构，就此还举行了一次报告会。然而弗兰克林生性自卑多疑，总是怀疑自己论点的可靠性，自卑的他开始怀疑自己所发现的 DNA 螺旋结构，到最后竟然放弃了自己之前所提出的假说。但是就在两年之后，沃森和克里克也从照片上发现了 DNA 的分子结构，并且在此基础上提出了 DNA 的双螺旋结构的假说。这一假说的提出标志着生物时代的开端，沃森和克里克也因此而获得 1962 年的诺贝尔医学奖。如果弗兰克林是个积极自信的人，当时可以坚信自己的假说，并继续进行深入研究，那么这一伟大的发现将永远记载在他的英明之下。但是可惜的是，他因为他的自卑而错失了这一伟大的发现。那么，自卑到底是什么呢？

自卑，在我们生活中是很常见的，比如我们会不自觉低估自己的能力，觉得自己各方面不如人，从情绪发生的角度讲，自卑是对自己的能力、品质评价过低，同时可伴有一些特殊的情绪体现，诸如害羞、不安、内疚、忧郁、失望等。比如，你说的参加演讲比赛，其实并不是演讲本身给大家带来什么恐慌，而是由演讲引起的有关未来的联想影响了自己。前面讲的怕表达不好，怕丢人，怕别人因此对自己有不好的评价，这些都是主观想象，事实上这些事情并还没有发生，会不会发生我们不知道。所以，一定程度上说，自卑是对结果进行不合理地消极预期引起的心理应激现象。

主持人：原来是对结果的不合理的消极预期作祟。那除了想法和情绪上的表现，自卑还会有其他的表现吗？

李老师：自卑在生活中，主要表现在以下三个方面：

首先，就是敏感。过分敏感，自尊心强。非常希望得到别人的重视，十分担心被人忽略，过分看重别人对自己的评价，任何负面的评价都会导致内心激烈的冲突，甚至扭曲别人的评价，他们通常非常敏感，比如，别人真诚地夸他，他会认为是挖苦，别人不经意的一句话，都会在其内心引起波澜，胡乱猜疑。有时候别人的窃窃私语，他都会认为那是在背后嘲笑他，导致自己情绪的变化，并且在交友方面有了比较大的阻碍。

其次是失衡，就是感觉自身价值感的缺失，在方方面面都体验不到自身价值，觉得没有意思，心态失衡，陷入恶性的心理体验之中，走不出这个心理的阴影，进而悲观、失望，这种强烈的自卑心理容易导致极端行为。

最后是情绪化，他们表面上好像逆来顺受，然而恰恰就是过分压抑才积聚了随时爆发的能量。由于他们缺少应对能力，学业、人际关系、患病等生活事件很容易导致心理压力。当受到不公正的待遇时，认为别人瞧不起自己，难以忍受，往往产生过激言行，做出伤害自身或者他人的行为。

主持人：老师，我们也知道自卑很不好，可是总感觉难以克服。这到底是什么原因呢？

李老师：自卑的产生，是一个长期的过程，受到以下因素的影响：

首先是自我认识不足。自卑的人总是把别人当作镜子来照自己，拿别人的长处比自己的短处，觉得自己一无是处，对自我形象不认同，或者是对自己能力怀疑。比如，我们好多新生，在大学适应期的时候，很容易产生自卑感，高中的时候，觉得老师比较重视自己，同学朝夕相处的关系也不错，到了大学，管理模式更自由自主，表现舞台更宽更大，感觉自己一下子什么都不会了，觉得自己才艺不行、表达不好、学习跟不上、不够受老师重视、不如别人受欢迎，于是产生了极强的失落感，原有的优越感一下子就成自卑感。

其次是家庭经济因素。受家庭因素的影响，出身贫寒，生活困难，会因为家境、条件等与别的同学比较，觉得自己家庭经济条件实在太差而感到自卑。来自偏远农村的同学，更容易因不适应和家庭经济方面的差异产生自卑心理。学生之间难免存在攀比，在衣服鞋子及生活用品上的攀比和差距更加让出身贫寒的学生感到自卑。

再者与成长经历有关。成长过程中经历某些特殊事件，其中童年的经历影响尤深，比如家庭不和谐、父母教育不当或者从小就内向、受欺负的孩子，更容易自卑，不少心理问题都可在早期生活中找到症结。

最后就是个人性格特点。在以上几种客观因素的基础上，主观上来说，个人性格特点也很关键。在做辅导员的时候，我就发现同样是来自农村、偏远地区的孩子，一些同学并不自卑，而是有更强烈的自尊心和上进心，他们能够及时调整自己的行为，以更大的干劲努力拼出一条成功之路来。但有自卑心理的学生则正好相反，他们往往在经过一番努力后如果尚无效果，便会泄气，认为自己不行，于是变得自卑起来。在这种情况下，有着同样客观条件的学生由于个人性格的不同而呈现出不一样的结果，所以大家在平时也要注意培养好的性格特点。

主持人：哦，原来自卑的影响因素有这么多啊，我们还真没有注意到。那老师，我们要怎么做才能走出自卑心理的影响呢？

李老师：嗯，是这样的，从我们上面讲的几点影响因素，也可以看出来，我们可以通过一定的调节，把自卑的压力转化为改变自我的动力。

其实，"金无足赤，人无完人"。我们要正确认识自卑现象。每个人都有自己的弱点和优点，这是一个事物的两个方面，没有缺点，也就没有优点，优缺点都是相对的。这样，当我们看到自己的缺点和不足时，也能同时看到自己的长处和过人之处，心理才会平衡。实际上，自卑并非一文不值，适当的自卑，把它克制在情绪范围内，反而可以促进我们不断努力、不断进步。具体地说，可以尝试从以下几个方面去努力：

1、作业法。从一连串小小的成功开始,通过不断的成功来表现自己和确立自信,来消除对自己能力的怀疑。表现自己时,期望值不要过高,不要操之过急,要循序渐进地锻炼自己的能力,逐步用自信心取代自卑感。要根据自身的基本情况和自己的实际能力制定合适的目标,既不能太容易达到,也不能难以实现,尽量是在付出一定的努力后可以完成的目标。

2、领悟法。领悟法就是有自卑感受的同学,主动求助于心理咨询老师,进行心理咨询和心理分析治疗。在心理老师的帮助下,通过自由联想和对早期经历的回忆,找出导致自卑的深层原因。通过心理分析,求助者领悟到,一个人之所以有自卑感,并不是自己的实际情况很糟,而是潜藏于意识深处的症结使然。

3、暗示法。暗示法就是个人通过积极的自我暗示、自我鼓励,进行自助的方法。消极的自我暗示导致消极的行为,而积极的暗示则带来积极的行动。每个人的智力相差都不是太大,我们在做事的时候,就应不断地暗示自己,别人能做的我也一定能做好。

4、训练法。有自卑心理的人常常在性格上表现出不当之处,如内向,不与人交往,敏感多疑等,为此我们不妨进行一下对性格的训练。其具体做法如下:

第一,随意找四个熟人,问他们对你的印象如何,确定你是否喜欢他们的回答,判断你为什么喜欢或不喜欢留给别人的那种印象。

第二,确定一下,如果你是一名演员的话,愿意扮演什么角色,以及你为什么喜欢这个角色。

第三,选择任何一个你所崇拜的人,列出他身上那些你崇拜的特征和品质。

第四,把第二和第三综合为你自己所选择的性格。

第五,改变你的形象、行为、个性中你所不喜欢的东西,强化你所喜欢的东西。

第六,去表现你的新个性。

要提醒的是,克服自卑这种心理,是需要一个过程的,不是一蹴而就的,所以大家在尝试着改变自己，建立自信心的时候，不要太迫切地想要看到效果，自卑心理的克服要一步一个脚印，这样才不会半途而废。好比一个优秀的长跑运动员，刚起跑时，比别人慢了一些，并不要紧，只要他攒足劲，加加油，照样可以赶上、超过前面的人，甚至可能拿金牌。

主持人：看来我们的确可以通过训练来改变自己。那老师，在节目的最后，还有什么需要跟我们同学们再说说的吗？

李老师：送给大家一句话共勉，其实，克服自卑，就是要找到心理平衡点，当我们感觉自己什么都不如别人的时候，不妨低头看看，还有很多不如我们的人，你会好受些，当感觉自己很好，飘飘然的时候，不妨抬头看看，其实比我们优秀的人大有人在，你会努力些，不断地低头和抬头，才能保持心理平衡，才能迎来精彩人生。

主持人：今天非常感谢李老师的分享，感谢李老师，各位亲爱的同学们，你们懂得如何做了吗？下期见。

/ 知识窗 /

X射线衍射：物质结构的分析尽管可以采用中子衍射、电子衍射、红外光谱、穆斯堡尔谱等方法，但是X射线衍射是最有效的、应用最广泛的手段，而且X射线衍射是人类用来研究物质微观结构的第一种方法。X射线衍射的应用范围非常广泛，现已渗透到物理、化学、地球科学、材料科学以及各种工程技术科学中，成为一种重要的实验方法和结构分析手段，具有无损试样的优点。

DNA：即脱氧核糖核酸，是分子结构复杂的有机化合物。作为染色体的一个成分而存在于细胞核内。功能为储藏遗传信息。DNA分子巨大，由核苷酸组成。核苷酸的含氮碱基为腺嘌呤、鸟嘌呤、胞嘧啶及胸腺嘧啶；戊糖为脱氧核糖。1953年美国的沃森、英国的克里克与威尔金斯描述了DNA的结构：由一对多核苷酸链围绕一个共同的中心轴盘绕构成。糖－磷酸链在螺旋形结构的外面，碱基朝向里面。两条多核苷酸链通过碱基间的氢键相连，形成相当稳定的组合。

DNA 的双螺旋结构：1952 年，奥地利裔美国生物化学家查伽夫（E.chargaff，1905—2002）测定了 DNA 中 4 种碱基的含量，发现其中腺嘌呤与胸腺嘧啶的数量相等，鸟嘌呤与胞嘧啶的数量相等。这使沃森、克里克立即想到 4 种碱基之间存在着两两对应的关系，形成了腺嘌呤与胸腺嘧啶配对、鸟嘌呤与胞嘧啶配对的概念。

第三十五讲

对社交恐惧症说"不"

当你跟朋友言笑晏晏、打打闹闹的时候,是否会想到世界上还有这样一群人:他们几乎没有朋友,他们不敢跟别人交流。他们是怪人吗?不,其实他们只是生病了,生了一种叫作"社交恐惧症"的病。社交恐惧症是恐惧症的一种亚型,恐惧症原称恐怖性神经症,是神经症的一种。以过分和不合理地惧怕外界某种客观事物或情境为主要表现,患者明知这种恐惧反应是过分的或不合理的,但仍反复出现,难以控制。常见的恐惧症亚型包括广场恐惧、社交恐惧和特殊恐惧症三种。

——本期嘉宾吕珺

主持人:大家好,今天的《杏苑心理访谈》我们邀请到了学校心理中心的国家二级心理咨询师吕珺老师,现在请吕老师和大家打个招呼。

吕老师:大家好,我是心理中心的吕珺老师,很高兴能做客《杏苑心理访谈》节目。

主持人:吕老师,今天我们的主题是社交恐惧症。经常有身边的同学询问,一接触陌生人、异性就莫名紧张、患得患失、恐惧,这是否就是社交恐惧症呢?

吕老师:我们先来了解一下什么是社交恐惧症。社交恐惧症是恐惧症的一种亚型,恐惧症原称恐怖性神经症,是神经症的一种。以过分和不合理地惧怕外界某种客观事物或情境为主要表现,患者明知这种恐惧反应是过分的或不合理的，但仍反复出现，难以控制。恐惧发作时常常伴有明显的焦虑和自主神经症状，患者极力回避导致恐惧的客观事物或情境，或是带着畏惧去忍受，因而影响其正常活动。常见的恐惧症亚型包括广场恐惧、社交恐惧和特殊恐惧症三种。从心理学的角度，就是你对社交这件事产生了"认知曲解"，是一种过分的境遇性害怕，就是个体在公开表演场合和社交场合担心被他人审视，害怕自己出丑或行为窘迫。如害怕在公共场合发言；害怕在公共场合用餐；害怕与人交流导致自己受辱或尴尬，或让人看出自己的焦虑症状等。社交恐惧症的诊断要点主要有以下八点：

1. 对处境有强烈的恐惧，恐惧的程度远超于实际危险。
2. 发作时有焦虑和自主神经症状。
3. 有反复或持续的回避行为。
4. 知道恐惧是不必要的或过分的，但无法控制自己的恐惧。
5. 对恐惧情景和事物的回避现在是或曾经是突出的症状。
6. 排除焦虑症、分裂症、疑病症等。
7. 病程持续 1 个月以上。
8. 给自身带来痛苦，社会功能受到损害。

主持人：这样说来，好像我也有一点这样的症状呢，那么社交恐惧症的具体表现有哪些呢？

吕老师：其实不用太过担心，社交恐惧症的具体表现主要有以下三种情况：

第一种，一般人对参加聚会或其他暴露在公共场合的事情都会感到轻微紧张，但这并不会影响到他们出席。真正的社交恐惧症对此有无法承受的恐惧，严重的病患甚至会长时间地把自己关在家里孤立自己。

第二种，恐惧被别人注视；恐惧自己会做出丢脸的举止或表情僵硬不自然；怕自己在众人面前张口结舌；怕吃饭时由于有人注视而丑态百出；恐惧得手发抖以致无法写字；回避见人；恐惧时面红、心慌、出汗、恶心等。

第三种，社交恐惧症患者总是担心会在别人面前出丑，不管参加什么聚会，之前他们都会感到极度的恐惧。当他们真的和别人在一起的时候,他们会感到更加不自然,甚至说不出一句话,聚会结束后,他们会一遍一遍在脑子里回想刚才的情景,回顾自己是如何处理每一个细节的,自己应该怎样做才正确。

主持人:一般都说社交恐惧症的产生和你的成长经历、人际交往经验有密切关系,吕老师,是不是这样呢?

吕老师:很多人在社交过程中可能受到过一些挫折,这些打击产生了负面的影响,这些影响虽然随着时间流逝,慢慢淡忘,但它却印刻在人的潜意识里。比如,当众出丑,被众人嘲笑,受了欺负,等等。有研究表明,我们一般都会过高估计他人对我们出丑时的关注度,比如,别人对你只是嘲笑而已,并非是要真的羞辱,但你会认为别人一直记住这个事情,并经常拿来调侃你。这些事情最终在你心里留下了阴影,而这个阴影在你大脑里形成了负面的认知。假设你现在很想去认识新朋友,但是你过往的失败经历在潜意识里形成了影响,这让你感到很害怕。潜意识在影响你的主观意识,阻止了你行动。潜意识是你没办法控制的,你只能掌控主观意识。

主持人:原来过往的经历有这么大的影响力,那除了过往的经历可能会造成社交恐惧症,还有没有其他原因会造成社交恐惧症呢?

吕老师:过往社交的失败经历是造成社交恐惧症的主要原因之一,除此之外以下三个因素也可能会造成社交恐惧症:

1.遗传因素。研究发现社交恐惧症具有明显的家族聚集性,一级亲属患社交恐惧症或回避型人格障碍的风险高出对照组10倍。也有研究者认为遗传因素在社交恐惧症发病机制中作用不大。

2.生理原因。2000年在上海召开了有关社交恐惧症的研讨会,主讲人美国著名精神病学教授戴维·西汉先生说,社交恐惧症的发病是因为人体内一种叫"5-羟色胺"的化学物质失调所致。这种物质负责向大脑神经细胞传递信息,这种物质的过多或过少都可引起人们的恐惧情绪。

3.家庭因素。有的孩子从小性格受到压抑,长期处于被逼迫状态,渐渐走向心理扭曲,或者是不接触社会没有社交能力;有的父母经常大声训斥孩子,造成孩子出现心理阴影,从而将自己封闭起来,逃避社交,躲离人群。

主持人:明白了,有多个方面的因素都可能会造成社交恐惧症,吕老师,我们有什么办法可以用来帮助自己克服社交恐惧症吗?

吕老师:这里我把社交恐惧心理咨询专家秦艳鸿老师总结的七个小妙招分享给大家,希望对大家会有所帮助。

1.过去的就过去了,下次可以尝试……

当你做一件事时,通常有三个相关观念:你打算呈现出的事物,你实际呈现出的和你希望呈现的。当你专注于自己还能完善的地方,那么就是恶性循环。离开聚会或者某个社交场合后,别老想着那些本该做得更好的地方,别去想"为什么我会那样说"。不去回忆不愉快的过去,过去的就让它过去吧,人总是要向前看的,没有什么比把握现在更重要。

2.其实你没有那么被关注。

别总是假想别人会对你评头论足,大部分人主要关心他们自己的事情,他们没时间拿你的行为消遣。每个人都会说一些不合时宜的话,别因为交谈中的负面情绪而感到内疚。总会有不合时宜的事发生,这再正常不过了,继续做你自己。

3.慢一点,你可以选择暂停一下。

在社交场合无须感到恐慌,如果有人问你问题,停下来,思考一会儿再给出你的答案。大部分在社交场合紧张的人都会立即回答,他们认为自己被迫开始说话了,没必要,暂停一下,你的话听起来更深思熟虑,更有见地。

4.放松下来,真实的就是最好的。

别因为想变得有趣、幽默或者善谈而感到有压力,做最自然的你。当你要发表意见时,说出自己的想法就好。

5.放松你的身体。

你的身体决定心理。随时感受你的身体,如果感觉紧绷就做几个深呼吸,舒展一下身体。站直了，昂首挺胸，使你看起来信心百倍。别抱胸，摊开双手，学会使用肢体语言，这将更有利于传达你的信息，会让你看起来更加有掌控力。

6.积极准备起来。

准备很重要。如果你准备参加一个活动，你必须了解与之相关的各个方面：政治的、社会的、八卦的……这将对你的社交活动有很大帮助。到人多的地方去时，尝试和身边的人有一个几分钟的交流，给自己一个表达自我的机会，慢慢克服社交恐惧。

7.要意识到没什么可恐惧的。

暗示自己没什么可恐惧的。你把所有可能的糟糕情况列出来，你会发现也就那样吧。冷静，慢慢来，做好你自己，没什么可恐惧的。

如果以上内容还不能帮助你克服社交恐惧，或者你很难做到，建议你可以预约一位我们心理指导中心的心理咨询师，和他面对面交流一下，相信可以帮助你更快走出社交恐惧的心理阴影。

主持人：哇，原来我们有那么多的小方法可以用来对抗社交恐惧症，这样看来，社交恐惧症也不是很可怕呀。今天聊到这里也接近尾声了，吕老师，您可以再跟大家讲解一下社交恐惧症的治疗方法吗？

吕老师：可以的。跟很多心理疾病一样，社交恐惧症的治疗方法主要有药物治疗和心理治疗。社交恐惧症药物治疗分为长期使用与短期使用两种情况，长期使用的药物治疗主要是规律地使用抗抑郁类药物；另外一种是临时性使用，有的病人已经清楚自己的症状，所以会在出席重要场合前与医生进行讨论，根据需要服用抗焦虑药，所用药物主要有两类，一是5-羟色胺回收抑制剂，二是5-羟色胺和去甲肾上腺素双回收抑制剂。药物治疗有一定的副作用，患者在用药时，一定要谨遵医嘱，合理用药。

常见的心理治疗方法主要有两种：

1.认知疗法。社交恐惧症患者平常表现为心理紧张或焦虑。因此，当心理过于紧张或焦虑时，不妨问问自己：再坏又能坏到哪里去？最终我又能失去些什么？想通了这些，一切就会变得容易起来。

2. 系统脱敏法。指用循序渐进的方法克服心理障碍。系统脱敏治疗应用较多，它可以分为实景脱敏和想象脱敏。第一个阶段，是进行放松训练。第二个阶段，请患者按引起恐惧反应的严重程度，依次列出相关诱发社交恐惧的情境的清单，然后从引起最弱的恐惧反应的情境开始，逐一让病人身处其中，或由其想象身处于这些情境之中。每一步骤做到病人适应，感到彻底放松为止，然后再接着做下一个较令人紧张的情境，直至最强程度的情境也不引起恐惧为止。系统脱敏法对轻度社交恐惧症的治疗效果很好。此外，还可采用催眠疗法、中医心理治疗等。

主持人：好了，今天非常感谢吕老师的分享，各位亲爱的同学们，你们懂得如何对社交恐惧症说"不"了吗？我们下期节目见。

/ 知识窗 /

5-羟色胺：又名血清素。一种吲哚衍生物，分子式 $C10H12N2O$，简称 5-HT，普遍存在于动植物组织中。5-羟色胺最早是从血清中发现的，又名血清素，广泛存在于哺乳动物组织中，特别在大脑皮层质及神经突触内含量很高，它也是一种抑制性神经递质。

认知疗法：于 20 世纪 60～70 年代在美国产生，是根据人的认知过程，影响其情绪和行为的理论假设，通过认知和行为技术来改变求治者的不良认知，从而矫正适应不良行为的心理治疗方法。认知疗法的基本观点是：认知过程及其导致的错误观念是行为和情感的中介，适应不良行为和情感与适应不良认知有关。认知疗法常采用认知重建、心理应付、问题解决等技术进行心理辅导和治疗，其中认知重建最为关键。

系统脱敏疗法：又称交互抑制法，是由美国学者沃尔帕创立和发展的。这种方法主要是诱导求治者缓慢地暴露在导致神经症焦虑、恐惧的情境中,并通过心理的放松状态来对抗这种焦虑情绪,从而达到消除焦虑或恐惧的目的。

催眠疗法:是指用催眠的方法使求治者的意识范围变得极度狭窄,借助暗示性语言,以消除病理心理和躯体障碍的一种心理治疗方法。

第三十六讲
你需要警惕的心理疾病：进食障碍

肥胖，在生活中并不少见，很多人会因为肥胖而苦恼，甚至会自卑，因此减肥之风便席卷而来。你是否注意到自己或身边的人开始出现长时间的禁食，对食物的种类及数量严格限制，每天大量消耗体力并过度运动，经常吃泻药或进食后呕吐，进食时间过长，咀嚼食物后吐掉，过分关注体重，每天称量体重，或进食后有罪恶感、愧疚感，稍有违背自己的饮食模式就焦虑不安，这个时候就要警惕了，因为进食障碍可能在慢慢靠近了。

——本期嘉宾王刚

主持人：大家好！今天很荣幸邀请到我校心理健康教育指导中心的国家二级心理咨询师王刚老师做客《杏苑心理访谈》。请王老师跟大家打个招呼。

王老师：各位亲爱的同学们，大家好！我是心理中心的王刚老师，很高兴能做客《杏苑心理访谈》节目。

主持人：王老师，减肥一直是许多人，特别是女性经常关注的话题，但减肥并不简单，除了外形上的改变，减肥也会使人心理上发生变化吗？所以，今天想请您谈谈减肥和心理方面的问题。

王老师：首先谈谈为什么要减肥。在主流文化不断强调"颜值"和"身材"的时候，我们渐渐地认为只有"苗条好看"的自己才能被社会所接受，才能交到朋友，才能找到工作。挑剔我们长相和身材的不再只有外界他人，还有我们自己，于是减肥开始了。还有一些人是"失控的完美主义者"，他们对自己的形体有近乎苛刻的要求，每日生活的重心就在减肥和塑形上。

主持人：听您这样说，您对减肥是怎样的态度？

王老师：我并不反对减肥，相反适当的减肥加运动，对一个人的身心是很有好处的。但现实中却存在许多极端的减肥案例，引发出严重的心理和生理问题，这样麻烦就大了。适度的减肥可以使人的形体变得更美，并且可以在很大程度上提升人的自信心，还可以预防因肥胖而引起的高血压、高血脂、高血糖等疾病，但是凡事有个度，当减肥太过，就会出现身体上的疾病和心理上的疾病，严重的话可以危及生命，因此，今天我就来谈一谈过度减肥与心理的关系。

主持人：听起来挺严重，那请您谈一下过度减肥会出现哪些严重的心理问题。

王老师：过度减肥容易引起一个严重的问题，就是进食障碍。指以进食行为异常，对食物和体重、体型的过度关注为主要临床特征的一组综合征，主要包括神经性厌食症和神经性贪食症。神经性厌食症是以减肥者有意严格控制进食、使体重明显下降并低于正常水平所导致身体功能受损为主要特征的一类进食障碍。神经性贪食症，是减肥者以反复发作性暴食及强烈控制体重的先占观念为主要特征的一类进食障碍，常采取极端的措施以削弱所吃食物的"发胖"效应。与神经性厌食患者不同的是，神经性贪食患者的体重正常或超重，30%~80%的神经性贪食患者有神经性厌食史。神经性贪食症还常常与抑郁症、人格障碍、焦虑症、强迫症等心理疾病一起存在，并且多见于女性，女性患病率为1%~3%，男性患病率约为女性的1/10，平均发病年龄为18~20岁。神经性贪食症的主要特点是：病人的摄食欲望或行为常呈发作型，一旦产生了进食欲望便难以克制和抵抗，并且每次进食量都较大；同时病人担心自己暴饮暴食会发胖，因此常常在进食之后进行催吐，也有服用泻药或增加运动量等来消除暴食后引起的发胖。需要知道的是，这种暴饮暴食现象的连续发作是比较危险的，除了对身体有不良影响，如可引发急性胃扩张、食道炎等疾病，严重者还有生命危险，对心理方面的影响也是很大，神经性贪食症患者的人格一般不是很稳定，对自己情绪的控制和管理比较差，他们并不是真的饿了，而是在心理上有长期饥饿的感觉，希望通过"吃"这种方式来处理焦虑不安、寂寞或者情绪低落等负性情绪。贪食症患者通常是因为更加严重的心理问题（如严重的焦虑和抑郁症）才患贪食症的，所以说，贪食症实际上是一种心理疾病，应首先进行心理治疗。

主持人：原来是这样，可是我平时在不开心的时候也会出去吃东西，以此来减少自己的不开心，这样也是会引发进食障碍吗？

王老师：是的，当你一不开心就用吃东西的方式来缓解自己的情绪，长此以往，不排除出现进食障碍的可能。对于通过吃东西来缓解自己的情绪这一点，应该是很多人都会犯的错误，我们首先要明白的是，用"吃"这种方式来处理负性情绪，对身心是有一定损害的。当你在情绪不好，下意识地想要通过吃东西来缓解时，不妨反复提醒自己，总是忍不住想吃东西，并不是因为肚子饿而是心里有压抑着的情绪需要宣泄，但通过这样的错误方式来发泄无济于事，这种行为无非只是在刻意回避自己不愿意面对的问题。当你因为情绪问题想吃东西时，不妨做一些其他事情来分散对食物的注意力。例如，听听音乐、与朋友交谈、阅读，或者上网聊一会儿。除此之外，运动和散步是替代情绪化饮食的最有效手段。这是因为运动时，身体所释放的化学物质和荷尔蒙可以振奋情绪；运动时身体还释放出一种"快乐物质"——内啡肽，它可以在很大程度上改善我们的心情，同时提升身体的免疫能力。如果实在控制不了吃东西的欲望，就尽量吃些健康的食物，如富含纤维素的食物，像水果、蔬菜、全麦制品，以及含盐量和含糖量低的食物；避免饮食高热量、高脂肪的食物。

主持人：那为什么会引发进食障碍呢？与哪些因素有关呢？

王老师：与进食障碍患者与众不同的情绪态度有关，这种态度往往渗透到他们情绪生活的方方面面。在他们看来，情绪是不能忍受的、危险的、让人害怕的，因此他们必须让情绪完全消失或避免产生情绪，他们会选择挨饿或者是大吃大喝来调节他们的情绪，这是因为，挨饿会让人麻木，大吃大喝会让人感到安慰，呕吐和排泄会让人感到释放。如果试图从这种非健康的调节方式中恢复，需要通过再次激活的方式，满足先前逃避的情绪体验。如果企图逃避这些情绪，则会导致旧病复发，这也是为什么进食障碍患者病程长且反复发作的原因。

主持人：减肥的人都希望少吃多动，这可以理解，那么为什么在减肥或厌食之后又去贪食、暴食呢，这又是为什么？

王老师：我前面说过，因为觉得自己肥胖，开始变得不喜欢自己，开始过度节食或过度健身，此时的食物成为一种能够引起减肥者负罪感的东西，而这种负罪感让他们长期处于一种自我讨厌的情绪之中。这一阶段吃很少和只吃所谓"健康"的食物，身体对于营养和能量的需求常常无法被满足，人会变得骨瘦如柴，但还是强烈地担心体重增加，这就是神经性厌食。此时，进食障碍者感到非常饥饿，如果这一阶段受到各种应激因素刺激，压力增大，或情绪失控，就会控制不住地过度进食，出现贪食或暴食，甚至还会导致肥胖，为了控制体重，患者会在过度进食后进行各种催吐，这就是神经性贪食。上述这个机制一旦启动，就停不下来。因此，进食障碍者的典型发展是这样的：先是怕胖→减肥，限制进食→消瘦→几个月（有的人一两个月，有的人半年以上）之后→暴食→体重增加→反复暴食→因怕胖而产生催吐等清除行为，体重达到正常范围之后，还是停不下来的反复暴食和催吐→感到太累了→自暴自弃，放弃呕吐等清除行为→肥胖。

主持人：进食障碍的确是一种严重的不容忽视的问题，那您再和我们说说如果出现了进食障碍，该如何处理？

王老师：进食障碍很难治愈，尤其是患病时间相对较长的，一般病程可大于两年，治疗过程难度大，治疗时间也比较长，并且较容易复发。一般体重指数低于15的患者死亡率高达17%~18%，这个概率甚至大于车祸。而大多数人在开始出现症状的时候都不能意识到这是一种疾病，病情非常严重了才去就诊。

这也是进食障碍治疗起来较困难的原因之一，所以及早干预治疗是非常重要的，具体的治疗方法有以下几种：

第一种是心理治疗。进食障碍属于心因性疾病，所以心理治疗是必要也是必须的。心理治疗不仅帮助来访者从行为上改变贪食或厌食的症状，并且从认知层面上改变来访者的错误观念，引导来访者学会用新的适应性的认知观念应对更多的问题，达到人格的完善。运用认知行为疗法帮助应对与进食障碍相关的、紊乱的想法和行为。练习接纳正性的躯体形象，帮助他们认识到成功与体重和外貌没有必然的联系，将自己作为一个全人来看待，而不仅仅是一个躯体或部分躯体。

第二种是制定健康合理的膳食计划。包括每日用餐次数、食物的种类。从饮食上进行治疗的话，刚开始的实行难度会很大，因为患者在短时间内有可能会不习惯甚至是抗拒所制定的膳食计划，里面的用餐次数和食物的种类可能并不是他们的身心所接受的，因此制定膳食计划的时候要循序渐进，切不可一下子就制定操作难度很大的膳食计划。

第三种是对于体重超重者需要制定每日的运动计划，以降低体重。与膳食计划一样，运动计划也需要循序渐进，不能一下子把运动量加到太大，刚开始每天的运动量可以少一点，避免运动量过大而造成身体的损害，也会使患者失去医治的信心，等身体适应了一定的运动量，再慢慢加大运动量，保证体重的逐阶段下降。

第四种是社会支持。在家人和朋友的理解与帮助下患者更容易解决不健康的进食行为问题。因此尽可能地发动患者的亲人和朋友给予其最大的关爱和鼓励。

第五种是必要时可运用抗焦虑与抑郁的药物，控制那些阻碍治疗的不稳定的心境。进食障碍很容易引发患者过度的焦虑和抑郁，因此配合一些抗焦虑与抑郁的药物可以预防其他的情绪问题。

第六种是科学减肥。即适当少吃、不吃零食，晚餐的话也要减少淀粉类和糖类物质的摄入。但是并不是不吃，还是要保证一定的能量摄入，以维持机体正常的生命活动。所有的减肥方法都要在保证生命正常活动的前提下进行，减肥，并没有比生命更宝贵。

主持人：好的，很感谢今天王老师和我们分享了与减肥相关的心理问题，我们收获颇丰，小伙伴们，你们都听明白了吗？再次对王老师做客《杏苑心理访谈》表示感谢！

/ 知识窗 /

内啡肽：亦称安多芬或脑内啡，是一种内成性（脑下垂体分泌）的类吗啡生物化学合成物激素。它是由脑下垂体和脊椎动物的丘脑下部所分泌的氨基化合物（肽）。它能与吗啡受体结合，产生跟吗啡、鸦片剂一样的止痛效果和欣快感。这些肽类除具有镇痛功能外，尚具有许多其他生理功能，如调节体温、心血管、呼吸功能。当机体有伤痛刺激时，内源性阿片肽被释放出来以对抗疼痛。在内啡肽的激发下，人的身心处于轻松愉悦的状态中，免疫系统实力得以强化，并能顺利入睡，消除失眠症。内啡肽也被称为"快感荷尔蒙"或者"年轻荷尔蒙"，意味这种荷尔蒙可以帮助人保持年轻快乐的状态。

急性胃扩张：急性胃扩张是指胃及十二指肠在短期内有大量内容物不能排出，而发生的极度扩张，导致反复呕吐，进而出现水电解质紊乱，甚至休克、死亡。本病多在手术后发生，亦可因暴饮暴食所致。儿童和成人均可发病，男性多见。

食道炎：食管炎即食道炎，泛指食管黏膜浅层或深层组织由于受到刺激或损伤，食管黏膜发生水肿和充血而引发的炎症。化学性刺激包括胃酸、胆汁、烈酒以及强酸、强碱、药物等；物理性刺激包括烫的食物、饮料，食管异物（鱼刺等）嵌顿，长期放置鼻胃管等。由于化学治疗、放射治疗导致食管局部受损，或患者本身抵抗力下降导致结核杆菌、真菌（念珠菌）或病毒感染亦可引发食管炎。临床最常见的是胃酸反流引起的反流性食管炎。

第三十七讲
科学认识焦虑症

焦虑存在于我们生活中的方方面面,你可能会因为即将来临的考试而焦虑,可能会因为比赛输了而焦虑,可能会因为与舍友相处不好而焦虑,可能会因为跟男(女)朋友闹矛盾而焦虑,焦虑是正常的情绪宣泄,但是当焦虑的情绪过了一个度,就会出现心理疾病——焦虑症,焦虑症并不可怕,它也并不神秘,如果患上了焦虑症,没事的,我们可以帮助你,不要对焦虑症感到恐惧,它很普通,也可以治愈。

——本期嘉宾丁闽江

主持人:大家好!今天很荣幸邀请到我校心理健康教育指导中心主任、国家二级心理咨询师丁闽江老师做客《杏苑心理访谈》,先请丁老师跟大家打个招呼。

丁老师:各位亲爱的同学们,大家好!我是心理中心的丁闽江老师,非常高兴与大家相约在《杏苑心理访谈》,心理访谈节目是心理中心专门根据学生的心理需求而开设的一个栏目,每期为大家精选一个主题,邀请一名专业嘉宾为大家解答心中所获。

主持人:丁老师,我们近期对在校大学生进行了线下采访,在采访中我们发现有些大学生在日常的学习生活中不愿意参加校园活动,也不愿意去结交新的朋友,并且常常会感到慌乱不安,紧张烦躁,总觉得在自己身上会发生不好的事情，平时睡眠也不好，严重的甚至失眠到天亮，饭也吃不下，丁老师，您能说一下这些学生是出现了什么样的问题吗？

丁老师：好的。根据你们采访中的现象，这些学生在情绪上出现了紧张、烦躁、慌乱和不安等表现，在行为上出现了睡眠和饮食方面的问题，在思想上出现了思虑太过、胡思乱想等，以上这些在临床上是焦虑症的表现。除了以上表现，这些学生可能还会在身体上出现胸闷、头晕头痛、呼吸困难、心律失常等不适。

主持人：对，我们采访这些学生的时候注意到好几个学生捂着胸口，呼吸也有些急促。那焦虑症是怎么形成的呢？

丁老师：焦虑症产生的基础是焦虑情绪，焦虑是一种正常的情绪现象，焦虑往往会在你面对没有准备好或者没有把握的事情时出现。科学研究表明，适当的焦虑有利于我们的心理健康，但是一旦焦虑的程度太严重或者持续时间太长，影响到正常的学习和生活的，就不再是正常的情绪现象了，而是变成了病理性焦虑，称之为焦虑症。具体来说，焦虑症的形成原因主要有以下几点：

一是个人的思维方式。现代研究发现，焦虑症患者与一般人相比，更容易把不确定的事件想成是坏事的征兆，他们会认为坏事情总是会发生在他们身上，所以对于一些未知的事情他们会感到担忧，甚至会恐惧，从而在情绪上出现了不良反应。

二是环境的变化。当一个人所处的环境发生重大变化或者即将到一个新的未知的环境时，如果身心无法接受和适应环境的变化，也会出现焦虑症。

三是个体内心所存在的欲望和冲动。在遇到一些特殊情况时，如果个体的理性没有办法战胜内心的欲望和冲动，久而久之就会产生较为严重的焦虑症状。

四是对自我要求太过严格，太过追求完美主义。这种思维会在自己觉得自己做得不够好的情况下，对自己产生强烈的厌恶感和谴责自己。

五是一些突发事件的刺激，如果突发事件所造成的刺激太大，就会使个体处于紧张不安的情绪状态而无法自拔。

除了这些因素之外，遗传基因、疾病、性格、药物、饮食、不良嗜好等方面的因素也会导致焦虑症的形成。

主持人：原来焦虑症是这样形成的，因为学习生活压力太大，所以这些学生才患上了焦虑症。

丁老师：是的，你说得很对。当代大学生面临的压力很多，特别是学业压力和毕业时找工作的压力，如今大学生的数量十分庞大，课程压力也是很大，很多大学生无法兼顾学习和课余生活，长此以往，就会造成焦虑症的形成。有些大学生没有对自己的职业生涯做出明确可行的规划，导致即将毕业时不知道何去何从，在各种眼花缭乱的工作中感到迷茫和烦躁，从而导致了焦虑症的发生。

主持人：丁老师，我觉得自己也有以上的那些症状，那我是不是也患上了焦虑症了？

丁老师：不是这样的，在生活上出现了焦虑，并不代表患上了焦虑症，这也是大家对焦虑症的误解之一，我们要明确的是，在日常生活中有焦虑的感觉是人之常情，没有人一点烦恼都没有的，并没有谁可以做到真正的无忧无虑。那么，我们要如何判断自己是真的患上了焦虑症还是正常的焦虑情绪呢？首先，我们要分辨好自己焦虑的次数是否"过多"、时间是否"太长"、是否"不必要"；其次，我们也要留意这种焦虑情绪是否对自己的日常学习和生活造成了负面影响，比如是否导致不能上学、上班等。只有出现了满足以上两条的焦虑时，我们才是患上了焦虑症。

主持人：原来是这样，那我还是很健康的，那平时大家对焦虑症还有哪些误解呢？

丁老师：还有以下误解：

1.焦虑症就是精神病。平时人们所说的精神病往往指的是精神方面出现了问题，比如精神分裂症。但是焦虑症是被情绪所困扰的一种疾病，病因之一是脑部化学递质分泌不足，这与精神分裂症的脑部化学递质有所不同，因此，焦虑症绝不等同于精神分裂症，在绝大多数情况下也不会有幻听、妄想等情况。

2.焦虑症主要是个人的性格问题，有焦虑症的人通常表现都很内向。有一部分焦虑症的人在性格上可能真的比较内向，但这只是一种可能的成因，还有我们刚才提到过的很多其他因素，因此，性格问题并不是焦虑症的主要诱发原因，治疗焦虑症也不用扭转自己的性格。

3.无论焦虑症有多严重，靠个人意志就可以完全克服。如果用个人坚强的意志去面对目前的情绪困扰，确实对缓解焦虑有积极作用，比较轻微的焦虑症通过自己的意志力可能可以克服，但是情况比较严重的焦虑症需要专业人士进行系统地、全面地心理治疗，而不能盲目地自己进行治疗。

主持人：看来大家对焦虑症的误解还是挺多的，我之前上网时看到做运动和听音乐可以缓解焦虑症，请问丁老师这是真的吗？

丁老师：这是真的。有研究发现，运动在一定程度上可以帮助患者克服焦虑症，这是因为焦虑的发生伴随着肾上腺素的积累，而像跑步、游泳等有氧运动可以使人体的肾上腺素含量下降，从而达到缓解焦虑的作用，但是需要注意的是，不是所有的运动都适合焦虑症患者，并且运动的时间不能太短，尽量控制在40分钟以上，而且要持之以恒，坚持每天锻炼，这样才会有更好的效果。关于运动的作用我们在第一期的访谈中有很详细的介绍，这里我就不展开叙述了。而关于音乐治疗焦虑症，早在2000年前《黄帝内经》中就提出了"五音疗疾"，现代医学上把用音乐来治疗疾病的方法称为音乐疗法，具体就是通过音乐所产生的频率和声压来刺激我们的大脑皮层，从而产生兴奋元，达到缓解情绪、改善精神的目的。并且音乐可以帮助我们减少心理压力，消除紧张不安、焦虑、恐惧、抑郁等不良情绪。大量的临床研究证实了音乐疗法对焦虑症患者起到了很好的效果。

主持人：是的，在第一期的访谈节目中我们对运动的好处展开了详细的介绍，很值得大家去了解哦。那丁老师，我们应该选择什么样的音乐呢？

丁老师：可以选用夜曲或小夜曲、摇篮曲来治疗较为轻微的焦虑症。这是因为夜曲或小夜曲、摇篮曲以及其他比较柔美恬静的乐曲，一般具有以下特点：旋律轻柔甜美，委婉抒情或简洁流利；节奏平稳柔和，或似摇篮式律动；速度徐缓；音色柔和舒展或稍带深沉。这些乐曲具有安和、宁静的风格，表达出一种温馨和爱抚的感情，让倾听者感到放松和温暖，从而缓解了心中的不安和紧张。总之，选择适合自己的音乐才是最好的，如果你听的音乐让自己感到不舒服或者压抑，那么你就应该换一种音乐类型了。

主持人：好的，那除了运动和音乐疗法，还有什么方法可以治疗焦虑症吗？

丁老师；临床对于焦虑症的治疗主要是以心理治疗为主，也可以适当配合相关药物进行治疗，对于在生活中比较轻微的焦虑症也可以进行自我治疗，除了刚才所提到的运动和音乐疗法之外，还有以下方法可以缓解焦虑症：

1.尝试自我放松。即把自己从紧张不安的情绪中释放出来。比如：当你自我感觉精神稍好的情况下，尝试着去想象你所可能遇到的危险情景，注意这里要先想象危险性最低的情景并重复出现，一开始你可能会有很强烈的恐惧和焦虑感，但是随着想象的危险情景重复出现，恐惧和焦虑会慢慢降低，慢慢地，你便会在想到任何危险情景时不再感觉到焦虑。这个时候，就可以停止想象了。

2.学会自我反省。有些焦虑症是由于患者对某些情绪或欲望进行太过地压抑，压抑到你以为它消失不见了，但是它并没有消失，而是潜伏在你的无意识中，因此便产生了病症。这也就导致了发病时你只知道痛苦焦虑，却不知原因在哪里。在这种情况下，你要做的便是进行自我反省，努力把潜意识中引起你痛苦的事情说出来，必要的时候可以进行吼叫、打不倒翁的方式进行发泄，发泄后症状一般可以减轻或消失。

3.采取自我刺激。焦虑症患者发病后，他的大脑会不由自主地胡思乱想，常常会感到坐立不安，有时候还会针对某一个问题百思不得其解，十分痛苦。在这个时候，可以采用自我刺激的方法，转移自己的注意力。比如在你控制不住胡思乱想的时候，找一本你喜欢的书或者做一些你喜欢的运动，忘却让你觉得很痛苦的事情，这样就可以停止胡思乱想，也可以避免产生其他病症，通过这个方法还可以增强你的适应能力。

4.增强自己的信心。自信是治愈焦虑症的必要前提，有相当一部分人是因为对自己没有足够的信心，对自己完成事情和应对突发情况的能力保持怀疑态度，夸大了自己失败的可能性，从而感到焦虑、紧张和不安。因此，如果你不是一个自信的人，并常常感到焦虑不安，那么你首先要做的就是建立自信，减少自卑感。你要相信，你每增加一点对自己的信心，你的焦虑程度就会下降一点，当你有了足够的自信，你的焦虑也会消失不见的。

焦虑症并不可怕，也并不神秘，只要用对方法，积极寻求学校老师和专业心理团队的帮助，焦虑症会远离你的，我们一直都在你身边。

主持人：好的，今天非常感谢丁老师为我们分享了科学认识焦虑症的话题，感谢丁老师，各位亲爱的同学们，听完这一期的访谈，是不是不再害怕焦虑症了呢？不用害怕哦，我们一直都在你身边！

/ 知识窗 /

焦虑症：又称为焦虑性神经症，是神经症这一大类疾病中最常见的一种，以焦虑情绪体验为主要特征。可分为慢性焦虑即广泛性焦虑和急性焦虑即惊恐发作两种形式。主要表现为：无明确客观对象的紧张担心，坐立不安，还有植物神经功能失调症状，如心悸、手抖、出汗、尿频等，及运动性不安。注意区分正常的焦虑情绪，如焦虑严重程度与客观事实或处境明显不符，或持续时间过长，则可能为病理性的焦虑。

精神分裂症：精神分裂症是一组病因未明的重性精神病，多在青壮年缓慢或亚急性起病，临床上往往表现为症状各异的综合征，涉及感知觉、思维、情感和行为等多方面的障碍以及精神活动的不协调。患者一般意识清楚，智能基本正常，但部分患者会出现认知功能的损害。病程一般迁延，呈反复发作、加重或恶化，部分患者最终出现衰退和精神残疾，但有的患者经过治疗后可保持痊愈或基本痊愈状态。

肾上腺素：肾上腺素是由人体分泌出的一种激素。人在经历某些刺激（例如兴奋、恐惧、紧张等）时会分泌出这种化学物质，能让人呼吸加快（提供大量氧气），心跳与血液流动加速，瞳孔放大，为身体活动提供更多能量，使反应更加快速。

第三十八讲
性心理障碍知多少

世界上的万事万物都存在阴阳两面，人也一样存在男女两性。唐代医家孙思邈在《千金要方》中这样描述性："男不可无女，女不可无男，无女则意动，意动则神劳，神劳则损寿法。"这里指的是两性的性行为，是对性的狭义理解。性健康很重要，性心理健康也很重要，性心理健康是人类健康不可忽视的重要组成部分，今天，让我们一起来了解一下性心理不健康的严重情况——性心理障碍。

——本期嘉宾丁闽江

主持人：大家好！今天很荣幸邀请到我校心理健康教育指导中心主任、国家二级心理咨询师丁闽江老师做客本期《杏苑心理访谈》，先请丁老师跟大家打个招呼。

丁老师：各位亲爱的同学们，大家好！我是心理中心的丁闽江老师，非常高兴与大家相约在《杏苑心理访谈》。

主持人：诶，丁老师，我发现现在大部分的人越来越重视性健康了，我好奇地在网上查找有关性的内容，发现了一个我不太理解的概念——性心理障碍，您能讲解一下什么是性心理障碍吗？

丁老师：随着性知识的普及，大家确实越来越注重性健康了。要想了解什么是性心理障碍，得先明白什么是性，什么是性心理。我们先来了解一下什么是性，性有着多种多样的含义，可以指性别，男性或女性；指性行为，如性交、接吻；也可以指与性相关的想法、感受等，如性幻想、性欲。因此我们往往需要根据上下文来理解其具体的含义。性行为作为延续生命的手段，对人类的社会生活而言，是不可缺的。随着人类的发展，人类的性行为已经不单单被当作一种繁衍后代的方法，它具备了许多社会性，因此，人类性行为比单纯的生物性行为更复杂。

接着我们来了解一下什么是性心理。性心理是指在性生理的基础上，与性欲、性征、性行为有关的心理状态与心理过程，也包括了与他人交往和婚恋等心理状态。性生理是性心理发展的生物学基础，性生理发育的障碍或缺陷，会使性心理的发展出现偏差。世界卫生组织对性心理健康所下的定义是：通过丰富和完善人格、人际交往和爱情方式，达到性行为在肉体、感情、理智和社会诸方面的圆满和协调。性心理健康是人类健康的重要组成部分，近年来人们对性心理健康越来越重视。性心理健康必须具备以下四个条件：

一是个人的身心应有所属，有较明显的反差。

二是个人有较好的性适应，包括自我性适应与异性适应。

三是能够自然地高质量地享受性生活。

四是对待两性一视同仁，不应人为地制造分裂、歧视。

主持人：那是不是不满足这些条件就是所谓的"性心理障碍"呢？

丁老师：不是哦，这样的理解太过片面。不满足这些条件会出现性心理不健康的情况，性心理障碍属于性心理不健康的严重情况，不能完全代表性心理不健康的情况。性心理障碍亦称性变态、性倒错，泛指明显偏离常态的性心理和性行为的一组心理障碍，并以此为性兴奋、性满足的唯一或主要方式，不同程度地影响了正常的性活动。其特征表现在性兴奋的唤起、性对象的选择及两性行为方式明显有别于正常人的性行为。有些人认为，性心理障碍患者具有极强的社会危害性或患有其他精神疾病，目前，大量研究表明，绝大多数性心理障碍患者除性欲满足对象、性行为方式与常人不同之外，其他方面缺陷并不突出。性心理障碍的临床表现主要有下面五个特点：

1.性心理障碍患者绝大部分并非性欲亢进者。相关研究表明，大部分性心理障碍患者的性欲低下，而不是表现为性欲亢进。

2.性心理障碍患者大部分并非道德败坏者。大部分的性心理障碍患者社会适应良好，人际关系正常，不会突然做出一些有违道德的事情。

3.性心理障碍患者对自身异常的性行为方式有充分的辨认能力与控制能力。大部分性心理障碍患者在异常行为后怀有愧疚之心，有时也会对自己异于常人的行为加以控制。

4.性心理障碍患者没有突出的人格障碍和人格异常。性心理障碍患者除有异常性行为外，一般没有其他明显的反社会行为。

5.性心理障碍患者大部分在儿童早期有不良的经历或家庭环境。研究表明，大部分性心理障碍患者在儿童时期有着"黑暗"经历，童年的经历让他们的心灵受到了创伤。

2001年公布的CCMD-3(中国精神疾病分类和诊断标准第3版)中将性心理障碍分为三类：

1.性身份障碍。有变换自身性别的强烈愿望，他们自我意识的性别或心理性别与其生物学性别相反。如易性癖，《国际疾病诊断分类手册》第十版对异性癖的描述如下：向往异性的生活方式，伴有对自己性解剖特征的厌恶或不适感，希望进行外科手术或激素使自己与所偏爱的性别一致；要求转换性别的欲望至少存在两年以上，排除了遗传变异、性染色体异常或雌雄间体，排除了其他精神障碍如精神分裂症。

2.性偏好障碍。采用与正常人不同的异常性行为满足性欲，主要表现为性对象异常和性满足方式异常，包括恋物症、异装症、露阴症、摩擦症、性施虐与性受虐症、混合型性偏好障碍等。

3.性指向障碍。源于各种性定向和性发育的障碍，包括同性恋、双性恋和恋兽癖等。从性爱本身来讲不一定异常，但因此而出现抑郁、焦虑、内心痛苦等心理障碍，并试图寻求治疗和加以改变，故将其列入。

主持人：看来性心理障碍是一个大的概念，它里面还可以分成许多个性心理病症。丁老师，您可以举个相关的例子吗？

丁老师：那我举一个关于恋物症的例子吧。李某，男，20岁，某大学一年级学生，因反复偷拿女性内衣裤手淫6年来诊。李某13岁时，一次偶然的机会，看到堂姐裸浴，以及洗浴之后只穿贴身内衣躺在床上睡觉，而产生强烈的好奇心和性冲动。此后常回想此事，抚摸堂姐的内衣并手淫，曾多次拿走远房女性亲戚的内衣、内裤以获得性满足。上大学后，李某偶然经过女生宿舍看到晾晒的女性内衣，心中突然产生冲动，迅速上前偷取内裤三条、内衣两件，随即获得一种既紧张又满足的感觉。从此，每当经过此楼时就会不由自主地寻找女性内衣、内裤。一旦看到就非常紧张，心跳加快，想法非常模糊，只想取走这些东西，拿到后就觉得满足，如果拿不到就非常紧张、焦虑，不可克制地到处搜索，别的什么事都做不好。有时甚至直接进入女浴室、女更衣间盗窃。李某自知此行为有违道德，偷取女性内裤、内衣后十分懊恼，极其痛恨自己的行为，但无法控制自己。根据上述表现，医生诊断为恋物症。恋物癖是性偏好障碍的一种，指在强烈的性兴奋与性欲望的驱使下，反复收集异性使用的物品，所恋物品均为直接与异性身体接触的东西，如内衣、内裤等，目前此病仅见于男性。中国精神疾病分类方案(CCMD—3)提出的恋物症诊断标准是：

1.在强烈的欲望与兴奋的驱使下，反复收集异性使用的物品。所恋之物是极重要的性刺激来源，或为达到满意的性反应所必需。

2.至少已持续6个月。

上述李某的行为完全符合这两个标准。

主持人：看来恋物症如果想全靠自己来控制是比较困难的。我现在开始好奇性心理障碍的病因了，您可以讲解一下吗？

丁老师：我做心理咨询十余年了，这么多年来，我发现性心理障碍的原因主要有以下五点：

1.正常的异性恋被阻挠或出现挫折。较多见的是出现恋爱挫折,如失恋、单恋,在交异性朋友时多次失败。也有的是与配偶或异性的相互关系(尤其是性关系)困难,不满意、不融洽等,许多性心理障碍患者对另一半缺乏或没有满意的相互关系,常见的是患者在性生活上表现缺乏兴趣和热情,缺乏主动性,有的甚至采取回避或恐惧态度,多数患者有性功能障碍如男性的阳痿、早泄,有的害怕与女性交往,患者会在正常异性恋受到抑制的时候产生性心理障碍。

2.存在重大的负性生活事件。如工作上的不顺利,双亲的不良待遇,家庭巨大的压力,人际关系的失败等。

3.童年经历带来的创伤。包括性刺激、性兴奋经验,如双亲与异性子女同睡、同浴,父母的不检点性行为,形成对儿童的性刺激、性诱惑;遭受成年人猥亵、强奸;过早频繁手淫等。

4.社会不良性文化的影响。淫秽、色情物品不仅对观看者可产生原发性的伤害,如保持强烈的性兴奋和持续手淫等,还产生继发性的伤害,如对性问题的认识、态度会产生特殊效应,如改变对女性的认识,态度上产生消极反应,增加对女性的攻击性,应用淫秽物品时间越长,性变态持续时间也越长,淫秽物品应用还促进重复性犯罪,Marshall(1988)、Caster(1985)的对照组研究报告都指出强奸犯、猥亵儿童的性犯罪者较对照的正常无性犯罪者使用淫秽物品的频率更高。

5.个性因素。青少年早期即有特殊性兴趣、性偏好、性偏见等,如幼年时即开始对异性萌发特殊的兴趣,如特别喜欢异性的衣着;或性偏见,如热爱同性。

主持人:聊到这里,我想大家跟我一样,对性、性心理、性心理障碍以及性心理障碍的病因这几个问题都有了一定的认识。丁老师,最后可以再跟大家普及一下性心理障碍的治疗方法吗?

丁老师:性心理障碍的治疗较为困难,患者及其家人往往感到极其的痛苦,但如果可以做到对症治疗仍会有一定的帮助。今天主要跟大家分享生物疗法和心理疗法这两种:

1.生物疗法。这类治疗方式我没有发言权，需要专业的精神科医生来确定具体怎么做。

2.心理治疗。心理治疗是目前治疗性心理障碍的主要方法，常用的心理治疗方法有行为疗法、精神分析疗法、中医心理治疗（TIP技术）。

主持人：今天非常感谢丁老师为我们分享了有关性心理障碍的话题，感谢丁老师，各位亲爱的同学们，我觉得收获颇丰，你们呢？

/ 知识窗 /

精神分析治疗：精神分析疗法是著名奥地利精神病学家西格蒙德·弗洛伊德所创建的一种特殊心理治疗方法，既可适用于某些精神疾病，也可帮助人们解决某些心理行为问题。它是建立在潜意识理论基础上的。

中医心理治疗：中医心理治疗是中医治法学的主要手段之一，属中医情志医学的范畴。《黄帝内经》中即有一些论述，后经历代医家不断发展和完善已经形成一整套系统而有效的治疗体系。大体可分为情志相胜法和以情治情法，两方法之中又包含诸多小方法分别适用于各种不同病症。

第五章 职业就业定位

第三十九讲
职业生涯规划如何做?

职业规划就是对职业生涯乃至人生进行持续的、系统的、计划的过程。一个完整的职业规划由职业定位、目标设定和通道设计三个要素构成。职业生涯规划(career planning)也叫"职业规划"。在学术界人们也喜欢叫"生涯规划",有些地区又叫职业生涯设计,是指个人与组织相结合,在对一个人职业生涯的主客观条件进行测定、分析、总结的基础上,对自己的兴趣、爱好、能力、特点进行综合分析与权衡,结合时代特点,根据自己的职业倾向,确定其最佳的职业奋斗目标,并为实现这一目标做出行之有效的安排。职业规划就像我们的指路明灯,那么,作为大学生的我们,该如何点亮这盏明灯呢?

——本期嘉宾杨利利

主持人: 大家好,今天很荣幸邀请到了来自心理中心的兼职心理咨询师杨利利老师做客本期《杏苑心理访谈》节目,我们将与杨老师一起聊聊"如何做好大学生的职业生涯规划"这个话题。杨老师,请您先介绍一下自己吧。

杨老师: 亲爱的同学们,大家好,我是心理中心的兼职心理咨询师杨利利老师。自工作以来,我给许许多多的学生做过心理咨询,而前来咨询的学生中很大一部分对自己的未来感到迷茫,觉得看不到方向,从而造成心理上的种种负担,甚至影响自己的学习与生活。因此,我想借助我们《杏苑心理访谈》这个平台,和大家分享如何做好大学生的职业生涯规划,希望对有这方面困扰的同学有所帮助。

主持人:说到未来,大家都知道,大学是学生走向社会、重新定位的一个关键转折点,学会如何规划自己的大学生活确实至关重要。可是我们应该如何规划自己的大学生活才不会虚度这几年的光阴呢?

杨老师:好的,我先问你啊,你现在是大几了?你接触过职业规划吗?

主持人:我今年大二啦。大一刚开学时,学校有开设过大学生职业生涯规划课,我利用课堂里学到的知识,试着规划自己每个阶段的大学生活。但是我发现每个阶段都会有自己处理不好的问题,并不像规划中的那么完美。

杨老师:那你可以简单描述一下你的每个阶段的烦恼吗?

主持人:刚进入大学校园,我对各种社团组织充满了兴趣,参加了很多社团,什么都想尝试,可是我的时间和精力有限,最后忙得连学习时间也没有,很是烦恼。

杨老师:那你的大二呢?和大一相比会不会烦恼少一些?

主持人:并没有少,而是有了不一样的烦恼,我在大二的时候,退了所有社团,想腾出时间好好学习,可是感觉时间太多了,觉得自己能够学习与工作兼顾,又感觉很空虚,对未来开始迷茫。

杨老师:嗯,好的,其实像你这样迷茫的同学还是有很多的,例如:不知道自己想干什么?不知道自己能干什么?不知道自己适合干什么?甚至大三、大四的同学也存在这种情况。遇到这种情况,我能给出的最好的建议就是做一份属于自己的职业规划,给自己的未来一个定位,让自己有一个方向可以去努力,哪怕只是一个很遥远的梦,在指路明灯的指引下,也一定不会偏离航向的。

主持人:那杨老师您觉得制定大学生职业生涯规划可以从哪些方面入手呢?

杨老师:对于许多大学生来说,职业生涯规划也许是一个比较模糊的概念。其实职业生涯规划并不是想象得那么复杂,只要同学们对自己有一个充分的认识，对家庭环境和社会环境有全面的了解，再结合自己的实际就可以为自己的职业生涯发展描绘一个完美的蓝图。大家可以采用五个"W"的归零思考的方法来制定自己的职业规划。这里面共有五个问题，回答了这五个问题，找到它们的最高共同点，你就有了自己的职业生涯规划。

主持人：那这五个问题是什么呢？

杨老师：好，这第一个问题"我是谁？"就是要对自己进行一次深刻地反思，有一个比较清醒的认识，例如通过MBTI职业性格测试、卡特尔16种人格因素问卷、360度他人评价等形式进行测验，为自己做一个定位。

第二个问题"我想干什么？"是对自己职业发展的一个心理趋向的检查，简称职业兴趣。这个可以通过6个岛屿的兴趣之旅、霍兰德职业兴趣理论来探索自我。

第三个问题"我能干什么？"则是对自己能力与潜力的全面总结，一个人的职业定位最根本的还要归结于他的能力，而他职业发展空间的大小则取决于他的潜力。对于一个人潜力的了解应该从几个方面着手去认识，如：对事的兴趣、做事的韧劲、临事的判断力以及知识结构是否全面、是否及时更新，等等。

第四个问题"环境支持或允许我干什么？"这种环境支持在客观方面包括本地的各种状态比如经济发展、人事政策、企业制度、职业空间等；人为主观方面包括同事关系、领导态度、亲戚关系等，两方面的因素应该综合起来考虑，将一切有利于自己发展的因素调动起来，找到自己的职业契入点。

明晰了前面四个问题，就会从各个问题中找到对实现有关职业目标有利和不利的条件，列出不利条件最少的、自己想做而且又能够做的职业目标。

那么第五个问题"自己最终的职业目标是什么？"就是对自己的职业生涯进行决策，接下来自然就有了一个清楚明了的框架。

同时，你还可以登录福建中医药大学心理中心微信公众号，进入心理系统，点击"自我成长"，里面有专门的职业规划测试项目，可以更好地了解自己的职业倾向，对自己有一个更加完善的认识。

主持人：嗯，好的，谢谢老师。那制定好了职业生涯规划，又该怎样坚持执行下去呢？我身边有不少的同学就存在着拖延症以及执行力不够等情况，这些就像是成功路上的拦路虎、绊脚石，阻碍我们前行的方向。

杨老师：你问的这个问题真的是太棒了，我们常常说，今日事，今日毕。在学习中，我们也常说，今天的作业不要拖到明天去做。但是生活中我们不难发现，不管是哪个年龄段的人，都会出现把手头上该做的事推后，一直拖延，到了截止时间甚至再往后推，导致最终无法完成。其实这就是拖延症在作怪。拖延症像是一个魔鬼一样，一直在将原本该完成的事情往后拖拉，使我们的生活质量大大降低。其实这种现象的出现最大的问题在于自己本身，有时候我们没有一个很好的时间观念、对自己的一个规划，稍不留神，时间就从我们的指尖悄悄溜走。那么，从这个角度来看，做好时间管理就显得尤为重要了。做好时间管理的关键是你要自己安排你的事。在进行时间安排时，应权衡各种事情的优先顺序。对于事情的处理要有前瞻能力，把重要但不一定紧急的事放到首位，防患于未然，如果总是在忙于救火，那将使我们永远处于被动之中。还有我认为可以先制定小计划、小目标去执行，不建议一开始的量或强度太大，如果没有在规定的时间完成目标，极有可能在开头就消耗完你的耐心，以至于无法完成接下去的工作。你在坚持一个月以后，反思总结下自己这段时间的成果，然后决定下一个月该怎么做，自己的状态是否需要调整，是否要加大强度或者改变方向等。最后根据每个月的总结，按照进步的明显程度来决定给自己的奖励大小。让坚持这件事在不知不觉中成为我们的习惯。如此反复，就能改善甚至改掉自己的拖延症，让自己生活的节奏快起来，更加有条理地过好每一天。

主持人：如果我不喜欢现阶段我所学的专业，那我还有做职业生涯规划的必要吗？

杨老师：要的。首先，我希望你能够对你所学的专业有更进一步的了解，全方位、多角度地看待这个专业，如果你在认识它的过程中，慢慢喜欢上了这个专业，那对于你以后的人生将会有很大并且一定是正向的改变。但是如果在你做出一番努力之后,还是不太喜欢这个专业,那这时就可以转变方向,更应该做一份属于自己的全新的职业规划出来,在自己未来的每一个重要转折点树立标杆,对自己的现状尽快做出调整等。比如,开始接触其他专业的知识,购买相关图书来阅读,浏览相关网站中的从书本中得不到的信息,又或者询问学长学姐、已经从事这个专业领域的大人和有过类似跨专业职业定位的前辈,等等。方法有很多,适合你的才是最好的!总之,职业生涯规划对大学生来说很重要,做好它,将有助于你迈过人生中的许多条沟壑。

主持人:关于如何做好职业规划,您还有哪些建议呢?

杨老师:在这里跟大家分享几个在职业规划执行中应当注意的事项:

1.注意知识积累。知识是能力的基础,勤奋是成功的钥匙。离开知识的积累,能力就成了"无源之水",而知识的积累要靠勤奋的学习来实现。你们都还是大学生,现阶段的最主要任务就是学习,大学生在校期间,既要掌握已学书本上的知识和技能,也要掌握学习的方法,学会学习,养成自学的习惯,树立终身学习的意识。

2.坚持实践,切勿空想。"纸上谈来终觉浅,绝知此事要躬行。"实践是培养和提高能力的重要途径,是检验学生是否学到知识的标准。因此大学生在校期间,既要主动积极参加各种校园文化活动,又要勇于参与一些社会实践活动等。

3、培养良好的生活习惯。节奏性是人脑的基本规律之一,大脑皮层的兴奋与抑制有节奏地交替进行,大脑才能发挥较大效能。要使大脑兴奋与抑制有节奏,就要养成良好的生活习惯。

4、不要被眼前的困难打倒。学会正视挫折,战胜或适应挫折。遇到挫折,要冷静分析原因,找出问题的症结,充分发挥主观能动性,想办法战胜它。如果主客观差距太大,虽然经过努力,也无法战胜,就接受它,适应它,或者另辟蹊径,以便再战,并且要多经受挫折的磨炼。

最后,我想说,做好职业规划并不是一件容易的事情,但是如果你一旦确定了就沿着这个目标前进，就不要让任何事情影响你前进的决心，只要坚持努力，相信你一定会实现自己的理想和愿望。

主持人：谢谢杨老师。今天非常感谢杨老师的分享，我们受益匪浅，各位亲爱的同学们，希望读过这篇文章的你们都可以做好属于自己的职业规划，迎接自己满意的未来！

/ 知识窗 /

MBTI 职业性格测试：MBTI 职业性格测试是国际最为流行的职业人格评估工具，是一个理论模型，从纷繁复杂的个性特征中，归纳提炼出 4 个关键要素——动力、信息收集、决策方式、生活方式，进行分析判断，从而把不同个性的人区别开来。这种理论可以帮助解释为什么不同的人对不同的事物感兴趣、擅长不同的工作，并且有时不能互相理解。在世界五百强中，有 80% 的企业有 MBTI 的应用经验。

卡特尔 16 种人格因素问卷：16 种人格因素问卷是美国伊利诺州立大学人格及能力测验研究所卡特尔教授编制的用于人格检测的一种问卷，简称 16PF。根据一项研究，1971—1978 年间被研究文献引用最多的测验中，16PF 仅次于 MMPI 排居第二。在一项关于心理测验在临床上应用的调查中，16PF 排第五。卡特尔是人格特质理论的主要代表人物，对人格理论的发展做出了很大的贡献。要介绍 16PF，不能不提到特质理论，因为 16PF 是伴随着卡特尔的人格特质理论而发展的，二者可谓相辅相成。

霍兰德职业兴趣理论：约翰·霍兰德（John Holland）是美国约翰·霍普金斯大学心理学教授、美国著名的职业指导专家。他于 1959 年提出了具有广泛社会影响的职业兴趣理论。认为人的人格类型、兴趣与职业密切相关，兴趣是人们从事某种职业的巨大动力，且职业兴趣与人格之间存在很多的关联。霍兰德认为人格可分为现实型、研究型、艺术型、社会型、企业型和常规型六种类型。

第四十讲

如何做好大学生职业生涯规划？

大学生在进行职业规划时，定位的准确性将在较大程度上影响其职业发展。通过对大学生职业生涯规划现状的分析，能够发现各种问题，并据此实行相应的改善措施，希望能够全方位提高大学生求职竞争力，促进整体就业。那么，我们如何做好大学生职业生涯规划呢？

——本期嘉宾彭锋

主持人：大家好！今天很荣幸邀请到福建中医药大学心理健康教育指导中心的兼职心理咨询师彭锋老师做客《杏苑心理访谈》。下面请彭老师跟大家打个招呼吧。

彭老师：各位亲爱的同学们，大家好！我是心理中心的彭锋老师，很高兴做客《杏苑心理访谈》节目。

主持人：最近有一份调查显示，近四成的人对自己目前的职业生涯规划还是满意的，但是当把这种规划分解后，他们就没有这么乐观了：仅有12%的人了解自己的个性、兴趣和能力；18%的人清楚自己职业发展面临的优势与劣势；清楚地知道自己喜欢和不喜欢的职业是什么的人只占16%。彭老师，不知道您对此是怎么看的呢？

彭老师：大学生在自己的职业生涯规划判断上存在前后矛盾现象，进一步表明大学生们对什么是职业生涯规划还没有真正的认识，只知道概念，缺少实际操作。因为刚接触到职业生涯规划的大学生们还没有意识去全面认识自己，给自己一个定位，才会造成这种现状的发生。

做好属于自己的一份职业生涯规划对各种年龄段的人来说都是很重要的。不管你是刚刚迈进大学校门的新生，还是正在奔忙于各种招聘会的毕业生，对自己做出正确定位，规划自己的职业方向，确定自己的目标，并进而做出相应的努力，都是势在必行的，所谓"磨刀不误砍柴工"。正是源于此，"大学生职业生涯规划"这个理念是具有积极意义的。

主持人：那么，彭老师，大学生职业生涯规划是什么呢？

彭老师：大学生职业生涯规划是指学生在大学期间进行系统地职业生涯规划的过程。它包括大学期间的学习规划、职业规划，职业生涯规划有无及其好坏直接影响到大学生的学习成绩、生活质量，更直接影响到求职就业甚至未来职业生涯的成败。从狭义职业生涯规划的角度来看，此阶段主要是职业的准备期，主要目的是为未来的就业和事业发展做好准备。

有不少大学生还没有真正理解职业生涯规划的确切含义，对职业生涯规划的重要意义认识不足，不了解职业生涯规划的程序，缺乏进行规划的具体技巧，以至于对职业生涯规划还处于一个懵懂的状态，所以不少大学生对职业生涯规划或冷眼相待，或无所适从，或使规划流于形式，或不顾主客观条件，任意随自己的兴致来"规划"，这都会导致职业生涯规划的应有作用不能充分发挥。

主持人：彭锋老师，那职业生涯规划对于我们大学生来说，有什么重要的意义呢？

彭老师：台湾著名生涯规划老师金树人教授说过，一个人若看不到未来，就掌握不了现在。人为自己设定目标，带出希望，所有的行为将会凝聚在这个希望周围，活出意义来。

大学生进行职业生涯规划有利于自我定位，认识自我、了解自我，明确自己的方向，明确自己的人生目标。每个人在进行规划的时候，都要认真地问一问自己："我想干什么？我能干什么？现在准备什么？就业环境如何？"职业生涯规划让每位同学直接参与自己人生目标的设计，对于相关教育资源的利用也会更加自觉和更加充分，由"要我学"变成"我要学"。大学生寻找适合自身发展需要的职业，实现个体与职业的匹配，体现个体价值的最大化。职业生涯规划有助于全面提高大学生的综合素质，避免学习的盲目性和被动性；规划个人的职业生涯，对职业目标和实施策略了然于胸，便于从宏观上予以调整和掌控，能让大学生在职业探索和发展中少走弯路，在进程中随时调整自己，这样既节省了时间也节省了精力；同时，职业生涯规划还能对大学生起到内在的激励作用，使大学生对学习和实践产生动力，激发自己，不断突破，不断为实现各阶段目标和终极目标而进取，可以享受到阶段性的成功。因此，职业生涯规划具有特别重要的意义。

主持人：彭锋老师，大学生职业生涯规划流程与主要内容，您可以跟我们介绍一下吗？

彭老师：好的。我和大家聊一聊如何做好大学生职业生涯规划。

一年级为试探期。刚进入大学的你们，要有意识地初步了解职业，提高人际沟通能力。大一的学习任务不重，应该多参加学校活动，增加自己的沟通和交流技巧，但不要盲目地参加，建议有选择性地参加几个自己感兴趣的部门或社团，适当地参加课余活动。

二年级为定向期。应考虑自己未来的方向，比如是否深造或就业，通过参加学生会或社团等组织、积极竞选负责人，锻炼自己的能力，同时检验自己的知识技能，提高自己的责任感、主动性和受挫能力，加强自己的弹性和抗压能力，并开始有选择地辅修其他专业的知识来填充自己。

三年级为冲刺期。临近毕业，此时目标应锁定在提高求职技能，收集公司信息，并确定自己是否要考研，否则容易错过最佳的收集材料与复习时间。要积极锻炼自己独立解决问题的能力和创造性；积极加入校友网络，了解往年的求职情况；如果希望出国留学的学生，可多接触留学顾问，参与留学系列活动，等等。

四年级为分化期。目标应锁定在工作申请及成功就业上。

这时可对自己大学期间的前三年的准备做一个总结：

首先检验自己已确立的职业目标是否明确，前三年的准备是否充分，然后开始毕业后工作的申请，积极参加招聘活动，在实践中检验自己的积累和准备；最后，模拟面试。积极利用学校提供的条件，强化求职技巧，进行模拟面试等训练，尽可能地为即将到来的就业做充分准备。

主持人：那彭老师，我们在进行职业生涯规划时应该注意什么呢？

彭老师：这个问到点上了。

大学生进行职业生涯规划时，要自我定位，根据自己的能力，设计适合自己的目标，分长短不同时期做不同的计划，否则一切都只是空想，都是不现实的。我们不仅需要设计职业生涯规划，还需要在实践中围绕自身进行调整，在设计过程中虽以自己为主，但不要自以为是，同时要听取专家的意见，让设计切合实际，可操作性强，最好借助正规的专业机构。

总之，职业生涯规划的重点在于同学们自己的发展定位和及时的方向调整，科学合理的职业生涯规划是同学们就业前的必要工作，做好它，同学们在职业生涯的路上就已经成功一半了！

主持人：那彭锋老师，您能和我们谈谈职业生涯规划具体应该怎么做吗？

彭老师：好的。做好职业生涯规划主要包括以下几个步骤：

第一个步骤：认清自我。

要想做好职业生涯规划，首先要认识自我，了解自己的性格、气质以及能力、兴趣、特长，给自己恰当的定位，明白自己适合干什么，能干什么，从而确定大致的选择方向和范围。比如你可以通过 MBTI 职业性格测试、卡特尔 16 种人格因素问卷、360 度他人评价等形式进行测验，对自己有一个大体的了解。

第二个步骤：解读职业。

对自己想从事的职业要进行深入综合地分析，了解该职业所需的专业训练、能力，要从行业发展现状、优劣势、发展前景等出发，做好职业环境分析，理性而全面地思考问题。这一步骤需要查找收集资料，你们要有足够的耐心、细心和洞察力，不可急于求成。

第三个步骤：锁定目标。

只有确定目标才能坚定不移地往前走，去制定方案，分析解决各种问题，直到成功，目标具有指引作用，具有激励作用。我们需要根据自己的特点和现实条件，确立职业生涯目标。

第四个步骤：确定方案。

确认了就业范围，还需要为自己制定一个可实行的短期目标计划。在平时的学习生活中，同样要注重自己能力的培养与提升，不仅仅是专业领域的技能，而是多个领域都可能用到的素质，包括自信心、沟通能力、团队合作、分析问题、解决问题、挫折应对、时间管理等方面的能力，从而为以后的工作打下坚实的基础。

经过一系列的思考和反思之后，便是具体的规划和操作。在规划的时候，应该尽可能详细，以免在以后具体实施过程中，不至于因为某一步骤太过于粗糙而难以开展，最后，及时地进行调整，尽可能根据现实情况进行改动。所有的计划只是在等待一个行动的号令，既然选择了诗和远方，便要风雨兼程，不忘初心，坚持下去。

主持人：今天非常感谢彭老师与我们分享了如何做好大学生职业生涯规划的话题，我们收获颇丰，非常感谢彭老师！各位亲爱的同学们，在面对职业生涯规划的时候，你们懂得如何做了吗？下期节目再见。

/ 知识窗 /

留学顾问：就是提供到国外留学等相关信息咨询服务的人。主要职责：1、为客户提供关于海外教育和留学生活咨询服务，解答问题；2、协助客户分析留学资金能力和学术能力；3、协助客户设计规划留学计划，推荐留学国家院校和专业；4、与客户签订委托服务协议；5、完成公司销售任务；6、协助同事完成留学服务；7、协助家长和学生办理相关手续；8、持续跟踪关注客户的留学情况保持支持服务。

职业环境分析：所谓职业环境，就是某职业在社会大环境中的发展状况、技术含量、社会地位、未来发展趋势等。进行职业环境分析的要求是，通过职业环境分析弄清职业环境对职业发展的要求、影响及作用，对各种影响因素加以衡量、评估并做出反应。关注当前热点职业有哪些？发展前景怎样？社会发展趋势对所选职业有什么影响？要求如何？总的来说，职业环境包括两大方面的内容：社会环境和组织（企业）环境。

模拟面试：模拟面试就是通过为求职者安排仿真的面试现场、正规的面试流程，让求职者亲身感受面试的全过程。模拟面试的整个过程力求达到真实面试的效果，面试结束后，面试官会现场为求职者分析其面试表现，并提出改进建议。同时，模拟面试还会结合互联网推出其他个人服务项目，如：简历指导、职业指导、职业测评等。模拟面试分为现场互动形式和个人训练形式。

第四十一讲
就业心态调节

　　从象牙塔步入社会，这无疑是我们人生中一个重大转折。这一关键转折的顺利与否，对我们以后的事业发展起着至关重要的作用。我们可以看到，有许多同学充分挖掘自身价值，尽心竭力回报社会，在许多岗位勤奋踏实地努力工作；但同时也有相当一部分同学由于各种各样的原因遭受到挫折，导致其产生了不少的迷茫和困惑。因此，学校应该有针对性地开设一些就业指导课程，使同学们能够及时并且有效地针对自身就业心态做出适当地调整，摆正自身的角色定位，以更好地适应社会，以取得事业上的成功。

——本期嘉宾丁闽江

　　主持人：大家好，毕业季即将到来，今天我们非常荣幸地邀请到了福建中医药大学心理中心的国家二级心理咨询师丁闽江老师做客本期《杏苑心理访谈》，与大家分享一下关于"就业心态调节"这个话题。现在请丁老师和大家打个招呼吧。

　　丁老师：各位亲爱的同学们，大家好，很高兴又和大家见面了！在今天的《杏苑心理访谈》节目中，我想和大家一起来聊聊关于就业心理调节的那些事，希望对大家以后的就业会有所帮助。

　　主持人：丁老师，我有几个学姐马上要毕业了，我看她们好像挺着急的样子，特别是在考研结束之后，她们好像都在准备找工作，现在毕业生找工作真的会很难吗?

丁老师：毕业生找工作难与不难都是相对的，如果你找的工作都要按照自己的预想，既要符合自己又要符合人家的要求，那当然是很难的。但是如果你只是想先找个工作稳定下来，然后根据自己的未来发展需要，再做适当地调整，那么就一点都不难。

主持人：丁老师，听说因为就业的问题而找您做心理咨询的同学有挺多的，那他们主要是咨询哪些方面的问题啊？

丁老师：是的，近段时间通过我们的掌上心理系统找我咨询的同学确实有不少是毕业生，他们咨询的问题主要涉及以下这些方面，如：因为找工作失败几次而感到焦虑；觉得与自己专业对口、又符合自己预期的岗位非常少，担心自己毕业即失业；觉得自己的考试、面试能力很差，尤其是面试时很紧张，不知道该怎么处理；有些同学还抱怨专业很不好，根本没有工作岗位；有些同学担心毕业后失恋；有些人担心自己不能适应社会，等等。

主持人：丁老师，我有些同学总是觉得自己能力没其他人好，特别害怕和别人竞争，这是大家的通病吗？

丁老师：面对激烈的竞争，很多涉世未深的大学生有信心不足的心理的现象也是正常的。导致信心不足的原因非常多，有生理原因、环境原因、家庭或是社会层面的原因等，但最主要还是自己的心理因素造成的。比如：在求职过程中总是拿不定主意，过分畏惧，对自己完全能胜任的工作，不敢说"我行"，总是说"试试看"，显得非常不自信。大家都不希望自己自信不足，因此恢复信心是我们的首要任务，否则在面试过程中极易表现不佳，最终导致错失机会。

主持人：那到底该怎样提高自己的信心呢，丁老师？

丁老师：首先我们要时刻鼓励自己、相信自己，在行动中逐渐磨砺自己。一个人的自信心并不是与生俱来的，而是在不断战胜困难中逐步培养起来的。善于在不断的失败中去反思和总结经验，针对性地去弥补自己的不足，这样以增加自信。即使每次进步百分之一，也可以提升自信，最怕的就是原地踏步甚至是后退。

主持人：谢谢老师的回答！那丁老师，能不能再给我们大概分析一下，毕业生在就业过程中主要面临哪些心理困惑呢？

丁老师：好的，大学生就业期的心理困惑主要有挫折心理（没有合适的岗位，考试、面试失败）、从众心理（大家都去考公务员、都要留在大城市、都要进大医院）、嫉妒心理（同学们都有工作，他那么差、那么懒都有工作，肯定有关系）、盲目攀比心理（别人的工作都比我好，我要更好的）、自卑心理（觉得自己什么都不行，面试总是失败，什么才能也没有）、依赖心理（总是想等着学校、老师、家人、亲戚的帮助）等，以及其他心理如坐享其成的心态、过分强调自我价值，等等。

主持人：丁老师以上说到的这么多的就业心理都是消极的，可见同学们要好好调整自己，以积极的心态去迎接人生的挑战。请问丁老师，现在的大学生有没有一些不合理的就业观念呀？

丁老师：大学生的择业观念虽然在总体上是倾向于务实化与理性化，但是也确实也存在一些偏差，如：

1.只顾眼前利益，而忽视职业发展。一些学生在择业标准中只看重工作条件、收入、专业对口、是否有编制等眼前实在利益，而对于自我的职业兴趣、能力、职业的发展前景等因素则不做太多考虑。

2.职业地域、职业标准固定化。很多大学生只选择大城市或者自己的家乡，其他地方则一概不去，在职业选择上只认定一个——自身需求，不考虑国家与社会的需要，不愿意到条件比较艰苦的地区和行业去工作。

3.求安稳的心态，求职一次到位的传统观念根深蒂固。很多大学生仍然喜欢稳定、有编制、清闲、福利保障好的单位，希望以此就能选定理想的职业，而不愿意选择那些有风险、有挑战性的职业，更不敢去自己创业。

4.过分强调专业对口，学以致用。在求职时，只要是与自己专业关系不密切的职业就不考虑，这样做只能是人为地增加了自己的就业难度。

5. 认为自己很优秀，其实什么都不会。很多学生认为自己很优秀，平时也不参加招聘会，有单位来就去看看，如果不满意就继续等待，满意时也不会主动争取，抱着"你不要我是你的损失"的态度，期待着有单位会主动邀请。还有些人则是这山望着那山高，不肯轻易低就，明明已经找到工作，但拖着不肯签约，总希望有更好的单位出现。还有许多同学缺乏埋头苦干和扎根单位的思想，甚至在工作之后，自视甚高，认为天生我材必有用，导致出现"这山望着那山高，到了那山又要跑"的现象。

6. 坐享其成的心态。有些同学什么都不准备，甚至连简历都没写好，招聘会要带什么也不知道。

主持人：那么丁老师，大学生有这么多的不合理的就业观念，那应该如何去调整呢？

丁老师：就业本来就是我们认识和适应社会的一个过程，在求职过程中遇到一些困难，甚至经过几次挫折最后才成功，这是正常的；在就业途中遇到许多心理冲突、困惑，产生一些不良情绪也是正常的。但是遇到就业问题时，我们一定要学会调节自己的心态，使自己能从容、冷静地面对就业这一人生重大课题，并做出正确、理智的选择。如果你遇到了就业心理困扰，可以试着从以下几个方面来调节。

（一）接受客观现实，调整就业期望值。

如今随着社会的发展，社会对人才的要求也越来越高，尤其好一些的医院对求职者学历的要求普遍都是研究生，编制内的工作更是一年比一年少。我们要承认和接受当前所面临的现实，一方面城市里的工作要求比较高，竞争也很激烈；另一方面在就业市场上的用人单位找不到人、大量的毕业生无处去的"错位"现象普遍存在，就是因为大学生的就业期望普遍较高的缘故。因此，想要顺利就业就必须首先根据自己的实际情况和当前就业形势，调整自己的就业期望值。调整就业期望值并不是对单位没有选择，只要有单位就去，而是要在职业生涯规划和职业发展观念的基础上重新确定和规划自己的人生轨迹。这就是说要树立长远的职业发展观念，放弃过去那种择业就是"一次到位"，要求绝对安稳的观念。要知道就算在现在再好的单位就职，将来也有下岗的可能，因此，同学们在择业时要看得长远一些，学会规划自己的职业生涯。在当前获得一个理想职业的时机还不成熟时，应该采取"先就业，后择业，再创业"的办法。也就是说，在择业时不要期望太高，可以先选择一个职业，不断提高自己的社会生存能力、增加工作经验，然后再凭借自己的努力，通过正当的职业流动，从而逐步实现自我价值。

（二）充分认识职业价值，树立合理的职业价值观。

在择业时不能只考虑工作的经济收入、工作条件、地点等因素，更要考虑职业对自己一生发展的影响与作用，应当更加看重选择的职业能否帮助自己实现自我价值。因此，需要在考察社会需要的基础上，树立注重自我职业发展、才能发挥、事业成功的正确职业价值观。对于那些虽然现在的工作条件不怎么样，但发展空间大，能让自己的才能充分发挥作用的单位要优先考虑；对于那些现在经济发展水平不太高，但发展潜力大，创业机会多的工作地点也要重视，如考虑参与西部大开发。总而言之，盲目到一些表面上看起来不错，但不适合自己，自己的才能不能够得到有效发挥的单位去工作，是不会让自己满意的。与其将来后悔，不如现在就改变自己，建立适应我国当前市场经济发展、人才需求规律的合理的职业价值观，以指导自己正确择业。

（三）坦然面对就业挫折，提高心理承受力。

大学生在求职时总会遇到许多困难、挫折甚至是委屈，如一些专业"热门"，一些则"冷门"；女大学生找工作容易受到歧视等。面对这些问题抱怨是没有用的，更重要的是调整心态，提高自己对各种突发事件的心理承受能力。其实，就业的过程也是大学生重新认识自我、认识社会，并主动调整自我适应社会的过程。如果能通过求职而增强自我心理调节与承受能力，对今后的工作和生活都是非常有用的。

（四）事先做好准备，打有准备之战。

尤其是要做好自己的职业定位，做好笔试、面试前的准备工作，主动了解相关单位，尽早地与其接触，甚至可以主动上门推荐自己，学习基本的面试技巧和相关礼仪。

主持人：听老师讲了这么多，我也深受启发，最后，老师能不能给我们的在校生在未来就业方面一些建议呢？

丁老师：就业是人生的一件大事，所以大家都应该重视，在校的同学们，一定要提早做好自己的职业生涯规划，对自己的职业要有所定位，清楚明白自己想做什么工作，希望在哪里工作，需要做哪些准备，另外，在大学校园里，一定要记得锻炼自己的能力，提高自己的职业素养，学好专业知识，提升专业技能。

主持人：好的，谢谢丁老师的分享，祝愿我们的毕业生朋友们都能找到自己合适的工作，加油！

/ 知识窗 /

职业生涯规划(career planning)：也叫职业规划，是对职业生涯乃至人生进行持续地系统地计划的过程。一个完整的职业规划由职业定位、目标设定和通道设计三个要素构成。在学术界人们也喜欢叫"生涯规划"，在有些地区，也有一些人喜欢用"人生规划"来称呼，其实表达的都是同样的内容。

西部大开发：2000年1月，国务院成立了西部地区开发领导小组。由时任国务院总理朱镕基担任组长，时任国务院副总理温家宝担任副组长。经过全国人民代表大会审议通过之后，国务院西部开发办于2000年3月正式开始运作。2006年12月8日，国务院常务会议审议并原则通过《西部大开发"十一五"规划》。目标是努力实现西部地区经济又好又快地发展，人民生活水平持续稳定提高，基础设施和生态环境建设取得新突破，重点区域和重点产业的发展达到新水平，在教育、卫生等基本公共服务均等化上取得新成效,构建社会主义和谐社会,迈出扎实步伐。

第四十二讲

考研，你准备好了吗？

有些人考研是为了获取更好的发展空间。那你为什么要考研呢？对于这个问题，不同的人会有不同的回答。那你有没有认真地思考自己"为什么要考研"呢？如果心里没有一个明确的答案，我们怎么能坚定地朝着目标努力呢？只有清楚地知道自己考研的原因，我们才能无所畏惧地向着梦想奔跑，即使考研的路不好走，即使考研的过程中免不了有各种各样的困难，但因为我们明白自己为什么要考研，知道自己的选择是有意义的，就会克服困难勇往直前。

——本期嘉宾杨利利

主持人：大家好！今天很荣幸再次邀请到福建中医药大学心理健康教育指导中心的国家三级心理咨询师杨利利老师做客本期《杏苑心理访谈》。今天我们将与老师一起聊聊：考研，你准备好了吗？接下来，请杨老师跟大家打个招呼吧。

杨老师：各位亲爱的同学们，大家好！我是心理中心的杨老师。很高兴再次和大家相约在《杏苑心理访谈》节目。

主持人：杨老师啊，最近有一个烦心事困扰着我，我不知道该怎么办？

杨老师：哦，可以和大家说说是哪一方面的困扰吗？

主持人：就是我发现我周围很多的同学，这学期除了上课，其他时间都在图书馆或者教室复习，准备考研，而我不知道自己将来本科毕业了要做什么，能做什么，自己到底要不要考研，适不适合考研？杨老师，你说我该怎么选择呢？

杨老师：哦，是这样的，你先不要急，你能够注意到周围环境的变化，意识到自己快要到抉择的阶段了，这是很好的现象。至于要不要考研这个问题，这一定要从自己的意愿以及自身的条件来考虑。每一个人的情况都各有不同，并非所有的人都适合考研，要从自身出发，综合分析之后才能做出正确的选择。我们可以先问自己几个问题：

首先，考研是为了想在自己喜欢的领域继续深造还是关乎就业的问题？其次，社会支持系统是否支持自己在这个领域继续深造？这个方面很重要的一点就是家庭是否支持。最后，自己的职业倾向是否有学历上的要求？如果对于"职业倾向"不是很了解，建议大家可以去福建中医药大学心理健康教育心理中心的官网进行专业测评。

主持人：好的，杨老师！那么如果我想清楚了，决定要考研，那该如何迈出第一步呢？

杨老师：在这里，我觉得很重要的一点是心理上的准备。无论继续深造还是就业，面对人生中任何一个选择，都要充分做好成功与失败的心理准备，要清楚这两者都是人生某一时期的一种状态，是短时期的，但却直接影响到下一阶段的抉择与发展，要提前做好成败两种规划，才能做到内心充盈，有备无患。

主持人：那接下来呢？是不是应该做好充足的考研相关功课呢？

杨老师：是的，首先，同学们要确定好自己报考的专业和院校。每个人考研的目的不同，一定要考虑好自己想要什么，从而确定好方向。地区、学校资源、专业实力、分数线、报录比、复录比、自身实力都是需要考虑的因素。同学们可以先定地区（一般来说，读研的地区基本就是以后你工作生活的地方），再确定专业和学校。大学确定完几所，就可以进入各个学校官网招生页面，找到招生简章，看看考什么科目，以及科目的参考书。正确的选择和努力是一样重要的，倘如做出了选择，那么就不要再怀疑了，坚定地朝着自己的预定目标去努力、去奋斗就好。

主持人：那杨老师，在确定好报考院校和专业之后，同学们又该如何准备考研呢？

杨老师：选好自己心仪的目标专业和院校之后，就可以开始搜集信息啦。首先你要了解关于考研的最基础信息，比如本专业的学硕与专硕的区别、考研科目、教材和考试范围、院校排名、就业情况，等等。

主持人：那老师能给我们大概解释一下学硕和专硕有哪些区别吗？

杨老师：好的，首先这两者的培养方向不同，学硕教育是以培养教学和科研人才为主，授予的学位主要是学术型学位；而专硕是国家为了克服学术型硕士人才的不足而新增的一种新硕士，主要是培养现在市场紧缺的应用型人才。简单来说，专硕注重实操，而学硕注重研究。但是只要你学得好，有真才实学，其实不用担心毕业之后找工作的问题。最重要的是在仰望星空的时候，一定还要记得脚踏实地。

主持人：那了解完这些基本信息之后，我们该怎么进行复习呢？

杨老师：同学们要根据自己的实力，在复习的时候对弱项进行重点复习。其次，要制定自己的复习日程，付诸行动。大概每年12月份第三个周六、周日为考研时间。经验告诉我们，考研战线不宜拉得太长，伤时伤神。日程也要依据自身情况而定。我的建议是现在英语和专业课先可以提上日程，英语每天在听、说、读中找语感，借助英语APP学习，扩充词汇量等。专业课可以先通读一遍书籍。政治则可以稍稍放后些，现在可以多看新闻报道，捕捉时政敏感度，为日后的学习积累打基础。温馨提示，无论哪门课程，都要认真做好错题笔记的整理，以便了解自己的不足，从而阶段性地提升自己。最后，要追踪考研学校的最新信息。向以往毕业生取经，向学长学姐打听学校的环境、最新政策、相关考研信息等，令自己少走弯路。准备考研期间不要"两耳不闻窗外事，一心只读圣贤书"，考研，不是一个人的学习，而是一群人的选择，虽然存在竞争，但在信息交互中更容易成功。

主持人：考研是关系前程的人生重大事件，它绝对可以改变一个人的命运。总是有同学在纠结要不要报辅导班，杨老师您怎么看这个问题呢？

杨老师：有些同学的学习基础比较扎实，也有些同学的自制力比较好，完全可以做到独立备考。但是肯定还是存在一部分同学，在考研复习的过程中会面临一些情况，例如：学不会，或者控制不住自己等。所以，同学们最好在综合自身情况之后，精心制定一个适合自己的复习方法，如自己先独立复习，有一定基础之后再报一个培训班；或者也可以先报培训班，在基本掌握考研的内容和复习节奏后，然后自己进行更有针对性的复习；也可以自己独立复习，其中穿插一定的辅导课程。如今的考研辅导机构可谓是五花八门，网络上、论坛上的资料更是让人眼花缭乱，同学们在选择考研辅导机构时一定要对其做科学地分析，全面了解该机构实力、辅导能力、权威机构评估等，以此来确定自己所报的辅导班的师资力量，千万不可盲从与盲信。

主持人：老师，总有人说考研是一场持久战，在这期间很苦很累，当压力很大，复习不进去时，如何才能排解心理压力呢？

杨老师：我认为备考过程中最重要的东西就是心态。在备考过程中，我认为科目难度、同辈压力、长期劳累或者没有原因的烦躁都会导致一个人心态的崩溃。

首先，我们要做好考研不简单的心理准备，一定要正视考研的难度。

其次，少去横向比较，相信自己的选择和自己的能力。在备考期间，身边同学实习的实习，准备留学的积极准备，相比较而言，考研是最慢见到效果的，但是付出却是最多的。当身边的人实习生活过得美滋滋的，而自己的学习效果并没有那么理想时，就会怀疑自己，怀疑人生，觉得好难。其实，这种心理真的是不对的。在备考过程中，一定不要和身边的人横向比较，因为大家的选择不一样，选择的目的和原因不一样。始终要记得为什么开始，而且要相信，相信自己，相信信念。

最后，适当给自己减压，轻装上阵。当你长时间专注考研这件事时，很容易觉得生活没有意义，只有疲惫，最后心态必然会受到影响。如果你真的觉得自己很辛苦了，可以给自己半天假，看个电影，跑跑步，偶尔的放松会让自己之后的复习效率更高。大家可以每周抽出一点时间去操场运动。运动是缓解压力的好方法，运动不仅能够保持好心情，还能消除身体疲劳，适当的运动也能有效地提高学习效率。

尽管现在离考研还有相当长的一段时间，但还是希望大家一旦决定要考研，那么就要马上全身心投入到考研复习中去，心无杂念。时光匆匆易逝，如果没有好好把握时间，那么最后肯定是慌手慌脚，这样会对考研结果大打折扣。

主持人：杨老师，最后，您还有什么建议给我们的同学们吗？

杨老师：好，那我这里总结性地说几点：

第一，保持平稳的心态。心态好，考研就成功了一半。日程安排合理，学习方法得当，心态较好，足够勤奋，你就一定可以的。

第二，坚持早睡早起，提高复习效率。

第三，锻炼身体，这也是我刚刚提到过的。保持健康的身体状态真的非常重要，只有身体健康才能全心全意地投入学习。

第四，学会做计划和复盘。做一个考研总体计划，再具体到月计划（这个月的重点、各周要达到哪些目标）、周计划（这周每科复习要达到什么进度）、日计划（每天要完成的学习任务）。除了有计划外，复盘也很重要。复盘是你对自己学习进度、学习情况、学习状态的一种反馈和总结。坚持复盘下来，就能找到最适合自己的学习方式，保持每天的高效学习。

第五，学习时尽量不带手机或者控制自己别玩手机。备考的时候朋友圈这些都可以关闭，包括所有娱乐型APP都可以卸载。

第六，对自己有信心。不管是决定冲一把理想院校，还是想求稳有学上，都希望大家对自己有信心，你要相信，虽然不是所有努力都有回报，但是上天不会亏待每一个踏踏实实朝着目标奋斗的人。选择考研就是对自己的一种挑战，你一定可以笑到最后，成为那个成功的人。

主持人：今天非常感谢杨老师为我们分享了"考研，你准备好了吗"这一话题，感谢杨老师，各位亲爱的同学们，天道酬勤一定是不会错的。只要你足够努力，你想要的，将来总会得到，我们下期再见啦！

/ 知识窗 /

考研：即参加硕士研究生入学考试。硕士研究生入学考试的初试通常于上一年的12月底或者当年的1月份进行，复试通常于当年的3~5月份进行，具体日期各高等院校自行安排。

报录比：报考人数和实际录取人数的比例。如果报录比大于1，就说明报考的人数比录取的人数多。同理，如果报录比小于1，就说明报考的人数比录取的人数少。

复录比：复录比即参加复试人数与录取人数的比值。

第四十三讲
步入职场前的那些事

再小的树苗也有长成参天大树的一天，如今青涩的我们也终究会有一天走向成熟。走向成熟的第一步就是进入职场，在步入职场前，你也许会有或多或少的疑惑亟须解决；在职场上，你也许会有前所未有的经历；在职场的背后，又有一些你所不知道的事。

——本期嘉宾王刚

主持人：大家好！今天很荣幸邀请到福建中医药大学心理健康教育指导中心的国家二级心理咨询师王刚老师做客《杏苑心理访谈》节目。先请王老师跟大家打个招呼吧。

王老师：各位亲爱的同学们，大家好！我是心理中心的王刚老师，很高兴能做客《杏苑心理访谈》节目，我非常乐意为同学们解决一些疑惑或是心理方面的疑问。

主持人：王老师，天气逐渐变得闷热，六月离我们越来越近了，一年一度的毕业季就要来临了，而求职是大部分毕业生面临的重要问题，然而有些同学没有做好充足的准备去迎接它，有些同学对自己的职业生涯规划感到茫然，有些同学害怕面试，有些同学不知该如何找工作，有些同学甚至怀疑自己的人生方向，开始怀疑自己的能力和当初进入大学的初衷。而我们在步入职场前，每一个人都应该积极并且充分做好准备。所以，今天想请您和大家谈谈步入职场前的那些事，帮助大家理清思绪。

王老师：好的，我想先问一下你今年大几了，有没有为即将到来的毕业准备些什么呢？

主持人：我今年大四了，是一个准毕业生。我为即将到来的就业做了一些准备，比如提前做好简历，到网站上去查看就业的相关信息，参加过几场校园招聘会，也买好了面试要穿的正装，等等，但是我总觉得我对于求职就业还是存在一些困惑，总觉得还有很多东西我没有准备周全，抑或是我没有涉猎。

王老师：大学生在求职过程中遇到的困惑一般是：对自己的前途没有信心、自我认知偏差大、就业情报太短缺、无从选择考何证书，等等。其实，大学生求职的困惑可以追溯到中学阶段，因为在那时除了埋头题海，应对考试，从来没有时间去考虑自己究竟喜欢什么、擅长什么、想做什么、学专业是为了什么、未来的打算和安排是什么。其实人生一盘棋，布局职场，是有规则可循的。要想不举棋不定，下好人生之棋，重点在"规划"与"实践"。大学生在求职过程中遇到的困惑，归结为在校期间严重缺乏职业规划以及忽略就业能力的培养。现在很多大学生对于求职和就业的认识多只是纸上谈兵，缺乏核心能力，甚至不知道自己所掌握的专业知识和技能能不能满足岗位所需。大学生们有必要好好利用假期对自己的职业规划做个梳理，针对自己的职业倾向和个性，详细分析自身的上升空间及本身存在的问题，综合各方面因素，除了给自己制定长远的职业发展目标之外还需端正自己的求职态度。

主持人：那应该如何做，能和我们具体说说吗？

王老师：第一是不逃避就业，把问题放在桌面上。比如可以问这些问题：我是真想读研究生，还是逃避就业？我是想做一辈子学问，还是到外面上班？我期待的未来是怎样的？我现在的情况和期待有怎样的距离？我该朝什么方向努力才能达到自己期待的目标？我对自己满意的人生描绘的蓝图是怎样的？该如何与职业发展衔接？假如你有一位优秀导师引领你前行，或拥有一个广阔发展空间的好专业，再或是有一所品牌含金量极高的名校作为支撑，那你非常幸运，可以很轻松地回答上面的问题。然而绝大部分人都无法同时具备这几方面的优势，那么就要根据自己的实际情况，选择自己最想要的，踏踏实实储备自己，化焦虑为动力。

　　第二是借力于智者，校准方向。问题摆出后，往往需要借力于有智慧有经验的人，比如找老师、辅导员、学长聊聊天，也可以找专业的心理老师聊聊，这样才不会孤芳自赏，少走弯路。我和一个放弃求职，转而想考哲学专业研究生的毕业生聊过，他说他喜欢这个专业，为了事业可以不计薪酬，甚至不考虑恋爱和结婚。他的理想非常高尚，但我必须提醒他，假如未来遇到一个非常喜欢的女孩，女孩认可他的理想，但对他的经济条件不满意时，他怎么办？他说："我不会爱上这样的女孩。"他认为自己对金钱没有过多的欲望，我想他也许以后会变成一个很热爱工作的工作狂。显然，这位同学的选择和大多数同学不一样，没有考虑过未来的多种可能性，他需要多方的沟通交流来开拓自己的思路，在了解了更多之后，我想这位同学就不会说出类似这样的话了吧。

　　第三是借力于练习，才能"对上口"。临近毕业，心理上有很大压力和负担，导致产生逃避的情绪，不想毕业，不想工作。父母往往只能建议：从事和自己专业"对口"的工作。实际上，不是依赖一个专业文凭，而是拥有可展示出来的专业能力方可与工作"对上口"。所谓"好风凭借力，扬帆正当时"，所以我们的同学在校时需要规划如何学习，出校门后，需要规划一步步地专业升级。比如一位播音系同学想做主持人，但她明白刚毕业不可能做主持人，所以想进入一个节目组，跟着做后期，逐步积累，慢慢接近想做的岗位，当问到她在后期制作方面，能做什么时，她想到自己只能做剪辑，然后好好学习相关知识技能，或是碰上一个前辈带带她，看看能否成功。其实，当她有通过后期制作岗位进入电视台的想法时，就可以利用在校时间找一个专业老师学习后期制作技能，并在求职时拿出自己的作品当敲门砖，那才有机会被录用，这一步正是刚才说的在校时规划如何学习。她被录用后，有了技能可以少走许多弯路，这正是出校门后的专业升级。

总之，许多毕业生会把工作单位当成学校，希望有人带自己，但这种想法不现实，用人单位都希望你来之能战，战之能胜，重要的不是你能学到什么，而是你能做什么，也就是你能被认可的专业优势是什么。

主持人：王老师，那对于一个完整的就业流程来说，它包括哪些内容呢？

王老师：对大学生来说，至少包括收集信息、自我分析、确立目标、准备材料、参加招聘会（投递材料）、参加面试、签订协议、走上岗位等环节。

收集信息是就业活动的第一步。大学生在择业过程中，需要通过各种渠道收集的信息大致包括：当前大学生就业市场的供需形势、政策和法规信息、就业安排活动信息、成功择业的经验教训、具体用人单位的信息五个方面的内容。在收集信息的基础上，毕业生要联系自身实际，理智地进行自我分析。自我分析包括以下四点：

1. 自身综合素质，能力的自我测评。如学习成绩的名次，自己的兴趣、特长、爱好是什么，有何出众的能力（包括潜能）等。

2. 分析自己的性格、气质。一个人的性格和气质对所从事的工作有一定的影响，如果能从事与自己的性格、气质相符合的工作就易出成绩。可以用一些测试表对自己的性格、气质进行一定的分析。

3. 在择业过程中，自己具有哪些优势、哪些劣势，应该如何扬长避短。

4. 问问自己究竟想做什么，即自己想在哪一方面有所发展，想成为什么样的人。换句话说，即自己的"满足感"是什么，价值标准是什么。

自我分析的结果是为了确立自己的择业目标。在确定了择业目标之后，接下来即可准备自荐材料。自荐材料包括：学校推荐表、导师推荐信、个人简历、自荐信及有关的辅导证明材料。这几种材料虽然单独都能使用，但各自的侧重点不同。自荐信主要表明自己的态度，个人简历主要说明自己过去的经历，证明材料强调自己所取得的成绩，学校推荐表和导师推荐信体现学校和老师对自己的认可。缺了任何一个方面，自荐材料都不完整。在大学生就业活动中，招聘会或就业市场在用人单位与大学生之间架起了面对面沟通的桥梁。而面试是众多用人单位考核大学生综合素质的重要手段。

不管怎样,走好求职路上的每一步,对成功实现自己的职业理想是十分重要的。

主持人:那王老师还能就步入职场等方面,最后给我们什么建议呢?

王老师:好的,那这里我再给大家一些求职方面的建议:

首先,系统梳理所学的知识,求职前对每门课程构架要了然于胸,对专业主干课程中的重点、难点和热点要如数家珍。这样,当面试官问你专业知识的时候,不但不会有压力,还会成为展示自我的绝好机会。

其次,认真准备个人资料。个人资料主要包括个人简历、求职信和相关证明材料。简历重"简",有条理地说清楚在校期间学了些什么、参加了哪些活动和具备哪些能力这三个方面就足矣,没有必要长篇累牍。同时,简历的写作要讲究真实性和针对性。真实性包括两个方面的真实:一方面,谈自己的优势时,不得掺假、造假,用谎言来美化自己;另一方面,提及自己的不足之处也应坦诚,真诚往往更能打动人,文过饰非只会让人产生不信任感。

再次,多收集求职信息。同学们要重视学校安排的各类毕业生专场供需见面会,这里有很多求职信息。另外可多关注报刊、广播、电视、网络、短信、微信等媒介上的求职信息,当然对这些信息要注意甄别真假,还有从亲朋好友处获得求职信息也是个不错的选择。

最后,想告诉大家,要保持一种"空杯心态"。我曾经读过一篇文章,有一些大学毕业生,刚进入公司的时候,常常逢人便说自己的学校如何如何好,本来可以找到更好的工作,迫不得已才来到了这里等之类的话,好像进入这家公司工作委屈了自己。在这里提醒一下那些即将步入职场的同学们,这种心态千万不能有,不要认为自己很厉害,凡事都要虚心、低调行事。还是那句你们可能不爱听的话:"地球如果离了你,还是会一如既往地转。"机会永远是给有准备的人的,少吐槽身边事,多做些手下活。中国有一个词,叫"虚怀若谷",我们都知道,优秀的人有极高的素养,甚至是虚怀若谷,有一个能包容一切的胸怀,有了这样的胸怀,在职场上就会获得别人的尊重,就会获得更多的发展机会。类似的词还有"大智若愚""大巧若拙"等。不多说了,进入职场的方式多种多样,我们今天聊到的可能也只是冰山一角,剩下的自己去体会吧。

关于毕业生求职的话题还有很多可以谈,希望大家以后可以树立良好的态度,做好充足的准备,也希望今天的分享对大家有所帮助,能解决大家的一些疑惑。

主持人:今天非常感谢王刚老师为我们分享了关于毕业生步入职场前的那些事,感谢王老师,各位亲爱的同学们,你们懂得如何做了吗?

/ 知识窗 /

空杯心态:空杯心态属于心理学概念,象征意义是做事的前提是先要有好心态。如果想学到更多,先要把自己想象成"一个空着的杯子"。"空杯心态"并不是一味地否定过去,而是要怀着否定或者说放空过去的一种态度,去融入新的环境,对待新的工作、新的事物。在职场或在求职中,保持该心态可以使你不断前进。

简历:简历是用于应聘的书面交流材料,它向未来的雇主表明自己拥有能够满足特定工作要求的技能、态度、资质和自信。写一份好的简历,单独寄出或与求职信配套寄出,可以应聘自己感兴趣的职位。参加求职面试时带上几份,既能为介绍自己提供思路和基本素材,又能供主持面试者详细阅读。面试之后,还可以供对方存入计算机或归档备查。

招聘会:招聘会一般是由政府所辖人才机构及高校就业中心举办,主要服务于待就业群体及用人单位。招聘会一般分为现场招聘会和网络招聘会,日常中所讲的招聘会通常指的就是现场招聘会。

第六章　心理技术运用

第四十四讲

我要去看心理医生吗？

> 心理疾病是很普遍的，只不过存在着程度区别而已，就像都有过患"感冒"的经历一样，每个人在人生的不同阶段都曾存在或轻或重的心理困惑或心理障碍，很多人都有过愤怒、郁闷、焦虑、回避、恐惧、厌食、失眠、注意力不集中、难以适应新环境等体验吧？所以，如果目前出现的问题开始无力解决，影响到工作和生活，就应该求助于心理咨询，如果发展到严重干扰生活的状态，那更应接受心理咨询和治疗。
>
> ——本期嘉宾丁闽江

主持人：大家好！今天很荣幸再次邀请到我校心理健康教育指导中心的国家二级心理咨询师丁闽江老师做客本期《杏苑心理访谈》。今天我们将与老师一起聊：我要去看心理医生吗？请丁老师跟大家打个招呼。

丁老师：各位亲爱的同学们，大家好！我是心理中心的丁闽江老师，今天很高兴又和大家见面了。

主持人：丁老师，其实我们了解到，很多同学都对心理咨询存在一定的疑虑，甚至是误区。比如：他们会认为去心理中心咨询，就证明自己有神经病。那地方最好不要去，去了让同学知道了，多不好啊！

丁老师：是的，很多同学对心理咨询不是很了解，没有一定的知识确实会有些误区，在这里我先和大家说说同学们可能存在的几个误区：

1.有神经病的才会去心理咨询。

2.我的问题最好不要让别人知道,知道了他们都会嫌弃我。

3.我在网络上查询了,我确实有抑郁症。

4.如果学校知道了我有心理问题,会开除我吗?

5.心理咨询根本没效果,帮不了我。

6.心理治疗药物千万不能吃,等等。

主持人:丁老师,能给大家具体剖析一下这些误区吗?

丁老师:当然可以啊,这里我结合百度经验中《10个关于心理咨询的误解,你有几个》一文和大家讲讲关于心理咨询的十大误解:

1.我的心理没问题,没到什么严重地步,心理咨询和我无关。

就像都有过患"感冒"的经历一样,每个人在人生的不同阶段都曾存在或轻或重的心理困惑或心理障碍,很多人都有过愤怒、郁闷、焦虑、回避、恐惧、厌食、失眠、注意力不集中、难以适应新环境等体验吧?

2.如果去接受心理咨询的话就代表自己不是健康的正常人了。

心理问题与精神病是两个完全不同的概念,精神病是医学概念,如精神分裂症、躁郁症等,是最严重的心理疾病,它与一般的心理问题和心理障碍有很大区别,而轻度的心理问题或者心理人格障碍、认知障碍、心理困惑等几乎人人都有,完全不算"不正常"。身体不适,我们要休息、锻炼和保健,心理不适也同样要休息、锻炼和保健。

3.去心理咨询要讲出隐私,感觉不安全,也不好意思。

这是一种常见的误解。事实上,专业心理咨询师严禁泄露病人姓名、病史及相关信息,因为咨询师有义务替咨询者保密,也必须遵守保密原则,并且严禁与咨询者之间有咨询业务之外的私人关系。专业咨询师在咨询时不带有任何个人的主观立场和价值判断,而是从来访者角度出发,为了解决问题而给出咨询和建议。

主持人:我懂了,人的身体生病了要去医院找医生,那心灵上生病了也要去找心理医生啊！而且他们还会替我们保密呢。丁老师，接下来呢？

丁老师：4.心理咨询师一定要有叫得响的头衔或者年纪大一些的才好。不要迷信专家，有教授、博士的头衔只是说明他们在某些学术上有造就。心理咨询师除了要有专业学识，同样需要实践经验。

5.心理咨询就是聊聊天，发泄一下，开导一番，寻求安慰罢了，不算治疗。心理咨询当然也有宣泄、开导、安慰的作用，但是上面这种观点否定了心理咨询的专业性。心理咨询是由专业人员即心理咨询师运用心理学以及相关知识，遵循心理学原则，通过各种技术和方法，帮助求助者解决心理问题的过程，这也绝非一般的谈话开导所能做到的。

6.我自己也可以看心理学书籍，学一点心理知识，就可以自我解决问题了。

遇到心理问题，看一些心理学方面的书籍，对于认识自己的问题不能说没有作用，自我调适也是非常重要的。但是，这对于心理问题的解决，其效果是比较小的。多数心理问题都是自我调试不能解决或者效果甚微的，心理咨询仍然要求助于专业心理工作者。

7.有心理问题还是去看专门的医院精神卫生科最有效，好像那里更专业一点。

心理咨询师与精神科医生有各自的专业领域。精神科医生一般采用医疗和用药手段，将症状控制在安全范围内，不是所有的精神科医生都能够使用"心理咨询"技术，从事精神科专业的医生，只要他没有经过人文背景的训练、心理咨询专业的训练，未取得心理咨询师的资格，那也只是一个精神科医生，而不是"心理咨询师"。很多一般性心理问题，精神科医生不一定能胜任咨询，而专业心理咨询师却完全可以咨询得很出色。

主持人：看来心理咨询更注重的是实践经验，而非一味地找头衔大的心理医生。遇到心理问题也不是自己看看书就能解决的，求助于心理工作者是非常有必要的。那丁老师，快说说剩下的误区是啥，我觉得我改变了之前好多错误的观念呢。

丁老师：那我讲讲接下来的几点，要仔细听哦。

8. 去做一次心理咨询，我就可以彻底解脱了。

许多人对心理咨询师抱着有如魔术师一般的想法，认为咨询一次就什么问题都解决了。心灵的成长、个性的完善是需要时间的。一般人求助于心理咨询时，通常是带着许多经年累月所形成的心理问题，比如多年的抑郁、强迫等神经症，是不可能通过一次50分钟左右的心理咨询就解决的。通常第一次咨询师会收集你的信息和情况，然后逐步发展出治疗和纠正的方法。一般一次咨询之后，还需要继续预约咨询。

9. 那个心理咨询师好像没找到什么解决我问题的好方法。

确实存在一些这样的抱怨。但是要注意到，除了一些咨询师的确缺乏专业技能之外，还有很多情况并非心理咨询不起作用。

首先，目前无论哪个心理学流派的治疗理论和治疗技术，都需要一定的时间、多次的强化才能见效。

其次，不同心理咨询方法对不同来访者会产生不同的效果，可能某些方法对某些人在某些时候作用有限，这也需要进一步深入咨询，改换方法。

最后，咨询者一定要敞开心扉与心理咨询师交流，要积极配合，主动表达，与咨询者共同探讨自己心理问题的根源及成因并寻求解决之道，来访者有改变自身的愿望，并且投入到咨询中来，就可以推动咨询的进程，就像水涨船高。如果来访者自身不做出相应努力，对改变自己的愿望不强烈，就会影响咨询效果。当然信任感的建立和咨询师的擅长领域也对咨询效果有影响，所以建立匹配的咨询关系很重要。但是记住，当咨询过程中出现心理抗拒或移情反应时也应坚持治疗，这可能表明正处于攻坚的关键时刻。

10. 心理咨询师应该能够帮我解决一切问题。

心理咨询不是万能的，首先要求咨询的内容必须是心理方面的，其他方面则不在咨询的范围之内，心理咨询和治疗不该被神化。

心理咨询是咨询师协助求助者解决各类心理问题的过程，它的核心是"助人自助，自我成长"。咨询师通过启发、引导、支持、鼓励，帮助求助者领悟到内心存在的冲突，矫正错误的认知，做出新的有效的行为，从而达到解决问题、促进发展、完善人格的目的。

主持人：听了这么多，充分了解这些误区之后，我相信大家对心理咨询有了更充分的了解。那么，丁老师，什么样的情况下，我们要去找心理咨询师，什么样的情况自己解决呢？

丁老师：嗯，这个问题问得很好，今天我在这里就是要分享这个话题的，什么样的情况要找心理医生，什么样的情况可以自救。在此先普及一下心理问题的分类：一般心理问题、严重心理问题、疑似神经症、神经症、精神病类问题。

主持人：老师，您先说下什么情况可以自救吧。

丁老师：当你出现一些心理问题时，你可以先自我评估下问题的严重程度。如果导致你目前症状的原因不那么强烈，你现在的处境还可以；你的症状还不到2个月；你还能正常地学习、生活，只是效率有所下降；你的症状没有泛化，还是停留在当初的事件上。那么你可以求助自己。

主持人：老师，怎么求助于自己呢？

丁老师：1.找个地方宣泄一下，特别建议你去运动，坚持一段时间，你会看到不一样的效果，也可以来心理中心宣泄室宣泄。

2.把自己的烦恼写下来，并认真分析一下，这时，你要给自己一点积极暗示，然后，开始积极行动。

3.找个知心的朋友聊聊心里话，倾诉一下自己的烦恼。

4.你还可以试着去做一件很有意义的事情，来转移自己的注意力。

5.当然，你也可以通过学校心理健康教育掌上系统找我们的朋辈心理咨询员或者心理老师线上聊聊，或许这是不错的选择。

6.也可以找自己的父母或者亲人诉诉苦，寻找心理支持。

主持人：老师，刚才说了求助自己，那什么样的情况需要求助心理医生呢？

丁老师：如果导致你目前症状的原因很强烈，遇到了重大的生活挫折，你现在的处境面临一定的困难；你的症状已有2个月以上、半年以下；你的学习、生活受到较大的影响，甚至回避正常的社会交往；你的症状已经泛化，烦恼的事情不仅是当初的那个事情了，很多相关或者不相关的事情都会引起你的烦恼；你的情绪好像已经无法自己控制。那么你应该寻求专业心理咨询师的帮助。

主持人：老师，怎么求助心理医生呢？

丁老师：1.预约学校心理咨询中心的专业老师进行心理咨询（免费）。

2.或者自己寻求校外的专业心理咨询机构寻求帮助（费用高）。

3.也可以找自己的辅导员，或许他能为你解决很多困难。

4.在咨询的过程中，你一定要动起来，让运动来改善你的情绪。

5.要开始走出去，积极参与人际交往。

6.努力去完成自己该做的事情。

7.这时，你一定要有信心哦，要积极配合专业人员的建议。

8.心理康复需要一定时间，不要着急，时间会帮助你走出人生的低谷。

主持人：丁老师，我还听说，有一种心理问题是需要到医院求助专业的心理治疗的，要配合药物治疗，那是什么样的情况啊？

丁老师：这要分两类：

第一类是神经症性质的。你的症状已经比较严重，时间长达半年以上；症状极大地影响到了你的正常学习生活，甚至你无法完成基本的学习生活任务；这些症状或者行为你自己可以意识到，也可以表述清楚，甚至经常寻求帮助，到处诉说自己的困扰，而且你自己明明知道不要这样，但是你就是控制不了自己；你还出现了不少躯体的症状，如：胸闷、头晕、头痛、脖子不舒服、胃不舒服、出汗、两腿无力等。

第二类是精神病性质的。出现了幻觉、妄想等症状，自己对自己的问题已很难自知，各种躯体症状不断呈现。

主持人：老师，出现您刚才说的症状时应该怎么办呢？

丁老师：1.尽快寻求医院的心理科或者心理专科医院帮助（一定要正规的

医院哦)。

2.可能需要配合药物治疗,在吃药初期,大概一周左右的时间会很痛苦,过后会慢慢缓解。这种精神类药物需要长期按照医嘱服用,切不可擅自停药。

3.在吃药过程中也可以配合心理咨询,特别是神经症类的疾病。

4.精神病类的疾病建议住院规范治疗。

主持人:老师,最后您还有什么建议给我们同学们吗?

丁老师:最后,还想告诉大家,心理问题不可怕,可怕的是你不能正视自己的问题,逃避问题。确实有心理问题了,要告知辅导员,积极寻求帮助。

另外,如果自己无法判断问题的严重程度,可以到心理中心找老师为你提供一些建议。

在此,也祝愿大家都能心理健康!

主持人:今天非常感谢丁老师为我们分享了"我要去看心理医生吗?"这一话题,感谢丁老师,各位亲爱的同学们,你们懂得如何做了吗?下期再见!

/ 知识窗 /

泛化:当某一反应与某种刺激形成条件联系后,这一反应也会与其他类似的刺激形成某种程度的条件联系,这一过程称为泛化。在心理咨询中所谓泛化指的是:引起求助者不良的心理和行为反应的刺激事件不再是最初的事件,同最初刺激事件相类似、相关联的事件(已经泛化),甚至同最初刺激事件不类似、无关联的事件(完全泛化),也能引起这些心理和行为反应(症状表现)。

疑似神经症:是心理不健康状态的又一种表现形式,它已接近神经衰弱或神经症,或者它本身就是神经衰弱或神经症的早期阶段。其症状与神经症类似——有明显的内心冲突并且冲突本身没有现实意义或道德色彩,但是病程、严重程度等都未达到神经症的诊断标准。这类心理问题如不及时进行咨询和治疗，很可能发展为神经症。

神经症：神经官能症又称神经症或精神神经症。是一组精神障碍的总称，包括神经衰弱、强迫症、焦虑症、恐怖症、躯体形式障碍，等等，患者深感痛苦且妨碍心理功能或社会功能，但没有任何可证实的器质性病理基础。病程大多持续迁延或呈发作性。

第四十五讲
放松技巧

要使自己达到有效率的放松，只需要用"平静"、"非常安静或放松"之类的话语，就可以很快取得效果。随着练习次数的增加，放松的深度还可以加深。你的内心应该始终保持清醒，但是身体却很放松，内心非常平静。当你准备好时，你可以清楚地意识到你周围的环境。睁开眼睛，人依然是放松的，全身的感觉都很好，你觉得精力焕发，好像你刚刚彻底地休息了一次一样。

——本期嘉宾丁闽江

主持人：大家好，今天我们再次邀请到了学校心理中心的国家二级心理咨询师丁闽江老师做客《杏苑心理访谈》节目，今天的主题是：放松的技巧。现在请丁老师和大家打个招呼。

丁老师：大家好，我是心理中心的丁闽江老师，很高兴再次做客《杏苑心理访谈》节目。

主持人：丁老师，期末考试要到了，很多同学都有一些紧张和焦虑情绪，在这个时候您能给我们分享一下放松的技巧吗？

丁老师：当然啦，今天我要讲的主题就是放松技巧，其实，每个人都有紧张和焦虑的时候，都需要掌握一些放松技巧，这对于提高同学们的学习效率，提升生活幸福感是很有帮助的。陈欣，我想问问你，要考试了，你会紧张吗？

会觉得有点焦虑吗？

主持人：会啊，我身边的同学大部分都会紧张和焦虑，可以不去管它吗？

丁老师：对啊，大家对于紧张和适度的焦虑一定要有一个正确的认识，适度的紧张和焦虑不仅不会对身心造成危害，不会影响大家的学习和复习的效果，反而对调动你身心中的有益细胞有帮助。试想啊，如果要考试了，你还不紧张和焦虑，那说明你根本不重视考试，不在意自己的成绩，是不是可以推理出，你不够上进呢？

主持人：压力对于个人发展还是有好处的，是吗？

丁老师：低水平的压力可以刺激大脑产生一种名叫神经营养因子的化学物质，并加强大脑神经元之间的连接。短期压力，会让人体开启防御模式；人体会产生额外的调节免疫系统的白介素，从而短暂提高免疫水平。尽管同学们都追求一帆风顺，但是学会如何处理一些紧急突发的压力，将来再碰到类似状况就应对自如了。正面的压力，在科学界也被称为积极性质压力，正是大家完成一项工作所必须要有的。想象一下，最后期限近在咫尺，这样就不得不快速高效地完成工作了，可以说：没有压力就没有动力。

主持人：丁老师，既然紧张和焦虑无害，还有那么多的好处，那为什么今天你要和大家讲放松技巧呢？

丁老师：是这样的，很多同学对紧张和焦虑的认识有误区，有一些适度的心理和身体反应就觉得自己心理有问题了，害怕自己这样下去会影响复习和考试；另外，有不少的同学因为没有处理好适度的紧张和焦虑情绪，而出现了一系列的其他症状，影响了自己的饮食和睡眠，影响了自己的心理状态，不能很好地学习准备考试，学习效率大大下降，甚至出现过度的躯体反应，所以，为了消除同学们的误区，不让正常的紧张和焦虑变成不正常，我想，我非常有必要和大家分享一下放松的技巧。

主持人：老师，在您分享放松技巧之前，您有什么特别的建议吗？

丁老师：这个问题，问得太好了，我有两个特别建议：

第一个建议，考试复习期间，同学们要把每天的时间安排好。

比如：什么时间做什么、什么时间复习哪门课程、什么时间出去玩玩，放松放松，都要安排好，这样你的心就不会乱，心不乱，就不紧张和焦虑了。

第二个建议，一定要进行适度的体育锻炼。

大家都知道，适度的运动对情绪的改善非常有帮助，还可以增加快乐因子，那如何适度锻炼呢？每天40分钟，散步、慢跑，或者骑车等都可以，不要让自己太疲劳。

主持人：哦，我懂了，那么还有什么具体的放松技巧可以和我们大家分享吗？

丁老师：那是当然，现在就让我为大家具体说说放松的技巧都有哪些，希望同学们能运用到学习生活中。

1. 最简单的，在你学习到一定时间的时候，一般一个小时为宜，到户外进行简单的身体拉伸动作，大概五分钟即可，会打八段锦或太极拳的更好，打一段就行。

2. 学会想象放松，也就是我们常说的冥想。你可以找一个合适的时间和合适的地点，闭上眼睛，想象自己畅游在某个很舒服的环境中，如果能配上轻音乐更好。

3. 呼吸放松，这个也很简单，一般呼气和吸气的过程都要持续五秒钟，至少要一个八拍，也就是说至少要做八次一个循环。

4. 听一段轻音乐或者催眠曲，这个在网络上很多，睡前听一下，可以助眠，睡好了也就放松了。

5. 偶尔出去放松一下也是可以的，邀请三五好友，逛街、K歌、郊游，等等。

6. 还可以互相按摩，洗个热水澡，边洗边唱歌。除此之外，也可以选择合适的运动放松法。

主持人：关于冥想，丁老师可以详细解释一下吗？

丁老师：冥想是一种可以摆脱压力、快速入睡、改善情绪的技巧。如果要进行冥想的话，采取一个舒适的姿势，你甚至可以坐在椅子上冥想。后背挺直，双肩挺直，双脚搁在地板上，闭着眼睛。同时你可以开启冥想音乐，它有助于不失时间感。然后开始观察自己的呼吸，不要做任何努力的行为，只是像往常一样呼吸。如果这时产生其他想法，这很正常，不要责备自己，轻轻地将注意力转向呼吸并开始计数。注意呼吸时身体的行为。两分钟过后，深吸气并呼气。

主持人：冥想除了缓解压力，还有什么其他方面的积极意义吗？

丁老师：科研证明，冥想除了可以缓解压力，还可以保持大脑的年轻，也有助于摆脱坏习惯，减少社交恐惧；冥想可以缓解疼痛，经常进行冥想可以改善记忆力，减少生物年龄。

主持人：关于运动放松，这有什么原理在其中呢？

丁老师：运动能够让机体分泌多巴胺和肾上腺素，能让机体形成令人脑产生愉悦感觉的物质，及时缓解人的压力，同时能增强人的记忆力。运动可以让身心健康发展，可以说运动对人体是有着诸多好处的，但切记运动不能过量，不然只能适得其反。规律性运动是解除压力的最实际的方法。做四十分钟的运动，可以减少压力长达三个小时，相同时间的休息却只能让你轻松二十分钟。越紧张，运动之后就越能感到愉悦。压力比较大的同学可以在学习了一天之后去跑跑步，然后洗个热水澡去睡觉，这样第二天起来也会比较有精神。

主持人：为什么有些同学在期末复习期间比较喜欢独处，独处也是一种放松技巧吗？

丁老师：在需要思考的时候独处也是一种良好的放松方法，也可以选择对自己说话进行放松，对自己说话，这并不代表自己疯了，事实上，自己和自己对话是处理压力的好方法，这个方法主要是可以让自己有机会去审视自己的问题。自己探索于外是好奇，也是本能，但是探索于内，便可称为深邃与睿智，超然自省的人往往容易成功。

主持人：原来是这样，我发现有些同学喜欢听节奏感强的音乐来放松，但是有些同学却喜欢听轻音乐来放松，哪种音乐更适合放松呢？

丁老师：有专家说放松心情的音乐应该由乐器慢慢地演奏出来，但如果你不太喜欢听轻音乐，其实也没关系。无论是何种音乐，只要能让你高兴，只要能使自己感觉到放松，就是最适合自己的音乐。

主持人：在压力大的时候，有些人比较喜欢吃甜食，来舒缓心情，这是为什么呢？

丁老师：很多人都有这样的经历：做作业的时候需要吃块小饼干放松一下；加班加到半夜时总想要喝口汽水醒醒脑；压力来袭时，更是需要买块蛋糕大快朵颐……吃完喝完以后，立马感觉疲乏劳累减轻了不少，还充满幸福感。科学证明，吃甜食确实可以安抚烦躁的心情，我们口腔里的感受体直接与大脑中分泌脑内啡的地方相连，脑内啡有止痛和获得欣快感的功能，所以吃甜食可以快速使人产生放松快乐的感觉，这也是为什么很多人心情不好的时候会吃巧克力，紧张时也会想要吃甜食的原因了。甜甜的东西会给人一种满足感、甜蜜感，吃了会有些微饱的感觉。同时甜食引发心理暗示，会想起美好的事情，心情自然好。

主持人：可是很多同学喜欢吃甜食却担心发胖，这怎么办呢？

丁老师：说到甜食，有些在减肥的朋友就犯难了，甜食好吃，让人心情好是没错，那自己的小肚腩和"大象腿"该怎么办？我见到网上也有"宁做不开心的瘦子，也不愿意做快乐的胖子"的说法。其实，在吃甜食这件事上，同学们大可不必如此极端。糖在人们的日常生活中起着举足轻重的作用。人的一切生命活动都离不开糖：人体的各种组织、各种器官都要依靠糖氧化后产生的热量来维持活动，如果没有糖，人的活动及生命就无法维持。所以，为了减肥不摄入糖分也并非明智之举。在遵循科学指导和适度的原则下，任何食物都可以成为我们健康生活的一部分，做到美味与健康兼得。

主持人：感谢老师的分享，我也学到了很多，那么，丁老师，有没有一些心理上的自我调节方法，可以达到放松的目的？

丁老师：嗯，心理上，希望大家都要培养乐观的心态，接纳自己的不足。每个人都要经历这样那样的困难，其实，没有哪个人是一帆风顺的，不是吗？

另外呢，经常对自己说"我可以""我没问题""我很棒"，学会自我暗示。所有关于压力解除的观念，强调的就是利用一些技巧来平衡过多的压力，并不是要让自己什么压力都没有。所以如果不能自己控制压力，不要一个人默默受苦，找医生、专家谈谈会有所帮助。

主持人：那么，老师，还有什么特别提醒的吗？

丁老师：嗯，如果你的紧张和焦虑程度超过了你的承受能力，你自己已经无法应付，那么希望同学们到心理中心预约老师聊聊，或许老师会给你帮助。在此，也做个广告，学校心理中心有专门的掌上心理服务系统，同学们进入福建中医药大学心理中心微信公众号就可进行线上、线下预约，还有很多的课程分享，最后，祝大家期末考试顺利。

/ 知识窗 /

压力：压力分精神与物理两个领域的定义。物理定义具有客观属性，是指垂直作用于流体或固体界面单位面积上的力；而从心理学角度看，压力是心理压力源和心理压力反应共同构成的一种认知和行为体验过程。通俗地讲，压力就是一个人觉得自己无法应对环境要求时产生的负性感受和消极信念。

焦虑：焦虑是人对现实或未来事物的价值特性出现严重恶化趋势所产生的情感反应。与之相反的情感形式是企盼，即企盼是人对现实或未来事物的价值特性出现明显利好趋势所产生的情感反应。

内啡肽：内啡肽亦称安多芬或脑内啡，是一种内成性（脑下垂体分泌）的类吗啡生物化学合成物激素。它是由脑下垂体和脊椎动物的丘脑下部所分泌的氨基化合物。它能与吗啡受体结合，产生跟吗啡、鸦片剂一样的止痛效果和欣快感，等同天然的镇痛剂，利用药物可增加脑内啡的分泌效果。

第四十六讲
心理沙盘游戏知多少

  一盘细沙,一瓶清水,一架子各式各样的物件造型,加上治疗师的关注与投入,来访者的自由表现与创造,这就构成了沙盘游戏的最基本的要素!而就在这简易的设置中,内心的世界得以呈现,心灵的充实与发展,治愈与转化也获得了可能。这就是在国际上受到普遍推崇的沙盘游戏治疗方法。它被人本主义治疗、格式塔治疗和整合性动力治疗等广泛接受,成为表现性和艺术治疗的主流,同时也被逐渐运用于学校心理教育与心理治疗。布莱克就在《天真之歌》中写到,我们可以"在一粒沙中看到整个世界"。

——本期嘉宾陈羡

  主持人:大家好!今天很荣幸再次邀请到我校心理健康教育指导中心的国家三级心理咨询师陈羡老师做客本期《杏苑心理访谈》。今天我们将与老师一起聊:心理沙盘游戏知多少。接下来,请陈老师跟大家打个招呼。

  陈老师:各位亲爱的同学们,大家好!我是心理中心的陈羡老师。很高兴再次和大家相约在《杏苑心理访谈》节目。

  主持人:陈老师啊,我看到简介里说您的咨询范围包括心理沙盘,很多同学很好奇心理沙盘是什么,您能给我们介绍一下吗?

  陈老师:沙盘游戏又称箱庭游戏,是基于荣格心理学、世界技术、客体关系理论而发展出的沙盘疗法。沙盘游戏治疗是国际上很流行的心理治疗方法。

主持人：哦，沙盘游戏就是箱庭疗法呀，箱庭疗法我有听说过。

陈老师：对，箱庭疗法是由日本著名心理治疗家河合隼雄提出的。他发现沙盘其实很类似中国和日本古代的箱庭——即盆景，于是结合东方的意蕴，将沙盘疗法称为箱庭疗法。箱庭疗法可以看作沙盘疗法在东方实践中整合了东方文化和风格后发展出来的。

主持人：陈老师，您刚才说到沙盘游戏治疗在国际上很流行，它有什么神奇之处吗？

陈老师：沙盘疗法是一种灵性的接触，用非语言的形式——心象，来表现无意识。沙盘犹如一面"镜子"，映出来访者的心灵世界。在沙盘游戏治疗的过程中我们能观察到来访者创伤的抚平以及心灵的成长。在学校和幼儿园，它被广泛应用于儿童的心理教育与心理治疗；在大学和成年人的心理诊所，它也深受欢迎。通过唤起童心，人们找到了回归心灵的途径，进而身心失调、社会适应不良、人格发展障碍等问题在沙盘中得以化解。

主持人：沙盘给我的第一印象是沙子带给我的亲切感，手触摸上去很舒服，想请问一下陈老师，沙盘中沙子的作用是什么呢？

陈老师：沙子在我的理解中有以下几点作用：

一是回归。沙子的触感可以促使人回归。沙子给人以温馨的感觉，可以使人联想起母性，也可使人回忆起幼时玩沙子的情景，进而引起孩提时代的回归或退行。所以进行箱庭疗法，先要去触摸沙子，从记住沙子的感觉开始。

二是大地。可以根据来访者的意愿制作大地、山、海滩、田地等。

三是整合。触摸沙子可以使人通过触觉恢复已忘却的动物本能的感觉机能，起到整合人的心理和身体的作用。

主持人：那心理沙盘对心理咨询有什么好处吗？

陈老师：搬好小板凳，我们来一探究竟。心理咨询一般都采用面询沟通交流的方式，因为需要直面内心的矛盾和冲突，所以来访者的阻抗会比较大。所以除了前期关系的建立，破冰过程也很是艰辛，常常反复，需要大量的知识背景、理论框架和咨询师的随机应变能力。

主持人：嗯嗯，您刚才说的阻抗就是心理咨询时有可能来访者会回避真实问题，或者转移话题。

陈老师：对，不仅仅是这个问题呢。还需要咨询师有一定的自我咨询的经历，就是处理了自己在成长过程中的创伤经历（这里的创伤指的是每个人成长过程中遇到的困惑、阻碍、不解，不要曲解意义哦），心理咨询不仅仅是聊天。其他行业都不要求人格层面的成长，唯独从事心理方面的工作者，自我成长是必要的、不可忽略的，这样才能更好地为咨询人士服务。

主持人：哇，对心理咨询师的要求好高啊，人格第一，技术第二，不接受反驳。

陈老师：是啊，当然，心理沙盘作为咨询的技术和工具，其优势是什么呢？重点来喽。沙盘游戏应用的是心理投射的原理，把我们的潜意识，就是压抑不接纳的那部分，通过心象得以充分呈现。通过三维立体的展现方式减弱我们心理层面的防御，更加真实地呈现自己内心的状态。在沙盘中，沙、盘、沙具都附着个案的情绪、情感。来访者在讲述、感受自己的沙盘时，对自己的问题就会有澄清，对自己的"内心实在"就会有体会。治疗师可以去引导个案感受自己的沙盘，讲述自己的沙盘。这时治疗师可以表达自己的共情。解读沙盘时，往往可以发现新的讯息。这样不仅省去很多时间，还节省了很多费用。

主持人：好神奇，那心理沙盘游戏需要用到哪些工具？

陈老师：沙箱：一个，海沙：10公斤，陈列架：2~3个，沙箱桌：一个，沙具：是箱庭用具配置中最为重要的组成部分，分10大类和57小类，包括人物类、动物类、植物类、建筑类、家具与用品类、交通运输类、食物果实类、石头贝壳类和其他等。那天"525"心理月活动你有去参加吗，差不多就是那些东西，只不过心理中心的沙具更多。

主持人：我也有在，看到好多人围在沙盘那里，但是我是半途加入的，就看到同学们依次把人啊、动物等沙具摆上去，我们玩沙盘游戏有操作规则吗？

陈老师：有啊，那天在现场玩的是团体沙盘。一般我们先要将参与沙盘游戏的来访者组好队，排个先后顺序，后面按这个顺序依次摆沙具。然后让他们选一个沙箱长边作为观察侧和摆放侧，就是他们只能站在这一侧进行摆沙具。强调几个规则：

1. 全程不能交流。
2. 一次只能做一个操作，如摆一样或一类东西，或移动别人的一样东西。
3. 一轮结束后，我会拍照记录，根据我的指令继续或停止。

接下来，来访者开始摆放沙盘世界，我在一旁观察和记录。在沙盘摆放结束后，我开始提问来访者为什么这样摆，让他们为沙盘世界起名，等等，努力对沙盘世界进行深入的体验和经历，最后给出建议性、隐喻性或提问性的诠释。在这些过程完成之后对沙盘世界拍照记录。

主持人：那心理咨询师可以通过沙盘游戏发现什么呢？

陈老师：来访者可以在这个空间中随意地摆放，摆放的时间也没有限制。来访者将不同的沙具置于沙箱中的不同位置，投射出其内心世界的状况是有序还是混乱，是丰富还是贫乏，以及不同心象在其心理空间中的位置。治疗者可以从中发现来访者目前的心理困惑、矛盾和心象的未来发展趋向。

主持人：我们只是随意摆就可以发现我们的心理困惑？

陈老师：尽管从来访者的角度来看，自己是随意摆的，认为自己之所以选择某个沙具是因为喜欢它的颜色、形状、神情或觉得它很可爱；之所以摆放在某个位置是因为看上去比较协调、比较舒服，但从治疗者的角度来看，这个赋予结构的过程是无意识的。这种结构的实质是来访者无意识心理内容如情结的投射，而这些往往是导致来访者目前心理不适或心理疾患的主要原因之一。来访者正是透过这样的情结来看待周围世界和他人，常会使其夸大或歪曲现实世界，从而引起内心的冲突和强烈的情绪反应。

主持人：太酷了，那不是和读心术一样？

陈老师：当然，对这些沙具所代表的心象不能孤立地看待，必须与整个沙盘游戏制作过程、作品完成后的画面组成，以及作品的主题结合起来分析。如果是连续的沙盘，还要结合每个作品之间的连续性。因而，作为一个沙盘游戏疗法的心理治疗师，仅仅当好观察者是不够的，还应该尝试做一个参与者。

主持人：陈老师，心理沙盘对来访者可以起到哪些帮助呢？

陈老师：好处可多着呢！心理沙盘可以帮助来访者营造出心灵深处意识和无意识之间的情绪性对话，以及由此而激发的治愈过程和人格；可以帮助有学习困难、社交焦虑、自信心不足等常见心理问题的学生进行针对性的辅导训练，疏导情绪，改善认知，塑造健康人格，增强自信心；可以通过心理沙盘唤起童心，找到回归心灵的途径，进而身心失调、社会适应不良、人格发展障碍等问题在沙盘中得以化解，等等。沙盘是一种无意识的再现过程，通过利用沙子、沙具创造沙盘世界的过程，将无意识的内容呈现到作品中，转化为意识层面，进而感受自我、整合自我，达到身心健康的状态。

主持人：哇，我有点迫不及待想要体验一把了，陈老师，在哪里可以体验到？

陈老师：在20号楼下的心理咨询中心就可以了，除了我以外，好几个老师也可以做沙盘游戏，心理咨询中心的王刚老师还是高级沙盘师呢！线上、线下都可以预约哦。

主持人：那陈老师，一般玩沙盘游戏要几个人呢？

陈老师：可以玩单人沙盘，也可以玩团体沙盘，团体沙盘一般6—10人。

主持人：好的好的，那我拉宿舍的小伙伴一起来。陈老师，那如果我想自学一些沙盘知识，您有什么书籍推荐吗？

陈老师：张日昇教授的专著《箱庭疗法》就很适合刚入门的小伙伴。作为国内出版的第一本箱庭疗法专著，本书以实践性和操作性为主要目标，突出箱庭疗法的心理临床应用价值。全书分为箱庭疗法的基本原理、箱庭疗法的基础研究和箱庭疗法的个案研究三大部分。

主持人：好的好的，今天非常感谢陈老师的分享，感谢陈老师，各位亲爱的同学们，希望你们对沙盘有所了解，下期见。

/ 知识窗 /

箱庭疗法：也就是"在沙箱中制作一个庭院"。作为一种心理临床技法，让来访者在有细沙的特制箱子里随意摆放组合玩具来再现其多维的现实生活，使来访者的无意识整合到意识中，是一种从人的心理层面来促进人格变化的心理治疗方法。

客体关系：客体一词为弗洛伊德所使用，对婴儿而言，客体指满足需求的事物，对儿童而言，客体一词可与他人互换，客体关系即指人际关系。而此等人际关系塑造了个体当前与他人之间的互动情形，不论是真实的或幻想的。客体关系是指存在一个人内在精神中的人际关系形态的模式。客体是一个与自体相对应的概念，客体指的是一个被爱着或恨着的人物、地方、东西，或者幻想，包括内在客体和外在客体。外在客体是指真正的人物、地方和东西，内在客体指的是心理表象，即与客体有关的影像、想法、幻想、感觉或记忆。自体也是一种心理表象，指的是一个内在的影响，基本上是属于自己的想法、感觉或幻想。

心理投射：投射一词在心理学上是指个人将自己的思想、态度、愿望、情绪、性格等个性特征，不自觉地反应于外界事物或者他人的一种心理作用，也就是个人的人格结构对感知、组织以及解释环境的方式发生影响的过程。心理投射是心理健康测量理论中应用较多的一种方法，由其衍生而来的心理投射技术在人格测量中得到广泛的使用。

心象：当对象不在面前时，我们的头脑中浮现出的形象称为知觉形象或者组织样式称为心象。心象是很重要的一类知识表征，能够使我们在对象没有出现的情况下去表征和加工这些对象。

第四十七讲
认知行为疗法

认知行为疗法（CBT），已被证明，是治疗抑郁症的有效方法，研究表明超过六成的参与者，症状得到了改善。认知行为疗法是一种谈话疗法，旨在减少功能不良的思维、行为和情绪。一般来说，思维和行为是最容易改变的，因此，认知行为疗法会聚焦于这两方面的改变。治疗目标是改变那些能导致抑郁的行为和思维，它的主要着眼点，放在患者不合理的认知问题上，通过改变患者对己、对人或对事的看法与态度来解决心理问题。

——本期嘉宾丁闽江

主持人：大家好！今天很荣幸邀请到我校心理健康教育指导中心的国家二级心理咨询师丁闽江老师做客《杏苑心理访谈》。请丁老师跟大家打个招呼。

丁老师：各位亲爱的同学们，大家好！我是心理中心的丁闽江老师，很高兴能做客《杏苑心理访谈》节目。

主持人：据我所知，丁老师做客《杏苑心理访谈》好几次了，每次都带来不同的内容，今天丁老师想跟大家聊点什么呢？

丁老师：今天我们聊一个关于认知行为疗法的话题。很多人可能不知道什么是认知行为疗法，其实这是心理学上的一种治疗方法。所谓认知，简单地说，就是指人们对外界事物的认识、理解和判断。比如看到外面阳光明媚，会认为今天是个好天气。又比如高中学子觉得高考非常重要，考不好就可能贻误终生，这也是一种认知。

主持人：那丁老师，认知行为疗法是要改变人的认知吗？

丁老师：嗯，这个你说到点子上了。认知行为治疗，是基于个体对事件的想法会影响情绪和行为的理论基础，比如高中学子认为高考是"一考定终生"，如此重要，自然会非常紧张担心。认知行为治疗就是通过改变对事件的看法，并通过相应的行为调整，继而改变原来的想法。

主持人：丁老师，认知行为疗法具体怎么对人体产生作用的呢？

丁老师：同样的事件，经过大脑加工（自我信念），可以产生积极结果或消极结果。认知行为治疗可作用在观念结构上，使原来认为的消极结果转变为积极结果，进而作用于行为上，并反过来改变原有的观念。

主持人：听起来有些复杂，您从症状表现的角度给大家再讲解一下，让大家印象深刻。

丁老师：通常我们对认知扭曲采用认知行为疗法。而什么是认知扭曲呢？认知歪曲是指认知中错误或不合理的部分。由于中国传统的偏于内敛谦虚的思想，国人往往把问题根源归于自身，因此更容易产生消极结果。我们先来看看日常生活中常见的认知歪曲，你有没有呢？

主持人：那请丁老师给我们讲讲日常生活中常见的认知扭曲吧。

丁老师：这里根据作者孙霞《认知行为治疗真能缓解考前焦虑吗？》一文，与大家分析一下认知行为疗法的相关知识。

对于认知扭曲，包含下面几种：

1. 全或无。即非黑即白。（如果我不是成功的人，我就是个失败的人）

2. 以偏概全。由一次偶然的事件得出结论。（上次考试没考好，说明我啥都不懂）

3. 否定正面思维。认为正性的经验没有价值，通过反驳正性的经验或思想来维持负性的信念。（这次考好了只不过是我运气好而已，和我的能力和努力完全没有关系）

4.贴标签。给自己或他人"扣帽子"。(我是一个失败者)

5.情感推理。用负性的情感代替事情的真相。(他约会迟到了,肯定是因为不在乎我)。

6.个性化。一些事实上与你无关的事情,认为自己是起因。(妈妈看起来脸色不好,肯定是因为我这次考试没考好)

7."应该性"和"必须性"陈述。认为自己和别人应该怎么做,高估不这样做的后果。(我必须考上名牌大学,否则就对不起我爸爸妈妈这么辛苦了)

8.灾难化。消极地预测结果,不考虑其他的可能性。(考不上清华北大,我就彻底完了)

主持人:丁老师,您刚刚说的这几种我觉得其中有好几种也符合我的情况啊。我想我的某些认知是不是也是扭曲的呢?

丁老师:大部分人可能存在一些认知扭曲,这也跟中国传统的偏于内敛谦虚的思想、国人往往把问题归源于自身,导致了更容易产生消极结果息息相关。

主持人:大概明白了,那说到这儿,大家最关心的是如何治疗或干预这类问题。

丁老师:说到这里呢,估计你也明白了有些想法是如何影响我们的情绪的。在这里也分享一些治疗中的小技巧,可以在日常生活中运用一下,肯定让你的生活少了很多不愉快。

主持人:谁都希望有一个愉快的生活啊,丁老师,快给大家介绍介绍生活中的小技巧吧。

丁老师:1.任务分级。

把复杂的任务分成小步骤,先完成自己有信心的一步,客观评价结果和自己的感受,最后逐步完成任务。

主持人:听丁老师这么一说,确实化繁为简了,以后我遇到棘手的事情,也要尝试着将相对复杂的事情步骤化,将一个复杂的事情变得简单。

丁老师:嗯嗯,是这样子的,没错。

2.对抗思维。

用一种想法来对抗另一种想法,比如"我是很努力的,我平时成绩还不错","上次考试没考好,事情已经发生了,再纠结也没用,下次考试一定要尽力而为"等。

主持人:看来我还用对了方法,我平常用的就是这个方法,当积极的思想战胜了消极的思想,自己的内心就会如释重负,也就没那么压抑了。

丁老师:3.语言盘诘技术。

这点可有点难理解。可以自我反思以下几点:

(1)证据是什么?支持这个想法的证据是什么?反对它的证据是什么?

(2)还有其他的解释吗?

(3)出现最坏的结果是什么?概率是多少?我能承受吗?最好的结果是什么样的?最合理的结果是什么样的?

(4)如果某个朋友遇到了同样的情况,有同样的想法,我会对他说什么?

主持人:我明白了,咨询师通过对来访者的盘诘,通过假设和寻找证据的方法,诱导负面思想转化为正面思想。

丁老师:很棒,的确讲到点子上了。

4.行为实验。

设计实验来验证自己的想法。(以往考试没考好的时候,其他人就不喜欢我了吗?)

主持人:嗯,就算我以往考试没考好,其他人还会来安慰我呢,我觉得他们是真正关心我的人,给予我鼓励和支持,不可能不喜欢我的。

丁老师:当然,每个人身边都有许许多多爱自己的人,他们关心着自己,照顾着自己。

5.认知重构技术。

(1)当你想起一种负性情绪时,注意引发这种情绪的情境。(高三学业压力大)

（2）记录与情绪有关的自动思维。（没有好的成绩，老师和家长都会不喜欢我）

（3）记录对想法的相信程度。（评价一个人也不全看成绩）

（4）对这些自动思维做出一个有益或有利的反应。（我可能只是一次考不好，但如果我努力了，认真完成作业，老师和家长也会喜欢我）

主持人：听了丁老师分享的五个方法，相信大家以后遇到负面情绪的时候，能够用合适的方法，将负面的情绪转化为正面的情绪。

丁老师：以上就是关于认知行为治疗的一个简单介绍，尽管认知行为治疗是目前在临床上应用最广泛的心理治疗技术之一，主要适用于抑郁症、焦虑症、强迫症、社交恐怖症等心理问题，其实在日常生活中，如果能够学会觉察自己的负性认知，积极调整，就可以有效控制自己的情绪，不仅可以缓解目前的烦恼，对未来道路上的行为选择也会产生更积极的作用。

主持人：今天丁老师和我们分享了与认知行为疗法相关的心理问题，我们收获颇丰，小伙伴们，你们都明白了吗？再次对丁老师做客《杏苑心理访谈》表示感谢！

/ 知识窗 /

认知行为疗法：认知是指一个人对自己的看法、对他人的想法、对环境的认识和对事件的见解等。认知行为疗法理论认为，人的情绪来自人对所遭遇的事情的信念、评价、解释或哲学观点，而非来自事情本身。正如认知行为疗法的主要代表人物贝克(A.T.Beck)所说："适应不良的行为与情绪，都源于适应不良的认知。"认知行为治疗的目标不仅仅是针对行为、情绪这些外在表现，而且是通过分析病人的思维活动和应付现实的策略，找出错误的认知并加以纠正。

焦虑症：又称为焦虑性神经症，是神经症这一大类疾病中最常见的一种，以焦虑情绪体验为主要特征。可分为慢性焦虑即广泛性焦虑（generalized anxiety）和急性焦虑即惊恐发作（panic attack）两种形式。主要表现为：无明确客观对象的紧张担心，坐立不安，还有植物神经功能失调症状，如心悸、手抖、出汗、尿频等，及运动性不安。注意区分正常的焦虑情绪，如焦虑严重程度与客观事实或处境明显不符，或持续时间过长，则可能为病理性的焦虑。

社交恐惧症：社交恐惧症是恐惧症的一种亚型，恐惧症原称恐怖性神经症，是神经症的一种。以过分和不合理地惧怕外界某种客观事物或情境为主要表现，患者明知这种恐惧反应是过分的或不合理的，但仍反复出现，难以控制。恐惧发作时常常伴有明显的焦虑和自主神经症状，患者极力回避导致恐惧的客观事物或情境，或是带着畏惧去忍受，因而影响其正常活动。常见的恐惧症亚型包括广场恐惧、社交恐惧和特殊恐惧症三种。

强迫症：属于焦虑障碍的一种类型，是一组以强迫思维和强迫行为为主要临床表现的神经精神疾病，其特点为有意识的强迫和反强迫并存，一些毫无意义甚至违背自己意愿的想法或冲动反反复复侵入患者的日常生活。患者虽体验到这些想法或冲动是来源于自身，极力抵抗，但始终无法控制，二者强烈的冲突使其感到巨大的焦虑和痛苦，影响学习工作、人际交往甚至生活起居。

第四十八讲
理性情绪疗法

"阮籍猖狂,岂效穷途之哭",正可谓情绪失控后的典型代表,人生在世,难免有一些不开心的事,有难以逾越的高山,或是难以跋涉的江河。遇事冷静、保持理性的思维模式才是处世之道。康德曾言:"人,实则一切有理性者,所以存在,是由于自身是个目的,并不是只供这个或那个意志利用的工具。"

——本期嘉宾丁闽江

主持人: 大家好!今天很荣幸邀请到我校心理健康教育指导中心主任、国家二级心理咨询师丁闽江老师再次做客《杏苑心理访谈》,先请丁老师跟大家打个招呼吧。

丁老师: 各位亲爱的同学们,大家好!我是心理中心的丁闽江老师,非常高兴与大家再次相约在《杏苑心理访谈》。

主持人: 哎,我最近听到班上有些寝室闹矛盾,两个女生还打了起来,看来保持自身的理性是很重要的事,那理性情绪疗法是什么呢?

丁老师: 百度百科对理性情绪疗法做了详细的解释,我们一起来学习下,理性情绪疗法,又称合理情绪疗法,在20世纪由艾利斯在美国创立,它是认知疗法的一种,因其采用了行为治疗的一些方法,故又被称之为认知行为疗法。理论认为,人们的情绪是由人的思维、人的信念所引起的,而不合理的信念往往使人们陷入情绪障碍之中。

主持人：那什么样的信念称为不合理的信念呢？

丁老师：我给大家讲一下不合理信念的几个特征：

首先是绝对化的要求，绝对化要求是指人们以自己的意愿为出发点，对某一事物怀有认为其必定会发生或不会发生的信念，它通常与"必须""应该"这类字眼连在一起，如"我必须获得成功"等。

其次是过分概括化，这是一种以偏概全、以一概十的不合理思维方式的表现。

最后是糟糕至极的想法，这是一种认为如果一件不好的事发生了，将是非常可怕、非常糟糕的，甚至是一场灾难的想法。

主持人：抱有绝对化要求信念对个人成长有什么不利之处？理性情绪疗法对抱有这种信念的人有什么帮助？

丁老师：怀有绝对化要求信念的人极其容易陷入情绪的困扰之中，因为客观事物的发生、发展都有其规律，是不以人的意志为转移的。人不可能在每一件事情上都获得成功，当某些事物的发生与当事人对事物的绝对化要求相悖时，他会感到难以接受、难以适应并陷入情绪困扰。合理情绪疗法就是要帮助他们改变这种极端的思维方式，认识其绝对化要求的不合理、不现实之处，帮助他们学会以合理的方法去看待自己和周围的人与事物，以减少他们陷入情绪障碍的可能性。

主持人：过分概括化的人有什么特殊表现？对于个体本身有什么不良影响？

丁老师：过分概括化的人，主要有两个方面的表现。

一方面，表现为对自身的不合理评价。

自己做错了一件事就认为自己一无是处，以某一件或几件事来评价自己的整体价值，其结果往往是导致自责自罪、自卑自弃，从而产生焦虑和抑郁等情绪。

另一方面，表现为对他人的不合理评价。

别人稍有一点对不住他,他就认为对方坏透了,完全否定他人,一味责备他人,从而产生敌意和愤怒等情绪。仅仅以一件事的成败来评价整个人的价值,是一种理智上的法西斯主义。应该评价一个人的行为,而不是去评价一个人。因为在这个世界上,没有一个人可以达到十全十美的境地,每个人都应当接受他人和自己都是有可能犯错的。拥有这种思维模式的人,将导致个体陷入极端不良的情绪体验如耻辱、焦虑、悲观、抑郁的恶性循环之中,而难以自拔。

主持人:丁老师,理性情绪疗法的创始者埃利斯,他是基于对人性的看法而发展出理性情绪疗法的吗?

丁老师:他对人类本性的看法可归结为几点:

首先,人既可以是合理、有理性的,也可以是不合理、无理性的。当人们按照理性思维去行动时,他们就会很开心,具有竞争动力,行动有成果、有收获。

其次,情绪是伴随人们的思维而产生的,心理上或情绪上的困扰是由不合理的思维导致的。

再者,人具有社会学和生物学的共同倾向性,任何人都不可避免地具有或多或少的不合理思维与信念。

最后,人是有语言的动物,思维借助于语言而表达,不断地用内化语言重复某种不合理的信念,这将导致自身无法解决的情绪困扰。这也是 ABC 理论的基本观点。

主持人:那这个理性情绪疗法的理论基础是什么呢?

丁老师:理性情绪疗法建立在人性之复杂和可变的假设基础上,其基本理论主要是 ABC 理论。创始者艾利斯认为:人的情绪和行为障碍不是由于某一激发事件直接引起的,而是由于经受这一事件的个体对它不正确的评价和认知所引起的信念,最后导致在特定情景、情况下的情绪和行为后果,这就是 ABC 理论,也就是理性情绪疗法的基础。

主持人:那 ABC 分别指什么呢?

丁老师:通常认为情绪和行为后果的反应直接由激发事件所引起,即 A 引起 C。而 ABC 理论指出，诱发性事件 A 只是引起情绪及行为反应的间接原因，而人们对诱发性事件所持的信念、看法、解释 B 才是引起人的情绪及行为反应 C 的更直接的原因。

主持人：ABC 之间有什么紧密联系吗？

丁老师：按照理性情绪疗法的观点，人类有无数的信念，它包括主意、认知和想法等。这些信念是影响情绪、认知和行为结果的直接和主要因素。尽管看起来好像是诱发性事件引起结果，但 B 处于 A 与 C 之间，是 A 的更直接的原因。人们总是按自己的信念认识 A，并按照带有偏见的信念和一定情绪去认识和体验 A。因此，人们实际上从来不会体验到没有信念（B）和结果（C）的诱发性事件（A），而没有诱发性事件（A）也体验不到信念（B）和结果（C）。信念可以有不同的形式，因为人们有各种各样的认知形式。在理性情绪疗法中，主要关注的是合理的信念和不合理的信念，前者导致自助性的积极行为，而后者则会引起自我挫折和反社会的行为。

主持人：整体上看，理性情绪疗法有什么特点呢？

丁老师：整体上来说，理性情绪疗法有这些特点：

首先是具有人本主义倾向。理性情绪疗法信赖、重视个人自己的意志、理性选择的作用，强调人能够"自己救自己"，而不必仰赖魔法、上帝或超人的力量。

其次具有教育的倾向，理性情绪疗法有很浓厚的教育色彩，也可以说它是一种教育的治疗模式。强调理性、认知的作用。在治疗途径上广泛采纳情绪和行动方面的方法。但它更突出地重视认知、理性的作用。这也是当前认知疗法的一个最本质的特点。在 RET 的治疗中，总是把认知矫正摆在最突出的位置，给予最优先的考虑。

主持人：那理性情绪疗法就是简单地教人控制情绪吗？

丁老师：不仅仅是这样，理性情绪疗法认为，人们的情绪障碍是由人们的不合理信念导致的，简单地说，这种疗法就是要以理性情绪治疗非理性情绪，帮助求治者以合理的思维方式替代不合理的思维方式，以合理的信念替代不合理的信念，从而最大限度地减少不合理的信念给情绪带来的不良影响，是一种通过以改变认知为主的治疗方式，来帮助求助者消除或减少他们现有的情绪障碍。

主持人：原来是这样，那现实中或临床应用上理性情绪疗法主要适用于哪一类人呢？

丁老师：在临床上此疗法适用于各种神经症和某些行为障碍的病人。通过这种方法改变他们的认知行为方式，改善他们的思维方式，通过角色扮演、辩论等方式消除负面影响，正确引导他们消除行为障碍。

主持人：理性情绪疗法的治疗过程主要有哪些呢？

丁老师：理性情绪疗法的治疗过程分为三个阶段：

第一阶段是治疗的最初阶段即心理诊断。治疗者与求治者建立良好的关系，了解求治者的各类问题，将这些问题根据所属性质与情绪对应分类。

第二阶段是领悟。这一阶段主要帮助求治者认识到自己不适当的情绪和行为表现，找出他的非理性信念。

第三阶段是修通。在这最重要的阶段中治疗者主要采用辩论的方法动摇求治者的非理性信念。通过辩论，使求治者真正认识到，什么是非理性的信念，并用理性的信念取代非理性的信念。最后是通过再教育，使求治者逐渐用理性方式进行思维。

主持人：那在诊治过程中有什么需要注意的地方？

丁老师：为使合理情绪的干预方法收到理想效果，最主要的是要知道理性情绪疗法是以改变认知为重心，不能将自己的价值观强加在对方身上，时刻注意建立和维持良好的干预关系。干预者还要保持耐心，当事人表现出沉默的时候，应更有耐心，给当事人充裕的时间去进行自我思考，利于当事人转变认知。最后要防止新的认知偏差出现，进行新观念言语操练并把握合理情绪疗法的适宜对象。

主持人：现在人们对理性情绪疗法有什么评价？理性情绪疗法有什么优点吗？

丁老师：理性情绪疗法从创立至今，在心理治疗界已有了很大的影响。现已被广泛地应用于妇女、儿童、青少年、成年人、老年人的心理咨询与治疗之中，也被应用于学校咨询、婚姻、恋爱、家庭治疗以及医院和健康咨询等各个不同领域。这是由其独特的优越性决定的。RET 揭示了非理性信念、不合理的思维在导致人们心理困扰中的重要性。理性情绪疗法的主要贡献在于，它强调综合与折中的治疗实践。RET 费时少，收效快，其理论浅显易懂，方法可行，不会让人有神秘莫测之感。

主持人：那理性情绪疗法只有优点吗？

丁老师：同其他许多心理疗法一样，理性情绪疗法在操作实施过程中也不可避免地暴露出自身的许多不足。

第一，在如何界定理性思维的问题上，艾里斯的表述不清晰。艾里斯将不合理思维界定为"绝对的"，而把合理思维界定为"非绝对的"，认为所有的心理失调都是从相似的不合理思维中派生出来的。

第二，理性情绪疗法把一切困扰都视为非理性信念的结果，这是有点偏颇的。

第三，理性情绪疗法对咨询员的要求比较高。

第四，理性情绪治疗法并不倾听当事人的历史，不鼓励他们详述长而悲伤的故事。

主持人：当代大学生如何运用理性情绪疗法管理好自己的焦虑情绪呢？

丁老师：理性疗法的基本人性观认为人既是理性的，也是非理性的。因此在人的一生中，任何人都可能或多或少地具有上述某些非理性观念。焦虑是人们对未来发生的事情缺乏掌控感而产生的。焦虑很大部分来源于我们对结果的看重。比如。考试让你焦虑的是什么，是考不好的耻辱感吗，自己能够承受和面对吗？焦虑是在提醒你该做什么，然后你好好去做，带着焦虑的情绪去做，接纳它，不要逃避。

主持人：今天非常感谢丁老师的分享，感谢丁老师，各位亲爱的同学们，你们懂得如何做了吗？下期见。

/ 知识窗 /

角色扮演：角色扮演疗法是由精神病学者莫雷诺提出并发展出来的，这种治疗方式被称作心理剧。也是行为疗法的一种，目的在于运用戏剧表演的方法，使人发现问题，了解问题的症结所在，进而更好地调整心理状态，解决心理问题。在角色扮演中，人们能亲身体验和实践他人的角色，从而能够更好地理解他人的处境，体验他人在不同情况下的内心情感，同时，反映出个体深藏于内心的感情。

第四十九讲
精神分析法

  精神分析取向心理治疗，指的是建立在精神分析理论上的心理治疗方法。精神分析治疗，聚焦于对来访者的无意识心理过程进行分析，探讨这些无意识因素是如何影响来访者目前的关系、行为模式和心理状态的。通过对来访者生活经历的探索，探讨来访者是如何经历既往的人生而发展变化的，帮助来访者更好地应对当下的生活。

——本期嘉宾丁闽江

  主持人：大家好，今天我们再次邀请到了学校心理中心的国家二级心理咨询师丁闽江老师做客《杏苑心理访谈》节目，今天的主题是：精神分析法。现在请丁老师和大家打个招呼。

  丁老师：大家好，我是心理中心的丁闽江老师，很高兴再次做客《杏苑心理访谈》节目。

  主持人：丁老师，今天我们的主题是精神分析法，那精神分析法又是什么东西呢？

  丁老师：说到心理学，大多数心理爱好者就会提到"精神分析疗法"。但是很多刚刚接触到心理学的人都还不知道精神分析疗法究竟是什么东西。这里，我就普及一下心理学的基础知识，关于弗洛伊德的"精神分析法"。

  主持人：那光看这个主题我就觉得好深奥，能给大家通俗易懂地讲讲什么是精神分析法吗?

丁老师：当然啦，今天我带大家来了解了解精神分析法。目前，越来越多的人被心理疾病所困扰，在日常生活中，得了心理疾病并不可怕，可怕的是不及时治疗。精神分析法又称心理分析法，创始人是弗洛伊德，心理分析理论即是一种人格理论、人生哲学，也是一种治疗方法。精神分析法是一种专门治疗精神问题的方法。

主持人：原来精神分析法是针对精神问题的呀。

丁老师：对啊，从专业的角度上讲，精神分析取向心理治疗，或称精神动力取向心理治疗，指的是建立在精神分析理论上的心理治疗方法，聚焦于对来访者的无意识心理过程进行分析，探讨这些无意识因素是如何影响来访者目前的关系、行为模式和心理状态的。通过对来访者生活经历的探索，探讨来访者是如何经历既往的人生而发展变化的，帮助来访者更好地应对当下的生活。

主持人：听起来有些复杂，丁老师能举例分析分析吗？

丁老师：我们平常做一些心理咨询，就会对来访者的疾病的产生某种假设，比如我会认为，他的疾病来源于自我实现受到障碍；假如我用认知疗法，我会认为，他的疾病来源于认知扭曲；从精神分析角度来讲呢，经典精神分析认为，一个人得病是因为他的力比多和攻击性投注出现了问题，比如说，在母亲缺席或者是母亲的回应不恰当的情况下，这个人的力比多和攻击性投注就会出现问题，投注到替代母亲的物品上，变成恋物癖；投注到自己身上，就会产生病理性的自恋。

主持人：那丁老师能举一个经典案例吗？

丁老师：那我这边就举一个强迫症洗手的案例吧。弗洛伊德曾写过有一强迫症性洗手的男青年，经过精神分析，发现其致病根源与少年时手淫有关。因为他在10岁左右时偶有手淫行为，被其父亲发现后遭受到打骂，精神创伤较大，但到成年后也就忘记了。后来因失恋等挫折而诱发强迫症，主要表现为反复不停地洗手，否则即焦虑不安。这种刻板的强迫性洗手行为，属于一种潜意识的

"抵消"心理机制，通过"洗手"来洗刷过去由于手淫过错所产生的罪恶感与"污点"。通过精神分析治疗，这个病人对自己的发病机制有了领悟并解除了潜意识内的心理压力，最后获得痊愈。我们也遇到一同样病态的患者，通过自由联想与梦的解析，未能发现他的强迫性洗手与少年期手淫有关，但是却暴露了另一个重要的情结：原来他有一个小妹妹，对她很疼爱，后来小妹妹突然不幸患重症菌痢夭折了，使他十分悲痛。他怀疑小妹妹患重症菌痢而死，是因为他没洗手拿了一块蛋糕喂她吃而引起的，从此总害怕手上有病菌。开始时尚能控制，尽量少洗手，后来因工资调整、职位未提级受到打击，这种强迫性洗手症状就逐渐加重起来，并继发焦虑性抑郁状态。

主持人：那像丁老师遇到这种情况时，作为一名心理治疗师，应该做些什么呢？

丁老师：曾奇峰老师所讲的关于精神分析的心理治疗为我们做了较好的阐释。我简要地归纳为以下四点：

1. 治疗师的任务是把来访者内在的迫害者变成他内在的帮助者。
2. 需要重构的是来访者已经内化在人格中的父母关系。
3. 治疗师能够恰当地对待来访者，就可以解决来访者早年被不恰当地对待的问题。
4. 使来访者在心理治疗期间，能够租借治疗师的自我功能。

主持人：丁老师，听起来有些复杂。那精神分析法治疗的对象有哪些呢？

丁老师：那我这里就简要概括为以下几点：

1. 患者具有强烈的求治动机。
2. 主观强烈的痛苦感，使得患者有动力承受治疗的严苛挑战。
3. 对治疗中的退行具有一定的自控和反省能力。
4. 有产生洞见的能力，及心理学头脑，或心理悟性。
5. 相对完整的现实感。
6. 具有持久的客体关系。

7. 一定的冲动控制能力。

8. 保持一定的工作能力。

9. 可以应用类推和隐喻来思考。

10. 能够反思试探性诠释。

主持人：老师，在心理咨询过程中，常用的精神分析法有哪些呢？

丁老师：这个问题，问得太好了，常用的精神分析法主要有以下六点。

1. 自由联想。

是精神分析的基本手段。治疗者要求病人毫无保留地诉说他想要说的一切，甚至是自认为荒谬、离奇、不好意思讲的想法。

2. 移情。

病人可能将治疗者看成过去与其心理冲突有关的某一人物，将自己对某人的体验、态度、幻想等有关的情感不自觉地转移到治疗者身上，从而有机会重新"经历"往日的情感，这就是移情。移情分正移情和负移情，正移情中，患者恋慕治疗者，希望得到爱和感情的满足；在负移情中，患者把治疗者看成讨厌、可恨的父母或其他形象，并发泄情绪。治疗师利用移情，切忌感情用事。治疗师也同样会出现移情，称为反移情，治疗师必须十分清醒地把握住对来访者的职业性关心和个人情感卷入的界限。

3. 阻抗。

在自由联想过程中病人在谈到某些关键问题时所表现出来的自由联想困难。

4. 释梦。

梦的内容能反映人们的潜意识，可以通过对梦的分析间接了解病人的深层次心理。

5. 解释。

精神分析师对患者的一些心理实质问题进行解释或引导，帮助患者将无意识冲突的内容带入意识层面加以理解。

6.疏泄。

让病人自由地表达被压抑的情绪,特别是过去强烈的情感体验。

主持人:哦,我懂了,那么您能具体讲讲其中一点吗?

丁老师:那是当然,精神分析法的核心,就是找到冲突的根源。比如,自由联想,就是给你一个词,像土豆,然后让你不要思考,快速地说出第一个进入你脑海的词是什么。弗洛伊德试图从这些自由联想出来的词当中,去寻找潜意识的蛛丝马迹。弗洛伊德认为,在我们睡觉的时候,对潜意识的压制就会小很多。于是,我们那些在白天被压制的动物性想法会披上各种各样的伪装,变成一些稀奇古怪的梦。因此,弗洛伊德认为对梦的解析,就能揭示我们潜意识的秘密。现代心理学认为,弗洛伊德对潜意识的解释,其实是有些片面和极端的。我们的潜意识并非都是兽性的和肮脏的。在很大程度上,我们的潜意识是中性的,无所谓好与坏。所以,弗洛伊德的理论,对整个心理学的影响越来越弱,逐渐被认知的无意识理论所取代。但是,弗洛伊德的理论对文学和艺术的影响很深远。可以说,不懂精神分析,就不懂现代艺术。

主持人:感谢老师的分享,我也学到了很多。各位亲爱的同学们,是不是对精神分析法有了更多的了解了呢?

/ 知识窗 /

精神分析疗法:精神分析取向心理治疗,或称精神动力取向心理治疗,指的是建立在精神分析理论上的心理治疗方法。人类个体常常由无法意识到的因素决定或者影响着他们的情感和行为。这些无意识因素可能是造成他们痛苦与不幸的来源,这些痛苦可能表现为我们可以看到的症状,也可以表现为困扰自己的人格特点,或者表现为工作、人际、亲密关系上的困难,情绪的不稳定以及自尊的受损。由于这些因素都是无意识的,家人朋友的忠告、阅读自助心理书籍，甚至依靠再坚强的意志力也无法缓解这些痛苦。精神分析治疗，聚焦于对来访者的无意识心理过程进行分析，探讨这些无意识因素是如何影响来访者目前的关系、行为模式和心理状态的。通过对来访者生活经历的探索，探讨来访者是如何经历既往的人生而发展变化的，帮助来访者更好地应对当下的生活。

认知疗法：通过认知和行为技术来改变患者的不良认知的一类心理治疗方法的总称。认知疗法的基本观点是：认知过程及其导致的错误观念是行为和情感的中介，适应不良行为和情感与适应不良认知有关。认知疗法常采用认知重建、心理应付、问题解决等技术进行心理辅导和治疗，其中认知重建最为关键。

移情：病人可能将治疗者看成是过去与其心理冲突有关的某一人物，将自己对某人的体验、态度、幻想等有关的情感不自觉地转移到治疗者身上，从而有机会重新"经历"往日的情感，这就是移情。移情分正移情和负移情，正移情中，患者恋慕治疗者，希望得到爱和感情的满足；在负移情中，患者把治疗者看成讨厌、可恨的父母或其他形象，并发泄情绪。治疗师利用移情，切忌感情用事。治疗师也同样会出现移情，称为反移情，治疗师必须十分清醒地把握住对来访者的职业性关心和个人情感卷入的界限。

第五十讲
园艺疗法

  中医学自古认为人依靠天地之大气和水谷之精气生存,并随着四时的生长规律而生活着,人能适应四时的变迁,则自然界的一切,都成为生命的源泉。不仅仅是现代人,古圣先贤早就有利用园艺疗法排遣自身情绪的先例。陶渊明在隐居期间写出诗句"采菊东篱下,悠然见南山",陶公也因此被称为"花中蓬莒人"。苏轼在被贬谪期间也曾挥笔写下:"宁可食无肉,不可居无竹。"可见,园艺可以治愈心灵创伤,抚平紧皱的眉头。

——本期嘉宾丁闽江

  主持人:大家好!今天很荣幸邀请到我校心理健康教育指导中心主任、国家二级心理咨询师丁闽江老师再次做客《杏苑心理访谈》,先请丁老师跟大家打个招呼吧。

  丁老师:各位亲爱的同学们,大家好!我是心理中心的丁闽江老师,非常高兴与大家再次相约在《杏苑心理访谈》。

  主持人:丁老师,我最近发现一个有意思的现象,很多学生在不开心的时候喜欢去时珍园等草木多的地方散心或者自己种些花花草草。我自己也会种一些植物并从中获得慰藉,很好奇这是为什么呢?

  丁老师:人们可以通过接触自然环境而纾解压力与复建心灵,借由实际接触和运用园艺材料,维护美化植物或盆栽或庭园,也就是用园艺疗法来治愈心灵。

主持人：原来是这样，那园艺疗法起源于什么呢？

丁老师："园艺疗法"的概念最早出现在1699年的英国，经过多年不断地实践和完善，发展到当代，广义是指通过植物及与植物相关的活动达到促进体力、身心、精神的恢复疗法，它是艺术和心理治疗相结合的一种治疗方式。它可以适用于不同年龄、不同身体状况和不同心理健康水平的人，可以帮助人们在社会交往、教育、心理、身体等方面调整自己。

主持人：园艺疗法起源于西方国家，在中国就没有相应的记录或者史实吗？

丁老师：园艺疗法被普遍认为是起源于西方国家，直到近年才在我国逐渐发展起来。而我国古人寄情于山水，更加注重在道法自然中修身养性；同时中国传统花卉种类丰富，其各自的观赏、药用、食用等功能均对人的生理、心理疗愈发挥着不同的作用。我国传统花卉的栽培历史源远流长，从种花、赏花、咏花、用花等各个方面使得花文化在中国传承千年，十大名花为代表的中国传统花卉与园艺疗法也是密切相关的，挖掘园艺疗法在我国的发展历程，可以促进我国特色园艺疗法事业的开展。

主持人：也就是说中国还是具有园艺疗法的文化基础，对吗？

丁老师：实际上，中国为东洋园艺文化的起源地与代表，世界上有两个公认的园艺文化中心，一个是以欧洲为代表的西洋园艺文化中心；另一个则是以中国为代表的东洋园艺文化中心。东洋园艺文化中心起源于中国，流传于朝鲜半岛、日本等，东亚各国园艺学即是在中国传统园艺文化与技术基础上建立起来的。

主持人：原来是这样啊，那园艺疗法具体指的是什么呢，单纯种花种草的效果这么大的吗？

丁老师：园艺疗法是一门交叉型与实践性学科，具体的实践活动多种多样，如压花、插花、种菜、画画、闻香等。人们在这些活动中，通过园艺植物、园艺操作活动以及园林绿地环境产生的直接的、间接的作用，改善身心状态，维持和增进健康，提高生活质量。

主持人：那病人生病时送花也是有同样的作用吗？

丁老师：园艺疗法可以消除不安心理与急躁情绪。在医院病房周围种植草木，病人于其中散步或通过门窗望向远方，可使病人心态安静。据报道，在可以看见花草树木的场所劳动，不仅可以减轻劳动强度，还可以使劳动者产生满足感，如果是园艺栽培活动地的话，效果则更佳。

主持人：植物强大的生命力会感染、触动人的心灵吗？

丁老师：不知道大家知不知道一片叶子的故事，琼西的邻居贝尔门是一个画了一辈子画却还没名气的画家。不久，琼西得了严重的肺炎，而且病情越来越重。她把生命的希望寄托在窗外最后一片藤叶上，认为藤叶落下之时，就是她生命结束之时。然而令人惊奇的是，尽管屋外的风刮得那样厉害，而藤叶的锯齿形边缘已经枯萎发黄，但它仍然长在高高的藤枝上。奇迹出现了，琼西没有死。原来是老画家贝尔门，在一个风雨交加的夜晚，画上了最后一片藤叶。

主持人：这和悬崖边盛开的雪莲花一样地令人感动，生命的力量是如此地振奋人心。

丁老师：在园艺心理疗法的实践中，有大部分的体验者认为园艺活动可以让自己认识自然、尊重生命的存在和发展规律，认识个体的自我生命和他人的生命，认识生命的生老病死过程，感悟生命的力量。园艺活动使学生认识生存及提高生存能力的意义，树立人与自然、社会和谐发展的正确生存观。

主持人：园艺疗法对人的精神方面有什么好处吗？

丁老师：园艺疗法可以培养忍耐力与注意力。园艺的对象是有生命的花木，在进行园艺活动时要求慎重并有持续性。园艺活动还可以增强责任感。

主持人：每次看到自己种植的植物苗壮成长，我都会很开心，这也是园艺疗法的一个方面吗？

丁老师：参与园艺活动可以使学生认识生命、尊重生命、领悟生命，树立正确的生命观；其次，能使学生应对生存危机和摆脱生存困境，从而提高生存能力，树立人与自然、社会和谐发展的正确生存观；另外，使学生热爱生活，培养学生的爱心和感恩之心，提高学生的社会责任感，从而来充分挖掘大学生的积极心理力量。

主持人：学校举办过相关的种植活动，大家一起进行园艺活动有什么集体意义吗？

丁老师：中医药院校基于特色的中草药实践基地，可以根据大学生的心理成长规律，将园艺疗法应用于大学生的心理健康教育中，通过体验式教育，来充分挖掘大学生积极的心理力量。学校结合"三生教育"的理念，开展园艺健心体验活动，增强自信的同时可以培养自己的环境美化意识和习惯，增强公共道德观念。

主持人：作为一名中医院校医学生，如何巧妙利用园艺疗法缓解压力呢？

丁老师：中医药院校大学生群体的学习任务繁重、时间精力不济，相比较于西医的学习方法，中医药的学习更偏向于记忆、背诵、理解等，同时承担着救死扶伤的重任，在面临学业、就业等多重压力下，容易诱发焦虑、人际关系敏感和精神病等方面的心理问题。可以种植一些简单的植物放在容易看到的地方，比如电脑桌旁，也可以去校园中绿化多的地方走一走。

主持人：中医院校的大学生在园艺疗法方面有没有得天独厚的优势呢？

丁老师：中医药院校的学生普遍接受了"天人合一"中医健康理念的熏陶，从内心接纳了人与自然和谐相处对身心健康的重要作用。学生参与园艺活动，在学习专业知识的同时，深入大自然，参与药物资源的普查，应用新鲜药材进行药用部位的研究，通过自己种植薄荷、菊花、玫瑰等中药植物，加工制成饮片服用等，学生不仅可以深入教学实践基地参与实习、见习等活动，身心也得到充分地锻炼和发展。

主持人：园艺疗法对于大学生的各种心理问题有什么积极意义呢？

丁老师：身心发育仍在不断完善的大学生作为一个特殊的社会群体，校园园艺疗法成为研究大学生心理健康的发展的新方向。结合园艺疗法的原理和中医药类学生的心理特点，在学生中开展园艺疗法的实践体验，探索新时代下园艺疗法在中医药院校大学生心理健康教育的创新模式，符合大学生心理特点和中国本土化特色，对推动大学生心理健康教育具有重要意义。

主持人：和音乐舞蹈艺术治疗等治疗方法比较，园艺疗法有什么优点吗？

丁老师：园艺疗法最大的特点在于所运用的媒介是植物，是生命体，在照顾植物的过程中，其实身心也被植物照顾。撒下希望的种子，收获宁静与踏实。"园艺治疗"可以是身体的复健，更可以是精神的安抚，亦可以是生命教育的体验。

主持人：植物在我们的精心照料下成长，它们可以感受到我们的心意并回应我们吗？

丁老师：研究表明，植物同样有社交行为。植物是真的有感觉，你对植物悉心照料，植物会给你善意的回报。

主持人：可是花草不会说话，会不会太过于宁静了呢？

丁老师：花草不说话，可是影响力很可观。大部分大学生习惯用声音填满生活，用话语表达生命，但生命可以有不同展现，或许宁静才最具震撼力。我希望更多的人可以摘下耳机，去感受植物的宁静。

主持人：除了一些对心理的治疗，园艺疗法还有什么别的更重要的意义吗？

丁老师：园艺的服务对象是人，观赏园艺的目的是为了人的身心健康。有些发达国家已迈入老龄化社会与少子化社会，中国正在进入这种社会。淡薄的人情，价值观的丧失，青少年犯罪日益增加，社会与家庭问题更加突出，园艺疗法被认为是最能缓和与解决这些问题的有效手法之一。

主持人：园艺疗法可以代替正规的治疗吗？

丁老师：园艺治疗是一种辅助性的治疗方法，是职能治疗，部分代替医疗，可以在一定程度上舒缓情绪、治愈心灵，对病人进行心理干预，但不能全部代替药物治疗。

主持人：园艺治疗和园艺活动有什么区别呢？

丁老师：园艺治疗和园艺活动最大的区别是，园艺活动是松散而沉稳的健康方式，园艺治疗是积极有效的健康方式。园艺治疗有五大效益，生理、心理、社交、认知、经济效益，其中，心理效益最大。如果园艺治疗没有事先做前测，安排园艺治疗的处方可以选择生理、心理、社交、认知、经济各一个，相对选择的花草如下：种菜（针对生理）、盆栽（针对心理）、杂草主题（针对社交）、纸花系列（针对认知）、多肉盆栽（针对经济）。

主持人：既然园艺治疗那么好，我国如何充分应用并且将其中国化呢？

丁老师：其实可以将中国特色传统文化充分融入园艺疗法，中医中药学也可应用于园艺疗法，中医中药，在世界上独树一帜。根据疗效与病情差异，让参加者选择不同种类的中草药去栽培，然后进行加工，用于治疗，其医治效果期待值会有所增强。另外，特色化园艺疗法也可与草药洗浴、草药熏蒸、五禽戏、八段锦等疗法相结合，诸如此类，创建中国化的特色园艺疗法。

主持人：今天非常感谢丁老师为我们分享了园艺疗法的话题，感谢丁老师，各位亲爱的同学们，让我们携手青春，以清水出芙蓉的自然，洗涤自己的心灵。同学们，我们下期再见！

/ 知识窗 /

少子化社会：少子化是指生育率下降，造成幼年人口逐渐减少的现象。少子化代表着未来人口可能逐渐变少，对于社会结构、经济发展等各方面都会产生重大影响。如果新一代增加的速度远低于上一代自然死亡的速度，更会造成人口不足，所以少子化是许多国家（特别是发达国家）非常关心的问题。

环境心理学：环境心理学是研究环境与人的心理和行为之间关系的一个应用社会心理学。这里所说的环境虽然也包括社会环境，但主要是指物理环境，包括噪音、空气质量、温度、建筑设计、个人空间，等等。

人格障碍：是长期固定的适应不良的行为模式，这些行为模式由一些不成熟的、不适当的压力应对或解决方式所构成的。

心理干预：是指在心理学理论指导下有计划、按步骤地对一定对象的心理活动、个性特征或行为问题施加影响，使之发生朝向预期目标变化的过程。